经济管理类创新融合精品教材
“互联网+”教育改革新理念教材

出纳实务

熊小妹　王晶晶　朱丰玉　主　编
邢亚楠　副主编

中国商业出版社

图书在版编目（CIP）数据

出纳实务 / 熊小妹，王晶晶，朱丰玉主编. -- 北京 ：中国商业出版社，2024. 9. -- ISBN 978-7-5208-3126-0

Ⅰ. F231. 7

中国国家版本馆 CIP 数据核字第 2024YN6332 号

责任编辑：郑　静

中国商业出版社出版发行
（www. zgsycb. com　100053　北京广安门内报国寺 1 号）
总编室：010-63180647　编辑室：010-83114579
发行部：010-83120835/8286
新 华 书 店 经 销
唐山唐文印刷有限公司印刷
* * *
880 毫米×1230 毫米　16 开　14. 5 印张　381 千字
2024 年 9 月第 1 版　2024 年 9 月第 1 次印刷
定价：49. 80 元
* * * *
（如有印装质量问题可更换）

PREFACE 前言

出纳工作是会计核算中的起始环节，担负着会计核算的基础工作，出纳人员不仅要负责办理现金收付和银行结算业务，同时还要负责现金、票据、有价证券的保管等重要任务。

出纳实务是一门实践性和操作性较强的课程，本书按照出纳的工作流程，将理论和实践紧密结合，同时配以适当的实训。通过实训使学生熟练运用相关知识准确地完成各项任务，将专业的理论知识转化为职业技能。

本书在编写过程中，力求做到突出重点、便于教学。内容力求紧密结合出纳岗位的工作实际，注重操作性、体现真实性、讲究实用性。充分考虑到学生已有的知识、技能、经验与兴趣，使学生置身于现实的工作环境中去办理现金结算业务、银行结算业务及其他出纳业务，为学生从事出纳工作营造一个良好的锻炼氛围。

由于编者水平有限，书中疏漏之处，敬请广大读者批评、指正。

编　者

2024 年 7 月

目 录

CONTENTS

项目一 出纳认知

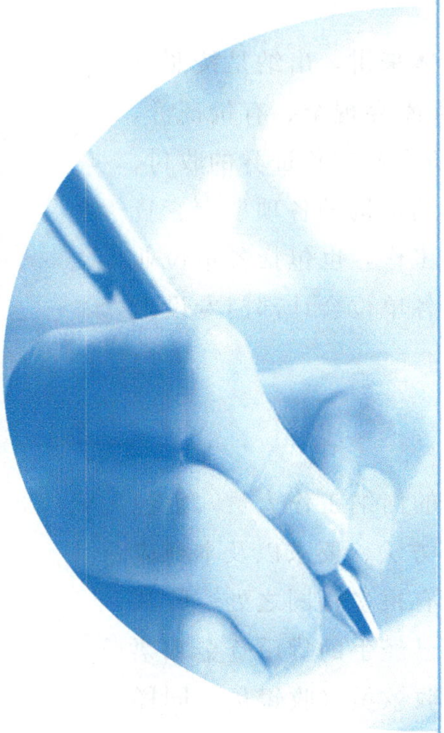

学习目标

- 掌握出纳的含义；
- 了解出纳工作的特点、基本原则及内容；
- 掌握出纳人员的职责、权限及应具备的素质；
- 了解出纳人员的回避制度；
- 了解出纳机构设置以及出纳与会计的关系。

案例导入

刘晓丽是某职业技术学院会计专业三年级的学生，2022年2月，按照校方的统一安排，她到丽水宏达服装有限公司进行为期半年的出纳顶岗实习。为了能更好地完成出纳工作，刘晓丽应知道出纳的哪些知识？掌握哪些技能？

任务一　出纳工作认知

一、出纳的含义

在"出纳"一词中，"出"即支出，"纳"即收入，"出纳"作为会计名词，运用在不同场合有着不同的含义。从这个角度讲，"出纳"一词至少有出纳工作、出纳人员两个方面的含义。

（一）出纳工作

出纳工作是管理货币资金、票据、有价证券进出的一项工作。具体来讲，出纳是按照有关规定和制度，办理本单位的现金收付、银行结算及有关账务，保管库存现金、有价证券、财务印章及有关票据等工作的总称。从广义上讲，只要是票据、货币资金和有价证券的收付、保管、核算，都属于出纳工作范围。它既包括各单位会计部门专设出纳机构的各项票据、货币资金、有价证券的整理和保管，货币资金和有价证券的核算等各项工作，也包括各单位业务部门的货币资金收付、保管等方面的工作。狭义的出纳工作则仅指各单位会计部门专设出纳岗位或人员的各项工作。

（二）出纳人员

出纳人员通常简称出纳，从广义上讲，出纳人员既包括会计部门的出纳工作人员，也包括业务部门的各类收款员（收银员）。从收款员（收银员）工作内容、方法、要求以及本身应具备的素质等方面看，收款员（收银员）与会计部门的专职出纳人员有很多相同之处。收款员（收银员）的主要工作是办理货币资金和各种票据的收入，保证自己经手的货币资金和票据的安全与完整；收款员（收银员）也要填制和审核许多原始凭证；收款员（收银员）同样是直接与货币打交道，除了要有过硬的出纳业务知识以外，还必须具备良好的财经法纪素养和职业道德修养。所不同的是，收款员（收银员）一般工作在经济活动的第一线，从事各种票据和货币资金的收入，特别是货币资金的收入，通常是由收款员（收银员）转交给专职出纳人员；另外，收款员（收银员）的工作过程是收入、保管、核对与上缴，一般不专门设置账户进行核算。因此可以说，收款员（收银员）是会计机构的派出人员，是各单位出纳队伍中的一员，他们的工作是整个出纳工作的一部分。狭义的出纳人员仅指会计部门的出纳人员。

二、出纳工作的特点

（一）社会性

出纳工作担负着一个单位货币资金的收付、存取活动，而这些活动是置身于整个社会经济活动的大环境之中的，是和整个社会的经济运转相联系的。只要某个单位发生经济活动，就必然要求出纳人员与之发生经济关系。出纳人员要了解国家有关财会政策法规并参加这方面的学习和培训，出纳人员要经常跑银行等。因此，出纳工作具有广泛的社会性。

（二）专业性

出纳工作作为会计工作的一个重要岗位，有着专门的操作技术和工作规则。凭证如何填，账怎样记都很有学问，就连保险柜的使用与管理也是很讲究的。因此，要做好出纳工作，一方面要经过一定的职业培训，另一方面也需要在实践中不断积累经验，掌握工作要领，熟练使用现代化办公工具，才能做一名合格的出纳人员。

（三）政策性

出纳工作是一项政策性很强的工作，其工作的每一环节都必须依照国家规定进行。如办理现金收付要按照《现金管理暂行条例》进行，办理银行结算业务要根据《支付结算办法》和《中华人民共和国票据法》进行。《中华人民共和国会计法》、《会计基础工作规范》等法规都把出纳工作并入会计工作中，并对出纳工作提出具体规定和要求。出纳人员不掌握这些政策法规，就做不好出纳工作；不按这些政策法规办事，就会违反财经纪律。因此，要做好出纳工作，必须熟知相关的政策法规。

（四）时间性

出纳工作具有很强的时间性，何时发放职工工资，何时核对银行对账单等，都有严格的时间要求，一天都不能延误。因此，出纳人员心里应有个时间表，及时办理各项工作，保证出纳工作质量。

三、出纳工作的基本原则

出纳工作的基本原则主要指内部牵制原则或者说钱账分管原则。钱账分管原则是指凡是涉及款项和财物收付、结算及登记的任何一项工作，必须由两人或两人以上分工办理，以起到相互制约作用。例如，现金和银行存款的支付，应由会计主管人员或其授权的代理人审核、批准，出纳人员付款，记账人员记账；发放工资，应由工资核算人员编制工资单，出纳人员分发工资，记账人员记账。实行钱账分管，主要是为了加强会计人员相互制约、相互监督、相互核对，提高会计核算质量，防止工作误差和营私舞弊等行为。

《中华人民共和国会计法》第三十五条规定：“会计机构内部应当建立稽核制度。出纳人员不得兼管稽核、会计档案保管和收入、费用、债权债务账目的登记工作。”由于出纳人员是各单位专门从事货币资金收付业务的会计人员，根据复式记账原则，每发生一笔货币资金收付业务，必然引起收入、费用或债权、债务等账簿记录的变化，或者说每发生一笔货币资金收付业务都要登记收入、费用或债权、债务等有关账簿，如果这些账簿登记工作都由出纳人员办理，会给营私舞弊行为以可乘之机。同样道理，如果稽核、内部档案保管工作也由出纳人员经管，也难以防止利用抽换单据、涂改记录等手段进行的舞弊行为。当然，出纳人员不是完全不能记账，只要所记的账不是收入、费用、债权、债务方面的账目，是可以承担一部分记账工作的。

总之，钱账分管原则是出纳工作的一项重要原则，各单位都应建立健全这一制度，防止营私舞弊行为的发生，维护国家和单位的财产安全。

四、出纳工作的内容

（一）办理现金收付业务

严格按照国家《现金管理暂行条例》的相关规定，结合本单位的实际情况，根据稽核人员审核签章的收付款凭证，办理款项收付。

（二）办理银行结算业务

严格按照银行《支付结算办法》的各项规定，根据审核无误的收入与支出凭证，办理银行存款的收付。

（三）设置并登记日记账，保证日清月结

各单位应当设置现金日记账和银行存款日记账，根据已经办理完毕的收付款凭证，逐笔序时登记现金或银行存款日记账，并结出余额。现金日记账每日与实际库存现金核对，月份终了，现金日记账的余额必须与现金总账的余额核对相符，银行存款日记账的账面余额定期与银行对账单核对，发现未达账项要及时查询，月末编制银行存款余额调节表，使账面余额与对账单上余额调节相符。随时掌握银行存款余额，不准签发空头支票。

（四）保管库存现金和有价证券

对现金和各种有价证券，要确保其安全和完整无缺。库存现金不得超过银行核定的限额，超过部分要及时存入银行。不得以“白条”充抵现金，更不得任意挪用现金。如果发现库存

现金有短缺或盈余，应查明原因，根据情况分别处理。不得私下取走或补足现金，现金如有短缺，因自身原因造成的，要负赔偿责任。对于单位保险柜密码、开户账号及取款密码等不得泄露，更不能任意转交他人。

（五）保管有关印章，登记注销支票

出纳人员所管的印章必须妥善保管，严格按照规定用途使用。签发支票的各种印章，不得全部交由出纳一人保管。一般而言，单位财务专用章由财务主管保管，法人章授权出纳保管。对于空白收据和空白支票必须严格管理，专设登记簿登记，认真办理领用注销手续。

（六）监督货币资金的收支

货币资金收支过程中会面临很多消极因素，为了保证货币资金收支的安全，必须对其实施有效的监督。出纳监督是依据国家有关的法律、法规和企业的规章制度，在维护财经纪律、执行会计制度的工作权限内，坚决抵制不合法的收支和弄虚作假的行为。出纳在办理现金和银行存款各项业务时，要严格按照财经法规进行，违反规定的业务一律拒绝办理。随时检查和监督财经纪律的执行情况，以保证出纳工作的合法性、合理性，保护单位的经济利益不受侵害。

五、出纳工作的时间安排

出纳工作是按时间分阶段进行处理和总结的，明确工作内容后，出纳人员要对工作有时间概念，今日事今日毕，以保证出纳业务得到及时处理、出纳信息得到及时反映。

（1）到单位第一件事是检查现金、有价证券及其他贵重物品。

（2）向有关领导及会计主管请示资金的安排计划。

（3）列明当天要处理的事项，分清轻重缓急做出合理的时间安排。

（4）根据顺序办理各项收付款业务。

（5）下班前，应将所有的收付款凭证编制记账凭证；登记现金日记账和银行存款日记账；盘点现金实有数，进行账实核对，保证账实相符；整理好办公用品，检查保险柜是否锁好，保证办公场所整洁，无资料遗漏或乱放现象。

（6）因特殊事项或情况造成工作未完成的，应列明未尽事宜，留待第二天优先办理。

（7）根据单位需要，定期编制出纳报告单，上报有关领导。

（8）收到银行对账单的当天，出纳人员应进行核对，编制银行存款余额调节表。

（9）每月终了及时清点核对其保管的支票、发票、有价证券等重要结算凭证。

（10）其他出纳工作的办理。

任务二　出纳人员认知

一、出纳人员的配备

一般来讲，实行独立核算的企业单位，在银行开户的行政、事业单位，有经常性现金收入和支出业务的企业、行政事业单位都应配备专职或兼职出纳，担任本单位的出纳工作。出纳人员配备的多少，主要决定于本单位出纳业务量的大小和繁简程度，要以业务需要为原则，既要满足出纳工作量的需要，又要避免徒具形式、人浮于事的现象。一般可采用一人一岗、一人多岗、一岗多人等几种形式。

（1）一人一岗：规模不大的单位，出纳工作量不大，可设专职出纳人员一名。

（2）一人多岗：规模较小的单位，出纳工作量较小，可设兼职出纳人员一名。无条件单独设置会计机构的单位，至少要在有关机构中（如单位的办公室、后勤部门等）配备兼职出纳人员一名。

（3）一岗多人：规模较大的单位，出纳工作量较大，可设多名出纳人员，如分设管理收付的出纳人员和管账的出纳人员，或分设现金出纳人员和银行结算出纳人员等。

二、出纳人员的职责

出纳是会计工作的重要环节，涉及现金收付、银行结算等活动，而这些又直接关系到职工个人、单位乃至国家的经济利益，工作出了差错，就会造成不可挽回的损失。因此，明确出纳人员的职责和权限，是做好出纳工作的起码条件。根据有关规定和我国会计工作的实际情况，出纳员的岗位职责主要有以下几个方面。

（1）按照国家有关现金管理和银行结算制度的规定，办理现金收支和银行结算业务。

（2）根据会计制度的规定，在办理现金和银行存款收付业务时，要严格审核有关原始凭证，再据以编制收付款凭证，然后根据编制的收付款凭证逐笔顺序登记现金日记账和银行存款日记账，并结出余额。

（3）按照国家外汇管理和结、购汇制度的规定及有关批件，办理外汇出纳业务。出纳人员应熟悉国家外汇管理制度，及时办理结汇、购汇、付汇，避免外汇损失。

（4）掌握银行存款余额，不准签发空头支票，不准出租出借银行账户为其他单位办理结算。这是出纳员必须遵守的一条纪律，也是防止经济犯罪、维护经济秩序的重要方面。

（5）保管库存现金和各种有价证券（如国库券、债券、股票等）的安全与完整。要建立适合本单位情况的现金和有价证券保管责任制，出纳人员应根据本单位的实际情况建立现金、有价证券登记簿，便于随时进行核对，保证其安全、完整。如发生短缺，属于出纳人员责任的要进行赔偿。此外，出纳人员应妥善保管保险柜的钥匙，在任期间钥匙不离身，不得交给他人保管，对保险柜的密码严格保密。

（6）保管有关印章、空白收据和空白支票。印章、空白票据的安全保管十分重要，在实际工作中，因丢失印章和空白票据给单位带来经济损失的不乏其例。对此，出纳人员必须高度重视，建立严格的管理办法。

三、出纳人员的权限

根据《中华人民共和国会计法》《会计基础工作规范》等财会法规，出纳人员具有以下权限。

（一）维护财经纪律，执行财会制度，抵制不合法的收支和弄虚作假行为

《中华人民共和国会计法》是我国会计工作的根本大法，为出纳人员实行会计监督、维护财经纪律提供了法律保障。出纳人员应认真学习、领会、贯彻这些法规，充分发挥出纳工作的“关卡”“前哨”作用，为维护财经纪律、抵制不正之风作出贡献。

（二）参与货币资金计划定额管理的权限

现金管理制度和银行结算制度是出纳人员开展工作必须遵照执行的法规。这些法规，实际上是赋予了出纳人员对货币资金管理的职权。例如，为加强现金管理，要求各单位的库存现金必须限制在一定的范围内，多余的要按规定送存银行，这便为银行利用社会资金进行有计划放款提供了资金基础。因此，出纳工作不是简单的货币资金的收付，不是无足轻重的点点钞票，其工作的意义只有和许多方面的工作联系起来才能体会到。

（三）管好用好货币资金的权限

出纳工作每天和货币资金打交道，单位的一切货币资金往来都与出纳工作紧密相连，货币资金的来龙去脉，周转速度的快慢，出纳人员都清清楚楚。因此，提出合理安排利用资金的意见和建议，及时提供货币资金使用与周转信息，也是出纳人员义不容辞的责任。出纳人员应抛弃被动工作观念，树立主动参与意识，把出纳工作放到整个会计工作、经济管理工作的大范围中，这样，既能增强出纳自身的职业光荣感，又为出纳工作拓宽了新的视野。

四、出纳人员应具备的素质

出纳工作是管理货币资金、票据、有价证券等进进出出的一项工作。出纳人员必须具备以下几方面的基本素质。

（一）严谨细致的工作作风

要做好出纳工作首先要热爱出纳工作，要有严谨细致的工作作风和职业习惯。作风的培

养在成就事业方面至关重要。出纳人员每天和货币资金打交道，稍有不慎就会造成意想不到的损失，出纳人员必须养成与出纳职业相符合的工作作风，概括起来就是：精力集中、有条不紊、严谨细致、沉着冷静。精力集中就是工作起来要全身心地投入，不为外界所干扰；有条不紊就是计算器具摆放整齐，钱款票据存放有序，办公环境洁而不乱；严谨细致就是认真仔细，做到收支计算准确无误，手续完备，不发生工作差错；沉着冷静就是在复杂的环境中随机应变，化险为夷。

（二）熟练的专业技能

俗话说："台上一分钟，台下十年功"，这对出纳工作来说同样适用，出纳工作需要很强的操作技巧。操作计算机、填票据、点钞票等，都需要深厚的基本功。作为专职出纳人员，不但要具备处理一般会计事务的财会专业基本知识，还要具备较高的处理出纳事务的出纳专业知识水平和较强的数字运算能力。出纳的数字运算往往在结算过程中进行，要按计算结果当场开出票据或收付现金，速度要快，又不能出错。这和事后的账目计算有着很大的区别。账目计算错了可以按规定方法更改，但在结算过程中算错了就不一定说得清楚，不一定能"改"得过来了。所以说出纳人员要有很强的数字运算能力，不管用计算机、计算器，还是别的运算器，都必须具备较快的速度和非常高的准确性。在快和准的关系上，作为出纳人员，要把准确放在第一位，要准中求快。提高出纳业务技术水平关键在手上，操作计算机、填票据都离不开手。而要提高手的功夫，关键又在勤，勤能生巧，巧自勤来。有了勤，就一定能达到出纳技术操作上的理想境界。另外，还要苦练汉字、阿拉伯数字，提高写作概括能力，使人见其字如见其人，一张书写工整、填写齐全、摘要精练的票据能体现一名出纳人员的工作能力。

（三）较高的政策水平

没有规矩，不成方圆。出纳工作涉及的"规矩"很多，如《中华人民共和国会计法》《会计基础工作规范》《现金管理暂行条例》《支付结算办法》《中华人民共和国票据法》《中华人民共和国税收征收管理法》《中华人民共和国发票管理办法》及本单位的成本管理条例、费用报销额度、财务管理规定等。对这些法规、制度如果不熟悉、不掌握，是绝对做不好出纳工作的。所以，要做好出纳工作的第一件大事就是学习、了解、掌握财经法规和制度，提高自己的政策水平。出纳人员只有刻苦掌握政策法规和制度，明白自己哪些该干，哪些不该干，哪些该抵制，工作起来才会得心应手，不会犯错误。

（四）较强的安全意识

现金、有价证券、票据、各种印鉴，既要有内部的保管分工，各负其责，并相互牵制；也要有对外的安保措施，从办公用房的建造，门、屉、柜的锁具配置，到保险柜密码的管理，都要符合安保的要求。出纳人员既要密切配合安保部门的工作，又要增强自身的安保意识，学习安保知识，把保护自身分管的公共财产物资的安全、完整作为自己的首要任务来完成。

（五）良好的职业道德

出纳人员应具备的职业道德主要包括八个方面：爱岗敬业、诚实守信、廉洁自律、客观公正、坚持准则、提高技能、参与管理、强化服务。

知识拓展

杜绝财务人员贪污犯罪必须把好哪几关

据报道，作为北京某企业财务处的出纳，月工资不到6 000元的黄某，平日却开着路虎越野车，和朋友外出旅游从来都是他买单。从2018年到2022年，黄某几乎把公司当成了自己的取款机，贪污公款470多万元。最终，黄某因贪污罪被市一中院判处15年有期徒刑。

2018年9月至2022年12月期间，黄某利用担任公司财务处出纳并负责制作工资表的职务之便，采取修改工资表数据等手段，以为虚构的本单位职工王某、李某等6人支付工资及虚增自己工资的方式，骗取单位公款470多万元。黄某买了6张身份证复印件在银行开了工资户，每月往这6张工资卡里打钱。从该贪污案不难发现该公司财务管理特别混乱，会计、财务科长和负责审批的分管领导工作马虎，严重失职。出纳员黄某正是掌握了他们的工作态度和工作规律，乘虚而入。

黄某贪污案又一次告诫我们，要杜绝财务人员贪污犯罪，必须把好四关：一是教育管理关，加强财务人员教育和监督管理，防止思想滑坡，防止贪欲抬头，培养财务人员自觉抵御腐败的能力；二是人员交流轮岗关，对分管财务领导、会计和出纳要定期或不定期交流轮岗，防止出现思维定式，严防财务人员不互相监督的失职行为发生；三是检查审计关，严格财务审计和财务检查，严防检查走过场，及时发现问题，及时处理；四是惩处警示关，加大对财务人员违纪违法行为的打击力度，发现一起查处一起，召开案例通报会，教育警示他人。

五、出纳人员的回避制度

回避制度是指为了保证执法或者执业的公正性，对由于某种原因可能影响其公正执法或者执业的人员实行任职回避和业务回避的一种制度。回避制度已成为我国人事管理的一项重要制度。事实表明，在会计工作中由于亲情关系而串通作弊和违法违纪的，已不在少数，在会计人员中实行回避制度，其必要性已经十分明显。《会计基础工作规范》规定，国家机关、国有企业、事业单位任用会计人员应当实行回避制度。单位领导人的直系亲属不得担任本单位的会计机构负责人、会计主管人员。会计机构负责人、会计主管人员的直系亲属不得在本单位会计机构中担任出纳工作。至于其他单位是否实行会计人员回避制度，《会计基础工作规范》没有明确规定。但是，鉴于会计人员回避制度在防范上的积极作用，其他单位应当有必要对会计人员实行必要的回避或参照《会计基础工作规范》的有关规定执行。

知识拓展

何为需要回避的直系亲属关系

需要回避的直系亲属关系主要有以下三种。

(1) 夫妻关系。夫妻关系是血亲关系和姻亲关系的基础和源泉，它是亲属关系中最核心、最重要的部分，属亲属回避的主要内容之一。

(2) 直系血亲关系。直系血亲关系是指具有直接血缘关系的亲属。法律上有两种情况：一种是出生于同一祖先，有自然联系的亲属，如祖父母、父母、子女等；另一种是指本来没有自然的或直接的血缘关系，但法律上确定其地位与血亲相等，如养父母和养子女之间的关系。直系血亲关系是亲属关系中最为紧密的关系之一，也应当列入回避范围。

(3) 三代以内旁系血亲以及近姻亲关系。旁系血亲是指源于同一祖先的非直系的血亲。所谓三代，就是从自身往上或者往下数三代以内，除了直系血亲以外的血亲，就是三代以内旁系血亲，实际上就是自己的兄弟姐妹及其子女与父母的兄弟姐妹及其子女。所谓近姻亲，主要是指配偶的父母、兄弟姐妹，儿女的配偶及儿女配偶的父母。因为三代以内旁系血亲以及近姻亲关系在亲属中也是比较亲密的关系，所以也需要回避。

六、出纳人员的职业规划

出纳人员在不断的工作和实践中，知识结构、业务技能、思想道德、人际交往等各方面都会得到充实和发展，在做好本职工作的同时，出纳人员可以为自己的职业规划一张蓝图。

规划一：在一个普通单位先做出纳，再做普通会计，再做会计主管，再做财务经理，再做财务总监。

规划二：在会计师事务所从底层职员做到高级财务经理。

规划三：从底层的财务工作做起，然后离开财务岗位，走向领导岗位；或进军会计服务行业，如创办会计咨询公司、创办会计培训学校、创办代理记账公司等。

任务三　出纳机构认知

一、出纳机构设置

出纳机构，一般设置在会计机构内部，如各企事业单位财会科、财会处内部设置专门处理出纳业务的出纳组、出纳室。《中华人民共和国会计法》第三十四条规定：“各单位应当根据会计业务的需要，依法采取下列一种方式组织本单位的会计工作：（一）设置会计机构；（二）在有关机构中设置会计岗位并指定会计主管人员；（三）委托经批准设立从事会计代理记账业务的中介机构代理记账；（四）国务院财政部门规定的其他方式。"《中华人民共和国会计法》对各单位会计、出纳机构与出纳人员的设置没有做出硬性规定，只是要求各单位根据业务需要设定。各单位可根据单位规模大小和货币资金管理的要求，结合出纳工作的繁简程度设置出纳机构。以工业企业为例，大型企业可在财务处下设出纳科；中型企业可在财务科下设出纳室；小型企业可在财务科下配备专职出纳人员。有些主管公司，为了资金的有效管理和总体利用效益，把若干分公司的出纳业务（或部分出纳业务）集中办理，成立专门的内部"结算中心"，这种"结算中心"，实际上也是出纳机构。

二、出纳与其他会计的关系

会计，从其所分管的账簿来看，可分为总账会计、明细账会计和出纳。三者既相互区别又有联系，是分工与协作的关系。

（一）出纳与其他会计的区别

总账会计、明细账会计和出纳有着明确的分工。总账会计负责企业经济业务的总括核算，为企业经济管理和经营决策提供总括的、全面的核算资料；明细账会计分管企业的明细账，为企业经济管理和经营决策提供明细分类核算资料；出纳则分管企业票据、货币资金以及有价证券等的收付、保管、核算工作，为企业经济管理和经营决策提供各种金融信息。总体上讲，必须实行钱账分管，出纳人员不得兼管稽核和会计档案保管，不得负责收入、费用、债权债务等账目的登记工作。总账会计和明细账会计则不得管钱管物。

（二）出纳与其他会计的联系

出纳和明细账会计、总账会计之间，既相互联系又相互制约。他们核算的依据是相同的，都是会计原始凭证和会计记账凭证。这些作为记账凭据的会计凭证必须在出纳、明细账会计、总账会计之间按照一定的顺序传递，他们相互利用对方的核算资料，共同完成会计任务，缺一不可。同时，他们之间又互相牵制与控制。出纳的现金和银行存款日记账与总账会计的现金和银行存款总分类账，总分类账与其所属的明细分类账，明细账中的有价证券账与出纳账中相应的有价证券账在金额上是等量关系。这样，出纳、明细账会计、总账会计三者之间就构成了相互牵制与控制的关系，三者之间必须相互核对保持一致。

拓展阅读

好出纳的"七心丹"

从事财务工作20年，两次担任出纳，感触良多。出纳承担着经济业务活动中最后一个环节的职责，应收的款项悉数尽收，该支的费用全部付清，相关经济业务才算完成。通过实践，我琢磨出做好出纳工作必须炼就"七心丹"，列举如下。

开心：态度决定一切，心态左右行动。尽管本人有丰富的会计工作经验，一手筹建了一个会计公司，多年来同其一起成长，单位的财务成果似雪球越滚越大，本人也于10年前受聘为高级会计师，但我觉得有必要再当一回出纳。这种换位对当好会计大有益处：天天跑银行，时时收付款，具体琐碎的事务不但使财会业务能力与时俱进，更能提升综合判断分析力及有效解决问题的能力。目前，我忙得不亦乐乎，但感觉乐趣多多，十分开心。

细心：匠心独运出奇巧，妙手神抓显功夫。将钞票依不同面值分类摆放，付款时按从小到大或从大到小的顺序进行，这样做有两个好处，一是有次序地取款并报数付出，不会出错；二是和报账人之间建立了和谐的互动关系，收付款的过程对方看得一清二楚，可以说是同步复核了一遍。这样的付款方式看似慢，实则事半功倍，一次成功。

热心：举手之劳勤为之，抬腿几步与人便。为了保证会计凭证装订起来更美观，就要从原始单据的正确粘贴做起。对司机等经常报销者，出纳人员要热情地示范其按标准格式粘贴报销单据。报账人有时因业务繁忙，将报销凭证留在财务部门，等会计做好凭证后，出纳人员应电话通知报账人来领款，对无暇前来者可亲自送过去。

耐心：微笑服务，不厌其烦。对进出财务办公室的人员，不论老少，报之以微笑，道一声问候。遇到报账人较多，都着急时，出纳人员切记不能急躁，要指导大家安静地排队，在轻松友好的气氛中按次序办理。

虚心：处处留心皆学问。工作的过程固然积累了业务能力，出纳人员也要时常抽空看看有用的书籍或浏览精品网站，从中学习方方面面的经验技巧，有助于全面提高人的整体素质，工作起来更能得心应手。诚恳征询各方对自己工作的意见和建议，采取有效方法加以改进。

公心：坚守职业道德。出纳人员要公私分明、不贪不占、遵纪守法、清正廉洁。这是出纳人员的工作特点所决定的，是职业道德的内在要求和行为准则。

信心：紧跟时代步伐。科技的飞速发展给财务工作者创造了前所未有的良机，会计电算化使会计摆脱了烦琐的记账工作。电子银行的发展促进了财务工作的数字化和自动化，极大地简化了财务操作流程。对此，出纳人员要充满信心，积极主动地利用高科技手段提高工作效率。

总之，以快乐的心态当出纳，细心处理每笔款项，耐心热情地对待报账人，抱着虚心，秉持公心，满怀信心地工作，就一定能炼成“七心丹”，使自己省心，会计称心，领导放心，让大家舒心。

思考练习

1. 出纳工作的基本原则是什么？
2. 出纳人员的职责是什么？
3. 企事业单位出纳人员的配备可采取的形式是什么？
4. 出纳工作的特点是什么？
5. 出纳人员的权限包括哪些？

项目二 出纳工作常识和基本技能

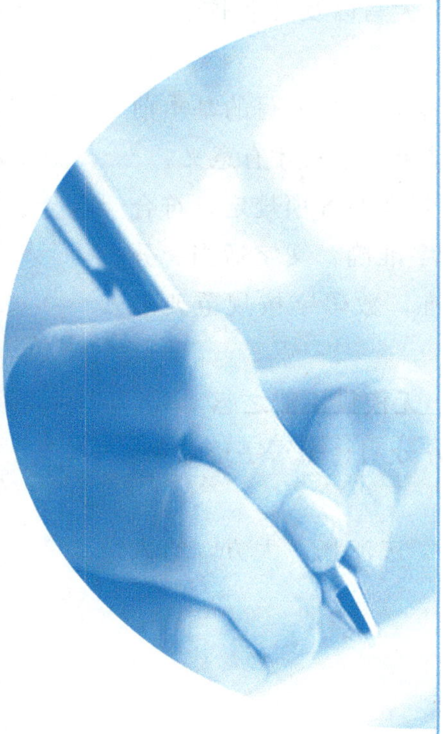

学习目标

- 掌握数码字和文字的书写规范；
- 掌握点钞技术和清点硬币方法；
- 熟悉人民币的防伪特征与鉴定方法；
- 了解保险柜的使用方法；
- 掌握支付密码器的操作方法；
- 了解印章的使用管理规定和空白票据的保管方法。

案例导入

天隆公司是一家专业的办公家具生产商，丁一是该公司新近招聘的出纳人员。在2019年2月6日的工作中填写了几张原始凭证，其中的金额部分他是这样填写的：

1. 小写金额为3 200元，大写金额为“人民币：叁仟贰佰元整”；

2. 小写金额为108 000.00元，大写金额为“人民币拾万捌仟元整”；

3. 小写金额为4 500.96元，大写金额为“人民币肆仟伍佰零玖角陆分”。

请指出丁一数字书写中的错误。

任务一　书写规范

会计书写规范是指会计工作人员在经济业务活动的记录过程中，对涉及的数码字和文字的书写规范及要求。会计工作离不开书写，没有规范的书写，会计工作就没有质量。书写规范也是衡量一名会计工作人员业务素质高低的标准之一。一名合格的会计人员，首先书写应当规范，这样才能正确、清晰地书写计算结果，为决策者提供准确、可靠的会计信息，更好地为经济决策服务。财会书写的内容主要包括阿拉伯数字的书写、数字大写以及汉字书写。

财会书写基本规范如下。

（1）准确。业务发生过程中的数字和文字要准确、完整地记录下来，这是书写的基本前提。对于发生的经济业务，只有正确地反映其发生的全过程、内容及结果，书写才有意义。

（2）规范。有关经济活动的记录书写一定要符合财会法规和会计制度的各项规定，符合对财会人员的要求。记账、核算、分析、编制报表都要书写规范、数字准确、文字适当、分析有理，要严格按书写格式书写，文字以国家公布的简化汉字为标准，数码字按规范要求书写。

（3）清晰。字迹清楚，容易辨认，账目条理清晰，使人一目了然，无模糊不清之感。

（4）整洁。账面干净、清洁；文字、数码字、表格条理清晰，整齐分明；书写字迹端正，大小均匀，无参差不齐及涂改现象。

（5）美观。除准确、规范、清晰、整洁外，书写还要结构合理，字迹流畅、大方，给人以美感。

一、数字的书写

数字是指表示数目的书写文字，是构成数的基本元素之一。目前，使用最为广泛的数字是阿拉伯数字。规范的阿拉伯数字书写要符合手写体的规范要求，书写顺序是由高位到低位、从左到右依次写出各位数字。数码字的书写包括阿拉伯数字的书写和阿拉伯数字金额的书写。

（一）阿拉伯数字的书写

阿拉伯数字的书写要求如下。

（1）各个数字要大小匀称、笔画流畅，每个数字独立有形，不能连笔书写，要让使用者一目了然。

（2）每个数字要紧贴底线书写，但上端不可顶格，其高度占全格的1/2至2/3，要为更正错误数字留有余地。除“6”“7”“9”外，其他数字高低要一致。书写“6”时，上端比其他数字高出1/4；书写数字“7”“9”时，下端比其他数字低出1/4。写“0”时不能有缺口；写“8”时上方不能开口；“4”的两竖要平行；“9”不能开口和留尾巴。如图2-1所示。

图2-1 阿拉伯数字书写

（3）各个数字排列有序，并且数字要有一定倾斜度。各数字的倾斜度要一致，一般要求上端一律向右顺斜30度到45度。

（4）书写数字时，各数字从左至右排列，笔画顺序是自上而下、先左后右，并且每个数字大小一致，数字间的空隙应保持一定距离，且距离相等，各个数字的上下左右要对齐，在印有数位线的凭证、账簿、报表上，每一格只能写一个数字，不得几个字挤在一个格子里，更不能在数字中间留有空格。

（5）会计数字的书写必须采用规范的手写体书写，这样才能使会计数字规范、清晰，符合会计工作的要求。

（6）会计工作人员要保持个人的独特字体和书写特色，以防止别人模仿或涂改。会计数字书写时，除“4”和“5”以外的数字，必须一笔写成，不能人为地增加数字笔画。

（7）对于易混淆且笔顺相近的数字，在书写时，尽可能地按标准字体书写，区分笔顺，避免混同，以防涂改。例如，“1”不可写得过短，要保持倾斜度，将格子占满，这样可防止改“1”为“4”“6”“7”“9”；书写“6”时要顶满格子，下圆要明显，以防止改“6”为“8”；“7”“9”的落笔可延伸到底线下面；“6”“8”“9”“0”的圆必须封口。

（8）小写数字书写要采用“三位分节制”记数法。对于整数位在四位或四位以上的数，从个位起，向左每三位数字作为一节，用空格或分节点“,”隔开，如7 530 580或7,530,580。

（二）阿拉伯数字金额的书写

1. 阿拉伯数字前应写明币种符号

币种符号与阿拉伯数字金额之间不得留有空白。凡阿拉伯数字前有币种符号的，数字后边不再写单位。以元为单位的阿拉伯数字，除表示单价外一律写到角分；无角分的，角分位写“00”；有角无分的，分位应写“0”，不得写符号“—”。书写示例：正确写法“¥153.80”，错误写法“¥ 153.80 元”。

2. “¥”的用法

阿拉伯数字表示的金额为小写金额，书写时应采用人民币符号“¥”。“¥”是汉字“元”拼音首字母的变形，它既代表人民币的币制，又表示人民币的单位“元”。人民币符号“¥”只应用于填写票证（发票、支票、存单、记账凭证等），在登记账簿、编制报表时，一般不能使用“¥”。

3. 没有数位分隔线的数字金额书写

凭证、账簿上预先没有印刷数位分隔线的，小写金额元以上每三位空 1/4 格，也可以每三位一节用分位号分开，元和角之间要点上小数点。除表示单价等情况外，小写金额一律要写到角分。有角无分的，在分位上写“0”，如“5.70 元”不能写成“5.7”或“5.7—”；无角分的，仍在元以后点上小数点，并在后面写“00”，或在字体高度中间画横线“—”，如“9.00 元”或“9.—元”都是正确写法，但不能写成“9 元”。

4. 印有数位分隔线的数字金额书写

如果凭证、账簿上预先印有数位分隔线，小写金额要对准元、角、分位置书写。只有角、分位金额的，在元位上不写“0”；只有分位金额的，在元、角位均不写“0”。有角无分的，在分位上写“0”；角、分位均没有金额的，在角、分位分别写一个“0”字。如表 2-1 所示。

表 2-1　数字小写金额书写

会计凭证账表上的小写金额栏							
没有数位分隔线	有数位分隔线						
	万	千	百	十	元	角	分
¥0.06						¥	6
¥0.70					¥	7	0
¥3.00				¥	3	0	0
¥15.07			¥	1	5	0	7
¥528.05		¥	5	2	8	0	5
¥5 030.50	¥	5	0	3	0	5	0

（三）数码字书写错误的更正方法

数码字书写错误一般采用划线更正法。划线更正法是指在包含错误数字的全部数字正中间划一条红线，表示注销，然后将正确的数字写在被注销数字的上方，并由更改人员在更正处加盖经手人私章，以示对此负责。只要写错一个数字，不论在哪一位，一律用红线全部划掉，在原数字的上边对齐原位写上正确数字。如图 2-2 所示。

错误的更正方法						
					4	3
	5	2	1	7	~~3~~	~~4~~
			3			
		6	~~8~~	1	2	9
~~4~~	~~5~~	4	5	0	0	0

正确的更正方法						
	5	2	1	7	4	3
	~~5~~	~~2~~	~~1~~	~~7~~	~~3~~	~~4~~
		6	3	1	2	9
		~~6~~	~~8~~	~~1~~	~~2~~	~~9~~
		4	5	0	0	0
~~4~~	~~5~~	~~0~~	~~0~~	~~0~~	~~0~~	~~0~~

图 2-2 划线更正法

二、文字书写

文字书写是指汉字书写。与经济业务活动相联系的文字书写包括数字的大写、企业名称、会计科目、费用项目、商品类别、计量单位以及摘要、财务分析报表等的书写。

（一）文字书写的基本要求

1. 简明、扼要、准确

用简短的文字把经济业务发生的内容记述清楚，在有格限的情况下，文字数目多少，要以写满但不超出该栏格为限。会计科目要写全称，不能简化，子、细目要准确，符合会计制度的规定，不能用表述不清、记述不准的语句或文字。

2. 字迹工整清晰

字迹工整清晰是指用正楷或行书书写，不能用草书；字号不宜过大，一般上下要留空隙，也不宜过小；文字不能过于稠密，要适当留字距；字形不能写得大小不一。

（二）中文大写数字的写法

“壹”“贰”“叁”“肆”“伍”“陆”“柒”“捌”“玖”“零”“亿”“万”“仟”“佰”“拾”“元”“角”“分”“整”等一律用正楷或者行书书写，不得任意自造简化字。中文大写数字用于填写需要防止涂改的销货发票、银行结算凭证、收据等，因此在书写时不能写错。如果写错，则本张凭证作废，需重新填制凭证。中文大写数字字形庄重，笔画繁多，可防篡改，有利于避免混淆和经济损失。

中文大写数字的书写规范如下。

1. 大写金额前要冠以“人民币”字样

“人民币”与金额首位数字之间不留空位，数字之间更不能留空位，货币名称后不能用冒号。

【实例 2-1】正确写法：“人民币捌佰伍拾元整”。

错误写法：“人民币　　捌佰伍拾元整”或“人民币：捌佰伍拾元整”。

其他实物单位的大写前要加实物名称或“计”“合计”“总计”等字样。

【实例 2-2】将 52 518 吨煤炭表示成大写数字“煤炭伍万贰仟伍佰壹拾捌吨整”或“煤炭

计伍万贰仟伍佰壹拾捌吨整”。

2. “整”的用法

“整”的原始含义为“整数”，将其作为截止符应用在大写金额中，可防止大写金额被人涂改。即大写金额数字到“元”或者“角”为止的，在“元”或者“角”后写“整”或者“正”；大写金额数字有“分”的，“分”后面不写“整”或者“正”。

【实例 2-3】将“¥4 820.00”表示为大写金额“人民币肆仟捌佰贰拾元整”。

【实例 2-4】将“¥7045.80”表示为大写金额“人民币柒仟零肆拾伍元捌角整”。

3. “零”的用法

大写数字“零”的写法主要取决于小写数字中“0”出现的位置。

（1）小写数字中间有一个“0”时，大写一般要写“零”。

【实例 2-5】将“¥5607.00”表示为大写金额“人民币伍仟陆佰零柒元整”。

（2）小写数字中间有连续几个“0”时，大写一般只写一个“零”。

【实例 2-6】将“¥410006.00”表示为大写金额“人民币肆拾壹万零陆元整”。

（3）小写数字末尾有“0”的，大写一般不写“零”。

【实例 2-7】将“¥5 200.00”表示为大写金额“人民币伍仟贰佰元整”。

（4）小写数字元位是“0”，或者数字中间连续有几个“0”、元位也是“0”，但角位不是“0”时，大写金额可以只写一个“零”，也可以不写“零”。

【实例 2-8】将“¥3670.54”表示为大写金额“人民币叁仟陆佰柒拾元零伍角肆分”或“人民币叁仟陆佰柒拾元伍角肆分”。

【实例 2-9】将“¥650000.78”表示为大写金额“人民币陆佰伍拾万元零柒角捌分”或“人民币陆佰伍拾万元柒角捌分”。

（5）小写数字元位和角位是“0”，但分位不是“0”时，大写金额只写一个“零”。

【实例 2-10】将“¥504710.05”表示为大写金额“人民币伍拾万零肆仟柒佰壹拾元零伍分”。

（6）小写分位是“0”时，可不写“零分”字样，后加“整”。

【实例 2-11】将“¥6.50”表示为大写金额“人民币陆元伍角整”。

（7）表示位的文字前必须有数字。如“¥10.00”应写作“人民币壹拾元整”，而不是“人民币拾元整”。

（8）切忌用其他字代替，如“零”不能用“另”代替、“角”不能用“毛”代替等。

（9）票据和结算凭证的金额不许涂改。

为了防止作弊，银行、单位和个人填写的各种票据和结算凭证中的中文大写金额一律不许涂改，一旦写错，则该凭证作废，需要重新填写。因此，会计人员在书写中文大写数字时必须认真填写，以减少书写错误的发生。

（三）中文大写金额错误写法举例

【实例 2-12】小写金额为 8500 元。

正确写法：“人民币捌仟伍佰元整”，

错误写法：“人民币：捌仟伍佰元整”，

错误原因："人民币"后面多一个冒号。

【实例 2-13】小写金额为 107000.00 元。

正确写法："人民币壹拾万零柒仟元整"，

错误写法："人民币拾万柒仟元整"，

错误原因：漏写"壹"和"零"。

【实例 2-14】小写金额 70036000.00 元。

正确写法："人民币柒仟零叁万陆仟元整"，

错误写法："人民币柒仟万零叁万陆仟元整"，

错误原因：多写一个"万"。

【实例 2-15】小写金额 45000.96 元。

正确写法："人民币肆万伍仟元零玖角陆分"，

错误写法："人民币肆万伍仟零玖角陆分"，

错误原因：漏写一个"元"。

【实例 2-16】小写金额 160001.00 元。

正确写法："人民币壹拾陆万零壹元整"，

错误写法："人民币壹拾陆万元另壹元整"，

错误原因：将"零"写成"另"，多出一个"元"。

（四）中文大写票据日期的书写要求

实际工作中，经常要填写支票、汇票和本票，这些票据的出票日期必须使用中文大写。为防止变造票据的出票日期，在填写月、日时，月为"壹""贰"和"壹拾"的，日为"壹"至"玖"和"壹拾""贰拾""叁拾"的，应在其前加"零"；日为"拾壹"至"拾玖"的，应在其前加"壹"。例如，1 月 15 日应写成"零壹月壹拾伍日"，10 月 20 日应写成"零壹拾月零贰拾日"，2009 年 4 月 8 日应写成"贰零零玖年肆月零捌日"。

任务二　点钞技术

点钞技术是出纳人员必须掌握的一项基本业务技能。点钞方式按是否使用工具分为手工点钞和机器点钞。手工点钞可以分为手持式点钞和手按式点钞。出纳人员整点票币时，不仅要做到点数准确无误，还必须对损伤票币、伪造币及变造币进行挑拣和处理。保证点钞的质量和速度。为了提高自身的点钞技术水平，出纳人员除了掌握一定的票币整点方法和鉴别知识外，还应在平时多学多练，这样才能在工作时得心应手，顺利完成工作任务。

一、手工点钞技术

（一）手工点钞工序

1. 点钞的基本程序

出纳人员在点钞时，一般按照下列程序办理。

（1）审查现金收、付款凭证及其所附原始凭证的内容，看其是否填写齐全、清楚，两者内容是否一致。

（2）依据现金收、付款凭证的金额，先清点整数（即大数），再清点零数（即小数）。即先清点大额票面金额，再依次清点小额票面金额；先清点成捆的（暂不拆捆）、成把（卷，指铸币）的（暂不拆把、卷），再清点零数。

（3）在点数过程中，一般应一边点数，一边在算盘或者计算器上加计金额，点数完毕，算盘或计算器上的数字和现金收、付款凭证上的金额与清点的票面金额三者应相同。

（4）从整数至零数，逐捆、逐把、逐卷地拆捆点数，在拆捆、拆把、拆卷时应暂时保存原有的标签、封条和封纸，点数无误后才可扔掉。

（5）点数完毕后，即可办理具体的现金收存业务。

2. 点钞的基本环节

点钞是从拆把开始到扎把为止这样一个连续、完整的过程。它一般包括拆把持钞、清点、记数、墩齐、扎把、盖章等环节。要加速点钞速度，提高点钞水平，必须把各个环节的工作做好。

（1）拆把持钞。成把清点时，首先需将腰条纸拆下。拆把时可将腰条纸脱去，保持其原状，也可将腰条纸用手指钩断。通常初点时采用脱去腰条纸的方法，以便复点时发现差错进行查找，复点时一般将腰条纸钩断。持钞速度的快慢、姿势是否正确，也会影响点钞速度。

（2）清点。清点是点钞的关键环节。清点的速度、清点的准确性直接关系到点钞的准确与速度。因此，要勤学苦练清点基本功，做到既快又准。在清点过程中，还需将损伤钞券按规定标准剔出，以保持流通中票面的整洁。若钞券中夹杂着其他版面的钞券，则应将其挑出。在点钞过程中如发现差错，应将差错情况记录在原腰条纸上，并把原腰条纸放在钞券上面一起扎把，不得将其扔掉，以便事后查明原因，另做处理。

（3）记数。记数也是点钞的基本环节，与清点相辅相成。在清点准确的基础上，必须做到记数准确。

（4）墩齐。钞券清点完毕扎把前，先要将钞券墩齐，以便在扎把后保持钞券外观整齐美观。钞券墩齐要求四条边水平，不露头或不呈梯形错开，卷角应拉平。墩齐时，双手松拢，先将钞券竖起来，双手将钞券捏成瓦形并在桌面上墩齐，然后将钞券横立，再将其捏成瓦形并在桌面上墩齐。

（5）扎把。每把钞券清点完毕后，要扎好腰条纸。腰条纸要求扎在钞券的 1/2 处，左右偏差不得超过 2 厘米。同时要求扎紧，以提起时第一张钞券不被抽出为准。

（6）盖章。盖章是点钞过程的最后一步，在腰条纸上加盖点钞员名章，表示对此把钞券的质量、数量负责，所以出纳人员在点钞后均要盖章，而且图章要盖得清晰。

（二）手工点钞的基本要求

点钞的基本要领就是要做到“准”“快”“好”。“准”是指钞券清点不错不乱，准确无误。“快”是指在“准”的前提下，加快点钞速度，提高工作效率。“好”是指清点的钞券要符合“五好钱捆的要求”。“准”是做好现金收付和整点工作的基础和前提，“快”和“好”是提高服务质量的必要条件。因此学习点钞，首先要掌握基本要领。在人民币的收付和整点中，要把混乱不齐、折损不一的钞票进行整理，使之整齐美观。那么点钞又有哪些基本要求呢？

点钞的基本要求大致可概括为以下几点。

平铺整齐，边角无折。同券一起，不能混淆。

券面同向，不能颠倒。验查真伪，去伪存真。

剔除残币，完残分放。百张一把，十把一捆。

扎把捆紧，经办盖章。清点结账，复核入库。

为达到上述要求，应做到以下几点。

（1）坐姿端正。直腰挺胸，身体自然，肌肉放松，双肘自然放在桌上，持票的左手腕部接触桌面，右手腕部稍抬起，整点货币轻松持久，活动自如。

（2）操作定型，用品定位。钞票放在正前方，顺着拿钞的方向把钞票整齐地放在前方，扎钞条顺着拿钞的方向摆放在右边，水盒、笔、印泥和名章是常用物品，一般放在右边，便于使用。

（3）点数准确。点钞技术的关键在于一个“准”字，清点和记数的准确是点钞的基本要求。点数准确一要精神集中，二要定型操作，三要手点、脑记，手、眼、脑紧密配合，共同完成点钞的操作过程。

（4）钞票墩齐。钞票必须墩齐后（四条边水平、不露头、卷角拉平）才能扎把。钞票不齐，不易点准。折角、弯折、揉搓过的钞票要将其抹平，明显破裂、质软的票币要先挑出来，清理好后，将钞票在桌面上墩齐。

（5）扎把捆紧。扎小把，以提起把中时第一张钞票不被抽出为准。按“#”形捆扎的大捆，以用力推不变形，抽不出票把为准。

（6）盖章清晰。腰条上的名章是分清责任的标志。出纳人员在整点后都要盖章，图章要清晰可辨。

（7）动作连贯。动作连贯是保证点钞质量和提高效率的必要条件。点钞过程中的各个环节（拆把、清点、墩齐、扎把、盖章）必须密切配合，环环相扣，双手动作协调，注意减少不必要的小动作。

（三）手工点钞方法与技巧

纸币点钞方法很多，以持票方式划分，大体上可分为手持式点钞法和手按式点钞法两种。手按式点钞法要将钞票放在台面上进行操作。手持式点钞法是指将钞票拿在手上进行清点的点钞方法，它是在手按式点钞法的基础上发展而成的，其速度远比手按式点钞法快。因此，手持式点钞法在全国各地应用比较普遍。

手持式点钞法可细分为手持式单指单张点钞法、手持式单指多张点钞法、手持式多指多张点钞法和手持式扇面点钞法等。手按式点钞法又分为手按式单指单张点钞法、手按式多指多张点钞法和手按式半扇面点钞法等。以下介绍几种使用较普遍、实用性较强的纸币点钞方法。

1. 手持式点钞法

(1) 手持式单指单张点钞法。用一根手指一次点一张钞票的方法叫作手持式单指单张点钞法（见图 2-3）。这种方法是点钞中最基本、最常用的一种方法，使用范围较广，频率较高，适用于收款、付款和整点各种新旧、大小钞票。这种点钞方法所持票面小，能看到票面的 3/4，因此容易发现假钞票和残破钞票，缺点是点一张记一个数，比较费力。

图 2-3　手持式单指单张点钞法清点

具体操作方法如下。

①持票。左手横执钞票，下面朝向身体，左手拇指在钞票正面左端约 1/4 处，食指与中指在钞票背面与拇指同时捏住钞票，无名指与小指自然弯曲并伸向票前左下方，与中指夹紧钞票，食指伸直，拇指向上移动，按住钞票侧面，将钞票压成瓦形，左手将钞票从桌面上擦过，拇指顺势将钞票向上翻成微开的扇形，同时，右手拇指、食指做点钞准备。

②清点。左手持钞并形成瓦形后，右手食指托住钞票背面右上角，用拇指尖逐张向下捻动钞票右上角，捻动幅度要小，不要抬得过高。要轻捻，食指在钞票背面的右端配合拇指捻动，左手拇指按捏钞票不要过紧，要配合右手起自然助推的作用。右手的无名指将捻起的钞票向怀里弹，注意要轻点快弹。

③记数。与清点同时进行。在点数速度快的情况下，往往由于记数迟缓而影响点钞的效率，因此记数应该采用分组记数法。把 10 作 1 记，即 1、2、3、4、5、6、7、8、9、1（即 10），1、2、3、4、5、6、7、8、9、2（即 20）……以此类推，数到 1、2、3、4、5、6、7、8、9、10（即 10）。采用这种记数法记数既简单又快捷，既省力又好记。但记数时应默记，不要念出声，做到脑、眼、手密切配合，既准又快。

小贴士

右手拇指接触票面的面积越小，点钞的速度越快。在钞票的左下角，左手的中指、无名指在同一点上夹紧钞票，两指的第二关节也在同一平面上，防止散把。在票面左侧椎出的小扇面中，各张钞票间距均匀。

(2) 手持式单指多张点钞法。用一根手指同时点两张或两张以上钞票的方法叫作单指多张点钞法（见图 2-4）。它适用于收款、付款和整点工作。点钞时记数简单省力，效率高。但也有缺点，在一指捻几张钞票时，由于不能看到中间几张的全部票面，所以不易发现假钞和残破钞票。这种点钞法除了记数和清点外，其他均与单指单张点钞法相同。

图 2-4 手持式单指多张点钞法清点

具体操作方法如下。

①持票。左手横执钞票，下面朝向身体，左手拇指在钞票正面左端约 1/4 处，食指与中指在钞票背面与拇指同时捏住钞票，无名指与小指自然弯曲并伸向票前左下方，与中指夹紧钞票，食指伸直，拇指向上移动，按住钞票侧面，将钞票压成瓦形，左手将钞票从桌面上擦过，拇指顺势将钞票向上翻成微开的扇形，同时，右手拇指、食指做点钞准备。

②清点。右手食指放在钞票背面右上角，拇指肚放在正面右上角，拇指尖超出票面，用拇指肚先捻钞。单指双张点钞时，拇指肚先捻第一张，拇指尖捻第二张。单指多张点钞时，拇指用力要均衡，捻的幅度不要太大，食指、中指在票后面配合捻动，拇指捻张，无名指向怀里弹。在右手拇指往下捻动的同时，左手拇指稍抬，使票面拱起，从侧边分层错开，以便于看清张数，左手拇指往下拨钞票，右手拇指抬起让钞票下落，左手拇指在拨钞的同时下按其余钞票，左右两手的拇指一起一落，动作协调一致，反复循环，直至点完。

③记数。采用分组记数法。如在单指双张点钞时，每两张一组记一个数，50 组就是 100 张。

小贴士

点钞时，要发挥右手拇指肚的作用，根据每组点钞张数的多少，左手拇指尖伸出票面右上角的长度有所不同。每组点钞张数越多，右手拇指尖伸出票面的长度就越长。记数时要看清张数，确认无误后再弹出。

（3）手持式多指多张点钞法。多指多张点钞法是指点钞时用小指、无名指、中指、食指依次捻下一张钞票，一次清点 4 张钞票的方法叫作四指四张点钞法（见图 2-5、图 2-6）。这种点钞法适用于收款、付款和整点工作，这种点钞方法不但省力、省心，而且效率高，能够逐张识别假钞票和挑剔残破钞票。

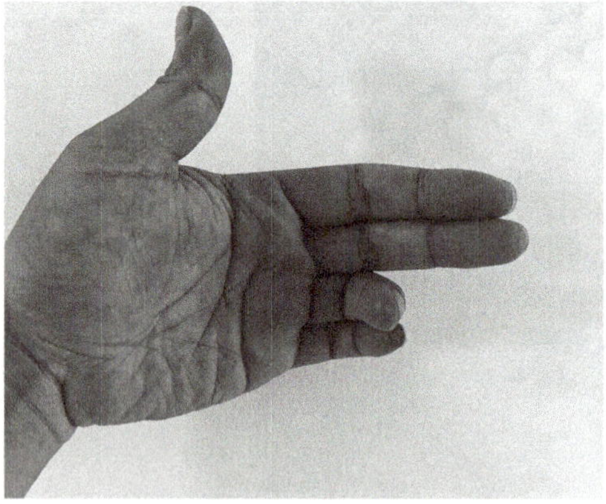

图 2-5　手持式多指多张点钞法左手持钞准备

图 2-6　手持式多指多张点钞法清点

具体操作方法如下。

①持票。左手持钞，中指在前，食指、无名指、小指在后，将钞票夹紧，四指同时弯曲将钞票轻压成瓦形，拇指在钞票的右上角外面，将钞票推成小扇面，然后手腕向里转，使钞票的右里角抬起，右手五指准备清点。

②清点。右手腕抬起，拇指贴在钞票的右里角，其余四指同时弯曲并拢，从小指开始，每指捻动一张钞票，依次下滑 4 根手指，每一次下滑动作捻下 4 张钞票，循环操作，直至点完 100 张钞票。

③记数。采用分组记数法。每次点 4 张为一组，记满 25 组为 100 张。

小贴士

左手弯钞要快速，从而保证点钞的速度和准确性。如果弯钞幅度过大，将影响点钞的流畅性。左手拇指将钞票向后倾抹，食指略微弯曲，以防止钞票散乱。右手四指不可过于分开，尽可能放松舒展，点钞时四指分开过大将影响点钞速度和连贯性。

（4）手持式扇面点钞法。把钞票捻成扇面状进行清点的方法叫作手持式扇面点钞法（见图 2-7、图 2-8）。这种点钞方法速度快，是手工点钞中效率最高的一种。但它只适合清点新钞票，不合适清点新、旧、破混合的钞票。优点是点钞速度快，缺点是不便于挑选残破钞票，而且较费眼力，一般用于复点。

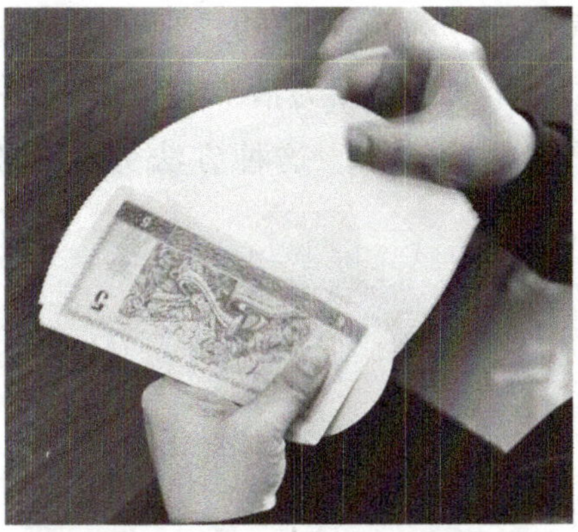

图 2-7 手持式扇面点钞法开扇

图 2-8 手持式扇面点钞法清点

具体操作方法如下。

①持钞。钞票竖拿，左手拇指在票前下部中间票面约 1/4 处。食指、中指在票后同拇指一起捏住钞票，无名指和小指指向手心。右手拇指在左手拇指的上端，虎口从右侧卡住钞票，使其成瓦形，食指、中指、无名指、小指均横在钞票背面，做开扇准备。

②开扇。开扇是扇面点钞的一个重要环节，扇面要开得均匀，才能为点数打好基础，做好准备。具体方法是：以左手为轴，右手食指将钞票向胸前左下方压弯，然后再猛向右方闪动，同时右手拇指在票前向左上方推动钞票，食指、中指在票后面用力向右捻动，左手指在钞票原位置向逆时针方向画弧捻动，食指、中指在票后面用力向左上方捻动，右手手指逐步向下移动，至右下角时即可将钞票推成扇面形。如有不均匀的地方，则可双手持钞抖动，使其均匀。打扇面时，左右两手一定要配合协调，不要将钞票捏得过紧。如果点钞时采取一次按 10 张的方法，那么扇面要开小些，以便于点清。

③点数。左手持扇面，右手中指、无名指、小指托住钞票背面，拇指在钞票右上角 1 厘米处，一次按下 5 张或 10 张；按下后用食指压住，拇指继续向前按第二次，以此类推，同时左手应随右手点数速度向内转动扇面，以迎合右手按动，直到点完 100 张为止。

④记数。采用分组记数法。一次按 5 张为一组时，记满 20 组为 100 张；一次按 10 张为一组时，记满 10 组为 100 张。

⑤合扇。清点完毕合扇时，将左手向右倒，右手托住钞票右侧向左合拢，左右手指向中间一起用力，使钞票竖立在桌面上，两手松拢轻墩，把钞票墩齐，准备扎把。

小贴士

开扇时动作应协调连贯，用力均匀，达到一次就开扇成功；钞票下端离左手掌心不要太近，以免钞票下端被卡住。将钞票一端在左手掌心位置固定，绕掌心均匀展开。两手持钞松紧适度，使钞票打开后，各张之间间隔均匀，不重叠。清点时左手要将扇面持平，并随着点钞的进度微向右转，以适应右手点钞的位置变化。

2. 手按式点钞法

（1）手按式单指单张点钞法。该方法适用于整点新旧、大小不一的钞票，尤其适用于残破币较多的票币，也是初学者常常采用的方法之一（见图 2-9）。因为清点时展开的票面较大，容易发现票币的质感和外观差异，便于鉴别变造钞票和伪造钞票。这种方法劳动强度相对较大，速度也较慢，但十分准确。

图 2-9　手按式单指单张点钞法清点

具体操作方法如下。

①准备。将准备清点的钞票横置于桌面上，正对点钞者，左右手中指、无名指及小拇指按住钞票左右前角处，空出左右手的拇指、食指，准备点数。

②点数。用左手或右手的拇指托起钞票的一小部分，用左手或右手的食指捻动钞票，使最上面的一张与小叠钞票分离，用右手或左手拇指隔开这张已分离的钞票，同时记数。当按上述顺序清点第二张时，用右手或左手食指将已点数的钞票隔开。如此循环往复，直至将钞票清点完毕。当需清点的钞票张数过多，点数中双手把持不住时，可以将已点钞票翻扣在未点的钞票前面，然后再按上述要领继续清点未点钞票。

③记数。记数方法同手持式单张点钞的记数方法，要从一到百顺序记数。

小贴士

左手按钞时以指尖或第一关节按压在钞票左上角，右手拇指一次托起的钞票不要太多或太少，一般一次托起 20 张左右为宜。点“准”的关键是清点速度与记数速度保持一致。

（2）手按式多指多张点钞法。手按式多指多张点钞法可分为两指两张点钞法、三指三张点钞法、四指四张点钞法等。这里简单介绍一下手按式三指三张点钞法（见图 2-10）。手按式三指三张点钞法适用于清点整把的钞票（如 100 张）。优点是速度较快，记数省力，点钞时主要是手指关节活动，劳动强度小。缺点是展开票面小，不易看到下端有角的钞票，也不适合于整点残破票较多的大捆钞票，所以比较适用于复点。

图 2-10 手按式多指多张点钞法清点

具体操作方法如下。

①准备。参照手按式单指单张点钞法，将要清点的钞票放置在桌面上，钞票边沿与桌面沿呈 45 度角，左手小指、无名指压住钞票左上方 1/4 处。

②点数。三张点钞时，先用右手的无名指捻动第一张，随后用右手中指、食指顺序捻起第二张和第三张；捻起的三张钞票用左手拇指向上推送到左手的食指和中指间夹住，同时边点边默记数目。

③记数。以三张为一组记数，数到 33 组后剩一张，即为 100 张。

小贴士

清点时，用右手指尖清点，这样有利于提高点钞速度。捻动速度应尽量缩小，动作要连贯，主要防止清点过程中出现夹钞现象。

3. 扎把的方法

点钞完毕后需要对所点钞票进行扎把，通常是 100 张捆扎成一把，分为缠绕式和扭结式两种方法。

（1）缠绕式。临柜收款采用此种方法，需使用牛皮纸腰条。

其具体操作方法如下。

①将点过的 100 张钞票墩齐。

②左手从长的方向拦腰握着钞票，使之成为瓦状（瓦状的幅度影响扎钞的松紧，在捆扎中幅度不能变）。

③右手握着腰条头，将其从钞票的长的方向夹入钞票中间（离一端 1/4 至 1/3 处），从凹面开始绕钞票两圈。

④在翻到钞票原度转角处将腰条向右折叠 90 度，将腰条头绕捆在钞票上，腰条转两圈后打结。

⑤整理钞票。

（2）扭结式。考核、比赛采用此种方法，需使用绵纸腰条。

其具体操作方法如下。

①将点过的 100 张钞票墩齐。

②左手握钞，使之成为瓦状。

③右手将腰条从钞票凸面放置，两腰条头绕到凹面，左手食指、拇指分别按住腰条与钞票厚度交界处。

④右手拇指、食指夹住其中一端腰条头，中指、无名指夹住另一端腰条头，并合在一起，右手顺时针转 180 度，左手逆时针转 180 度，将拇指和食指夹住的那一头从腰条与钞票之间绕过、打结。

⑤整理钞票。

（四）硬币的清点

硬币的清点方法分为手工整点硬币和工具整点硬币两种方法。

1. 手工整点硬币

手工整点硬币一般常用于收款、收点硬币尾零款，以 100 枚为一卷，一次可清点 5 枚、12 枚、14 枚或 16 枚，最多可一次清点 18 枚，主要依个人的技术熟练程度而定。

具体操作方法如下。

（1）拆卷。右手持硬币卷的 1/3 处，放在待清点包装纸的中间，左手撕开硬币包装纸的一头，然后右手大拇指向下从左到右端压开包装纸，把纸从卷上面压开后，左手食指平压硬币，右手抽出已压开的包装纸，这样即可准备清点。

（2）点数。按币值由大到小的顺序进行清点，用左手持币，右手拇指、食指分组清点。为保证准确，用右手中指从一组中间分开查看。如一次点 18 枚为一组，则从中间分开一边为 9 枚；如一次点 10 枚为一组，则一边为 5 枚。计数方法为分组计数，一组为一次，如点 10 组即记 10 次，其他以此类推。

（3）包装。硬币清点完毕后，用双手的无名指分别顶住硬币的两头，用拇指、食指、中指捏住硬币的两端，将硬币取出后放入已准备好的包装纸 1/2 处，再用双手把拇指内一半的包装纸向外掀起并掖在硬币底部，再用右手掌心用力向外推卷，然后用双手的中指、食指、拇指分别将两头包装纸压下并贴至硬币上，这样在硬币两头压三折，包装完毕。

（4）盖章。硬币包装完成后，整齐地放在桌上，保持卷缝的方向一致。右手拿名章，左手掌心转动硬币卷，右手将名章顺着硬币卷动的方向依次盖在各卷上，对不足 100 枚的硬币卷，要标明数量和金额。

小贴士

手工整点硬币也可以先在撕开的纸上清点，清点完毕后再抽纸。要熟练掌握手工整点硬币的技巧，需加强视力训练，两手要配合协调。

2. 工具整点硬币

工具整点硬币是指大批的硬币用工具进行整点，需要借助硬币整点器（见图 2-11）完成。

硬币整点器内根据不同面值硬币的直径，设计了相应的弧形槽式分币板，根据流通中硬币的平均厚度，固定了百枚硬币的总厚度，每次可清点 100 枚硬币。这种工具使用简单，携带方便，工作效率高，是清点硬币不可缺少的工具。

工具整点硬币的具体操作步骤如下。

（1）拆卷。拆卷有震裂法拆卷和刀划法拆卷两种方法。

①震裂法拆卷。震裂法拆卷是用双手的拇指与食指、中指捏住硬币的两端并向下震动，在震动的同时左手稍向里扭动，右手稍向外扭动。值得注意的是，用力要适度，避免使包装纸震裂。取出震裂的包装纸准备清点。

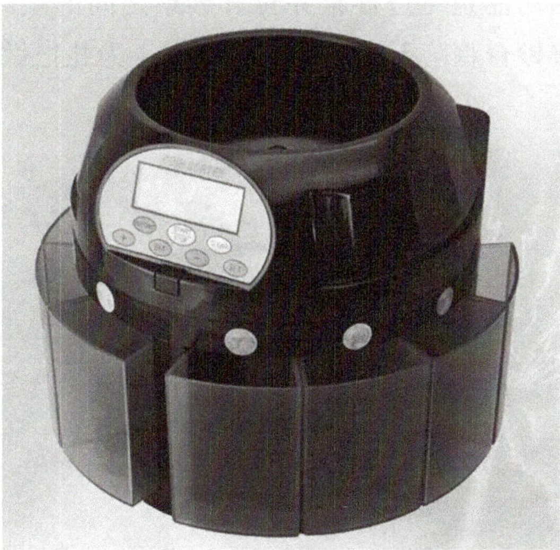

图 2-11 硬币整点器

②刀划法拆卷。首先在硬币整点器的右端安装一个坚硬、刃向上的刀片，拆卷时用双手的拇指、食指、中指捏住硬币的两端，自左端向右端从刀刃上划过，包装纸被刀刃划破一道口，然后将被划开的包装纸拿开，准备点数。

（2）点数。硬币放入整点器内进行清点时，双手的食指和中指放在整点器的两端，将整点器夹住，右手食指将硬币顶向左端，然后将双手拇指放在整点器两边的推扭上，用力推动推扭，通过动槽的移动分币之后，目光从左端到右端，看清每槽内是否为 5 枚硬币，如有氧化变形及伪币应及时挑出，并如数补充上，然后准备包装。重点检查右边最后一个槽，确定准确无误后，双手松开，硬币自动回到原位。

（3）包装。工具整点硬币的包装方法与手工整点硬币法相同。

（4）盖章。工具整点硬币的盖章方法与手工整点硬币法相同。

二、机器点钞技术

（一）点钞机的一般常识

机器点钞指的是用点钞机替代部分手工点钞，其速度是手工点钞的几倍，大大提高了点钞的工作效率并减轻了出纳人员的工作强度。机器点钞时左右手应分工明确、协调，眼睛注意观察传送带上的钞票和计数器情况。

点钞机是一种自动清点钞票数目的机电一体化装置，一般带有伪钞识别功能，集记数和辨伪钞票于一体。在使用点钞机点钞时，应先把需要清点的钞票墩齐，使四条边水平、不露头、无卷角，再放入点钞机当中进行清点。

点钞机由三部分组成：捻钞、记数、传送整钞（见图 2-12）。捻钞部分由下钞斗和捻钞轮组成。其功能是将钞票均匀地捻下并送入传送带。记数部分（以电子计数器为例）由光电管、灯泡、计数器和数码管组成。捻钞轮捻出的钞票在通过光电管和灯泡后，由计数器记忆并将光电信号转换到数码管上显示出来。数码管显示的数字即为捻钞张数。传送整钞部分由传送带和接钞台组成。传送带的功能是传送钞票并拉开钞票之间的距离，加大票币审视面，以便及时发现损伤券和假币。接钞台将落下的钞票堆放整齐，为扎把做好准备。

图 2-12　点钞机

（二）点钞前的准备工作

1. 放置好点钞机

点钞机一般放在桌上，点钞员的正前方，离胸前约 30 厘米。临柜收、付款时也可将点钞机放在点钞桌肚内，桌子台面用玻璃板，以便看清数字和机器运转情况。

2. 放置好钞票和工具

一般未点的钞票放在机器右侧，按票面大小顺序排列，从大到小或从小到大，切不可大小夹杂排列。经复点的钞票放在机器左侧；腰条纸应横放在点钞机前面，即靠近点钞员胸前的那一侧。其他各种用具放置要适当、顺手。

3. 试机

首先检查各机件是否完好，再打开电源，检查捻钞轮、传送带、接钞台运行是否正常，灯泡、数码管显示是否正常。如荧光数码显示不是“00”，那么按“0”键，使其复位“0”。然后开始调试下钞斗、松紧螺母，通常以 1 元券为准，调到不松、不紧、不夹、不阻塞为宜。

调试时，右手持一张 1 元券放入下钞斗，捻钞轮将券一捻住，马上用手抽出，以捻得动、抽得出为宜。

试机之后的问题处理如下。

(1) 若传送带上钞票排列不均匀，则说明下钞速度不均，要检查原因或调节下钞斗底部螺丝。

(2) 若出现不整齐、票面歪斜现象，则说明下钞斗与两边的捻钞轮的间距不等，造成距离近的一边下钞慢，钞票一端向送钞台倾斜，传送带上钞票呈一斜面排列，反之就会下钞快。应对下钞斗两边的螺丝进行微调，直到调好为止。

(三) 点钞机操作程序

点钞机的操作程序与手工点钞操作程序基本相同。

1. 持票拆把

用右手从机器右侧拿起钞票，右手钞票横执，拇指与中指、无名指、小指分别捏住钞票两侧，拇指在里侧，其余三指在外侧，将钞票横捏成瓦形，中指在中间自然弯曲。用左手将腰条纸抽出，右手将钞票速移到下钞斗上面，同时用右手拇指和食指捏住钞票上侧，中指、无名指、小指松开，使钞票弹回原处并自然形成微扇面，这样即可将钞票放入下钞斗。

2. 点数

将钞票放入下钞斗，不要用力。钞票通过捻钞轮自然下滑到传送带，落到接钞台。下钞时，点钞员眼睛要注意传送带上的钞票面额，看钞票中是否夹有其他票券、损伤券、假钞等，同时要观察数码显示情况。拆下的封条纸先放在桌子一边不要丢掉，以便查错用。

3. 记数

当下钞斗和传送带上的钞票下张完毕时，要查看数码显示是否为“100”。如数字不为“100”，就必须复点。在复点前应先将数码显示置为“00”状态并保管好原把腰条纸。如经复点仍是原数，又无其他不正常因素时，则说明该把钞票张数有误，应将钞票连同原腰条纸一起用新的腰条纸扎好，并在新的腰条纸上写上差错张数，另做处理。

4. 盖章

复点完全部钞票后，点钞员要逐把盖好名章。盖章时要做到先轻后重，整齐、清晰。由于机器点钞速度快，要求两手动作要协调，各个环节要紧凑，下钞、拿钞、扎把等动作要连贯。当右手将一把钞票放入下钞斗后，马上拆开第二把，准备下钞。当传送带上最后一张钞票落到接钞台后，左手迅速将钞票拿出，同时右手将第二把钞票放入下钞斗，然后对第一把钞票进行扎把。在左手将第一把钞票放在机器左侧的同时，右手从机器右侧拿起第三把钞票并做好下钞准备，左手顺势抹掉第一把的腰条纸后，迅速从接钞台上取出第二把钞票并进行扎把。

小贴士

机器点钞连续操作，要做到“五个二”。

二看：看清跑道票面，看准记数。

二清：券别、把数分清，接钞台取清。

二防：防留张，防机器“吃钞”。

二复：发现钞票有裂缝和夹带纸片时要复点，记数不准时要复点。

二经常：经常检查机器底部，经常保养、维修点钞机。

（四）机器点钞差错与预防

1. 接钞台留张

左手在接钞台取钞时，有时会漏拿一张，造成上下把不符。预防的方法是取尽接钞台内的钞票，或采用不同的票面交叉进行清点。

2. 机器“吃钞”

引起机器“吃钞”的主要原因是钞票较旧，很容易卷到输钞轴上或带进机器肚内；出钞歪斜，容易引起输钞紊乱、挤扎或飞张，也有可能被下钞轮带进机器肚内。预防的方法是调整面板和调节螺丝，使下钞流畅、整齐。输钞紊乱、挤扎时，要重新清点一遍，并检查机器底部和前后输钞轴上是否有钞票被夹住。

3. 多记数

造成多记数的原因主要有：机器在清点辅币、旧币时容易发生飞张造成多记数；钞票开档破裂，一把钞票内残留纸条、杂物等，都可能会造成多记数。预防的方法是将钞票掉头后再清点一遍，或将机器内杂物、纸条取出后再点一遍。

4. 记数不准

记数不准除了电路毛病和钞票本身的问题外，光电管、小灯泡积灰，电流、电压大幅升降也会造成多记数或少记数。预防的方法是经常打扫光电管和小灯泡上的灰尘，若荧光数码管突然记数不准，则应立即停机并检查机器的线路。

任务三 验钞技术

一、货币防伪技术

（一）纸币防伪技术

为适应经济发展和市场货币流通的需求，1999 年 10 月 1 日，在中华人民共和国成立 50 周年之际，中国人民银行发行第五套人民币（1999 年版）。第五套人民币共有 1 角、5 角、1 元、5 元、10 元、20 元、50 元、100 元 8 种面额，其中 1 元有纸币、硬币 2 种。

第五套人民币（1999 年版）的发行是中国货币制度建设上的一件大事。中国人民银行负责人就发行第五套人民币答记者问时指出：发行第五套人民币是必要的。货币制度需要随着经济发展变化的实际情况进行适时调整。中国第四套人民币的设计、印制始于改革开放之初，由于当时的条件，第四套人民币本身存在一些不足之处，如防伪措施简单，不利于人民币的反假；缺少机读性能，不利于钞票自动化处理等。

2005 年 8 月，为提高防伪技术和印制质量，中国人民银行发行了 2005 年版第五套人民币部分纸硬币。2005 年版纸币的规格、主景图案、主色调、“中国人民银行”行名和汉语拼音行名、面额数字、花卉图案、国徽、盲文面额标记、民族文字等票面特征，均与现行流通的 1999 年版第五套人民币相同，但对变光数字、面额水印位置进行了调整，增加凹印手感线、防复印标记、背面面额数字加后缀“YUAN”等。第五套人民币 1 角硬币材质由铝合金改为不锈钢，色泽为钢白色，正面为“中国人民银行”“1 角”“YI JIAO”和年号。

2015 年 11 月，中国人民银行发行 2015 年版 100 元纸币。在规格、主图案等保持不变的前提下，对票面图案、防伪特征及布局进行了调整，提高机读性能，采用了先进的公众防伪技术，使公众更易于识别真伪。

2019 年 4 月 29 日，中国人民银行发布公告称：中国人民银行定于 2019 年 8 月 30 日起发行 2019 年版第五套人民币 50 元、20 元、10 元、1 元纸币和 1 元、5 角、1 角硬币。发行后，与同面额流通人民币等值流通。

2020 年 11 月 5 日起，中国人民银行发行 2020 年版第五套人民币 5 元纸币。2020 年版第五套人民币 5 元纸币保持 2005 年版第五套人民币 5 元纸币规格、主图案、主色调、“中国人民银行”行名、国徽、盲文面额标记、汉语拼音行名、民族文字等要素不变，优化了票面结构层次与效果，提升了整体防伪性能。与同面额流通人民币等值流通。

这里主要介绍 2005 年版、2019 年版第五套人民币的票面特征及防伪特征。

1. 2005 年版第五套人民币的票面特征及防伪特征

（1）100 元人民币的票面特征及防伪特征（见图 2-13）。

①固定人像水印：纸张抄造中形成人像水印，层次丰富，立体感很强。

②手工雕刻头像：形象逼真，线条清晰，凹凸感强。

③胶印缩微文字：在放大镜下，字形清晰。

④光变油墨面额数字：随视角变化，颜色变化明显。

⑤胶印对印图案：正、背面图案接合，组成完整的古钱币图案。

⑥雕刻凹版印刷：用手指触摸有明显的凹凸感。

⑦隐形面额数字：将钞票置于与眼睛接近平行的位置，面对光源做上下倾斜晃动，即可看到面额数字“100”，字形清晰。

⑧双色异形横号码：左侧部分为暗红色，右侧部分为黑色；字符由中间向左右两边逐渐变小。

⑨白水印：迎光透视，可以看到透光性很强的水印“100”字样。

⑩全息磁性开窗安全线：开窗部分可以看到由缩微字符“￥100”组成的全息图案（开窗安全线是指局部埋入纸张中、局部裸露在纸面上的一种安全线）。

⑪凹印手感线：采用雕刻凹版印刷工艺印制，用手指触摸时，有极强的凹凸感。

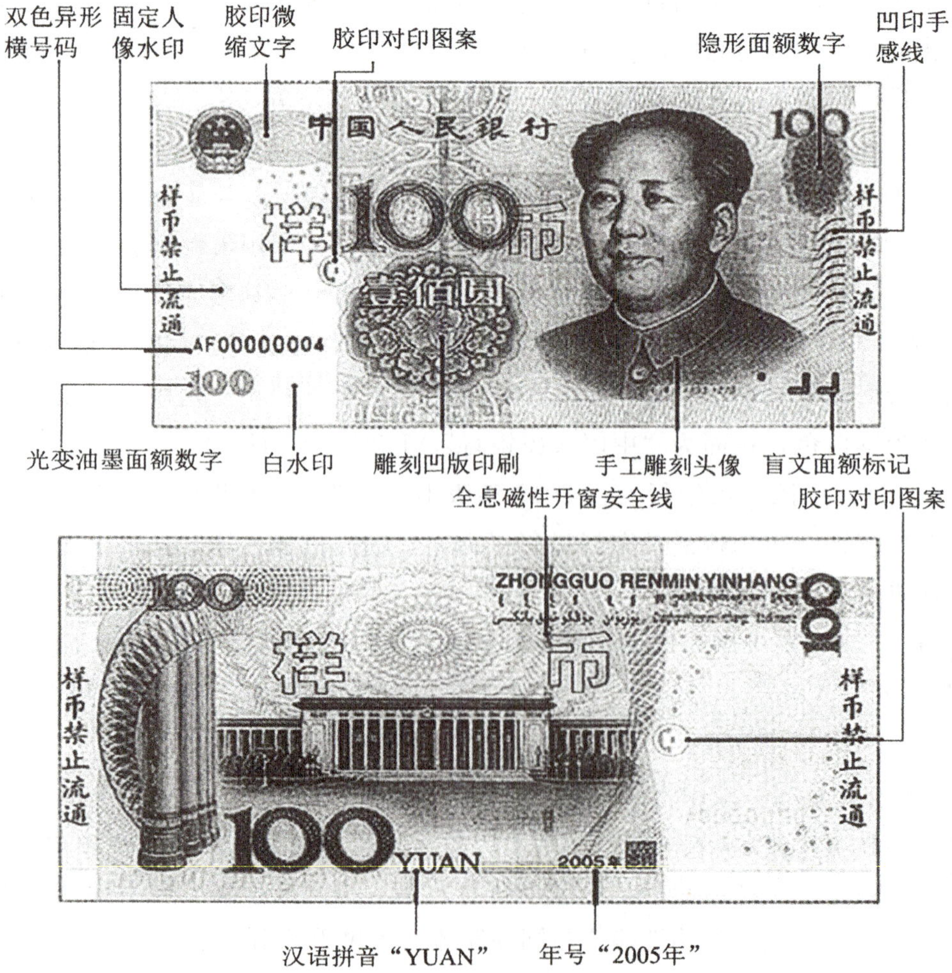

图 2-13　2005 年版 100 元防伪特征

(2) 50 元人民币的票面特征及防伪特征（见图 2-14）。

①固定人像水印：纸张抄造中形成人像水印，层次丰富，立体感很强。

②手工雕刻头像：形象逼真，线条清晰，凹凸感强。

③胶印缩微文字：在放大镜下，字形清晰。

④光变油墨面额数字：随视角变化，颜色变化明显。

⑤胶印对印图案：正、背面图案接合，组成完整的古钱币图案。

⑥雕刻凹版印刷：用手指触摸有明显的凹凸感。

⑦隐形面额数字：将钞票置于与眼睛接近平行的位置，面对光源做上下倾斜晃动，即可看到面额数字“50”，字形清晰。

⑧双色异形横号码：左侧部分为暗红色，右侧部分为黑色；字符由中间向左右两边逐渐变小。

⑨白水印：迎光透视，可以看到透光性很强的水印“50”字样。

⑩全息磁性开窗安全线：开窗部分可以看到由缩微字符“￥50”组成的全息图案，仪器检测有磁性。

⑪凹印手感线：规则排列的线纹，采用雕刻凹版印刷工艺印制，用手指触摸时，有极强的凹凸感。

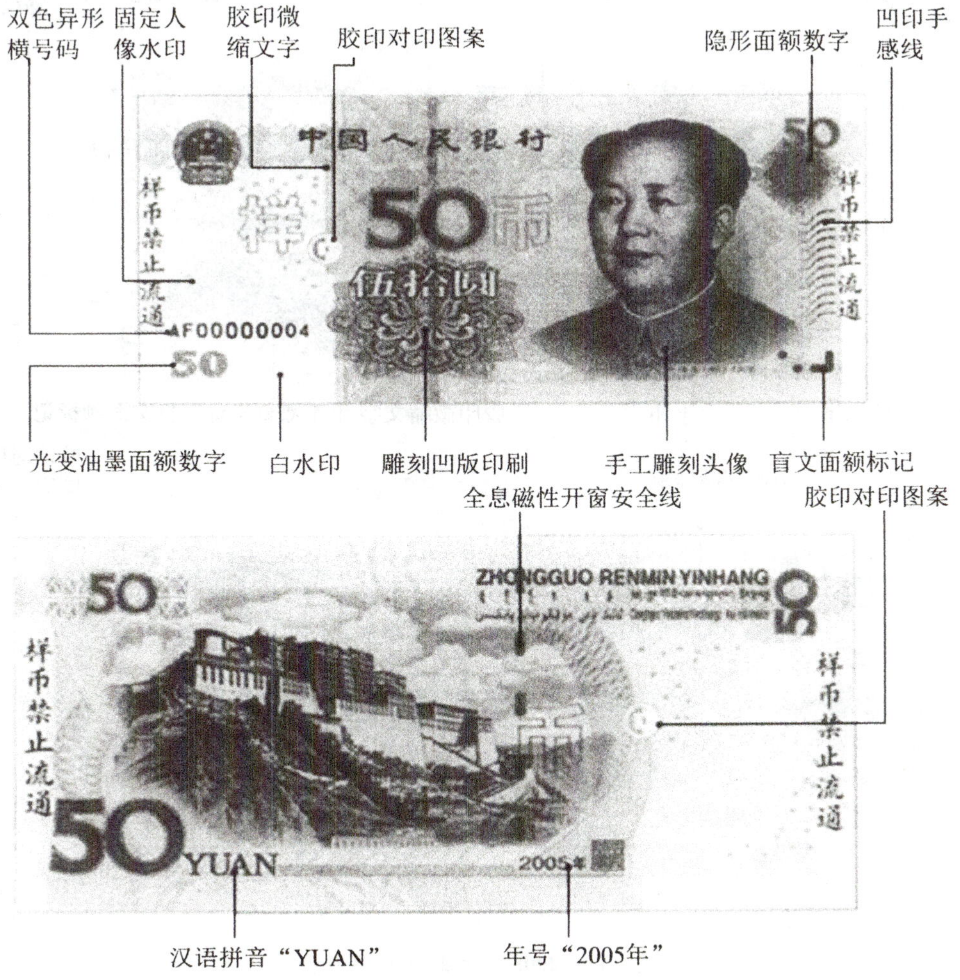

图 2-14 2005 年版 50 元防伪特征

（3）20 元人民币的票面特征及防伪特征（见图 2-15）。

①固定花卉水印：纸张抄造中形成荷花水印，层次丰富，立体感很强。

②手工雕刻头像：形象逼真，线条清晰，凹凸感强。

③胶印缩微文字：在放大镜下，字形清晰。

④胶印对印图案：正、背面图案接合，组成完整的古钱币图案。

⑤雕刻凹版印刷：背面主景图案桂林山水、面额数字、汉语拼音行名、民族文字、年号、行长章等均采用雕刻凹版印刷，用手触摸时，有明显凹凸感。

⑥隐形面额数字：将钞票置于与眼睛接近平行的位置，面对光源做上下倾斜晃动，即可看到面额数字“20”，字形清晰。

⑦双色横号码：号码左侧部分为暗红色，右侧部分为黑色。

⑧白水印：迎光透视，可以看到透光性很强的水印“20”字样。

⑨全息磁性开窗安全线：开窗部分可以看到由缩微字符“￥20”组成的全息图案，仪器检测有磁性。

⑩凹印手感线：规则排列的线纹，采用雕刻凹版印刷工艺印制，用手指触摸时，有极强的凹凸感。

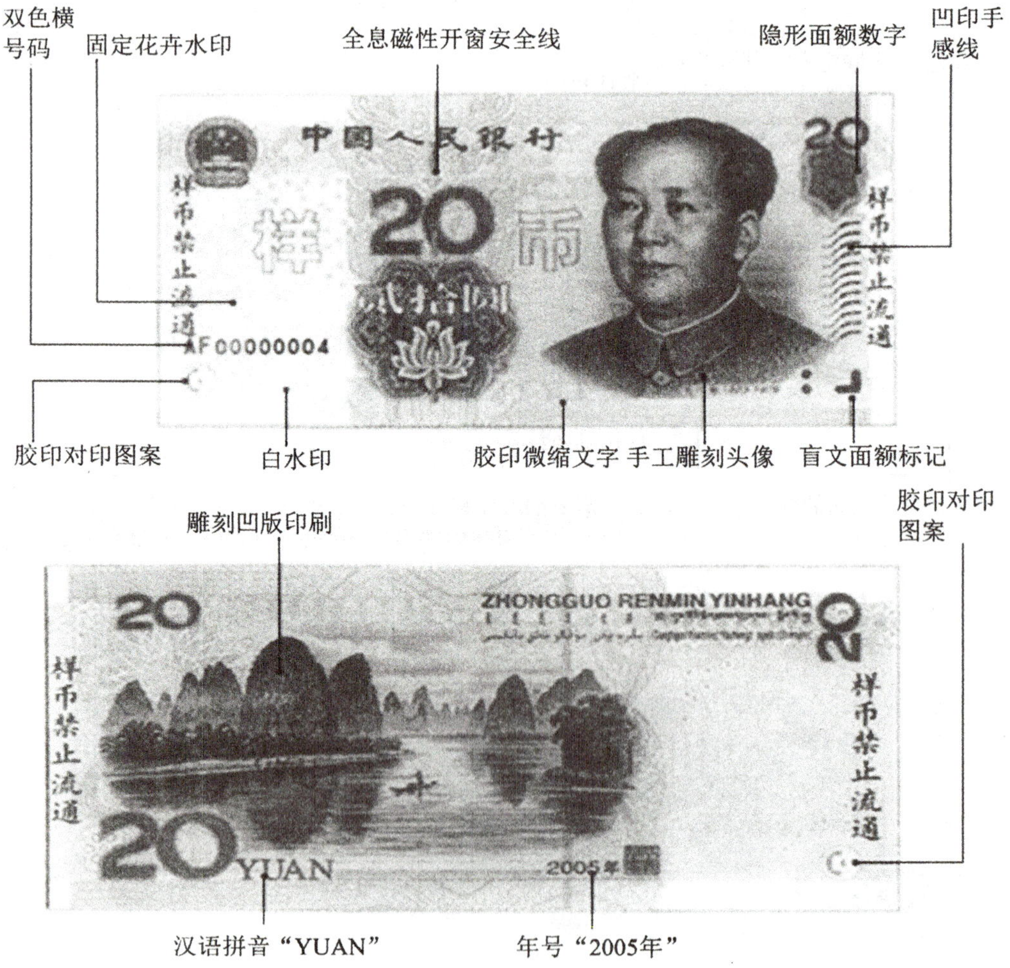

图 2-15　2005 年版 20 元防伪特征

(4) 10 元人民币的票面特征及防伪特征（见图 2-16）。

①固定花卉水印：纸张抄造中形成月季花水印，层次丰富，立体感很强。

②手工雕刻头像：形象逼真，线条清晰，凹凸感强。

③胶印缩微文字：在放大镜下，字形清晰。

④胶印对印图案：正、背面图案接合，组成完整的古钱币图案。

⑤雕刻凹版印刷：采用雕刻凹版印刷，用手触摸时，有明显凹凸感。

⑥隐形面额数字：将钞票置于与眼睛接近平行的位置，面对光源做上下倾斜晃动，即可看到面额数字“10”，字形清晰。

⑦双色横号码：号码左侧部分为暗红色，右侧部分为黑色。

⑧白水印：迎光透视，可以看到透光性很强的水印“10”字样。

⑨全息磁性开窗安全线：开窗部分可以看到由缩微字符“￥10”组成的全息图案，仪器检测有磁性。

⑩凹印手感线：规则排列的线纹，采用雕刻凹版印刷工艺印制，用手指触摸时，有极强的凹凸感。

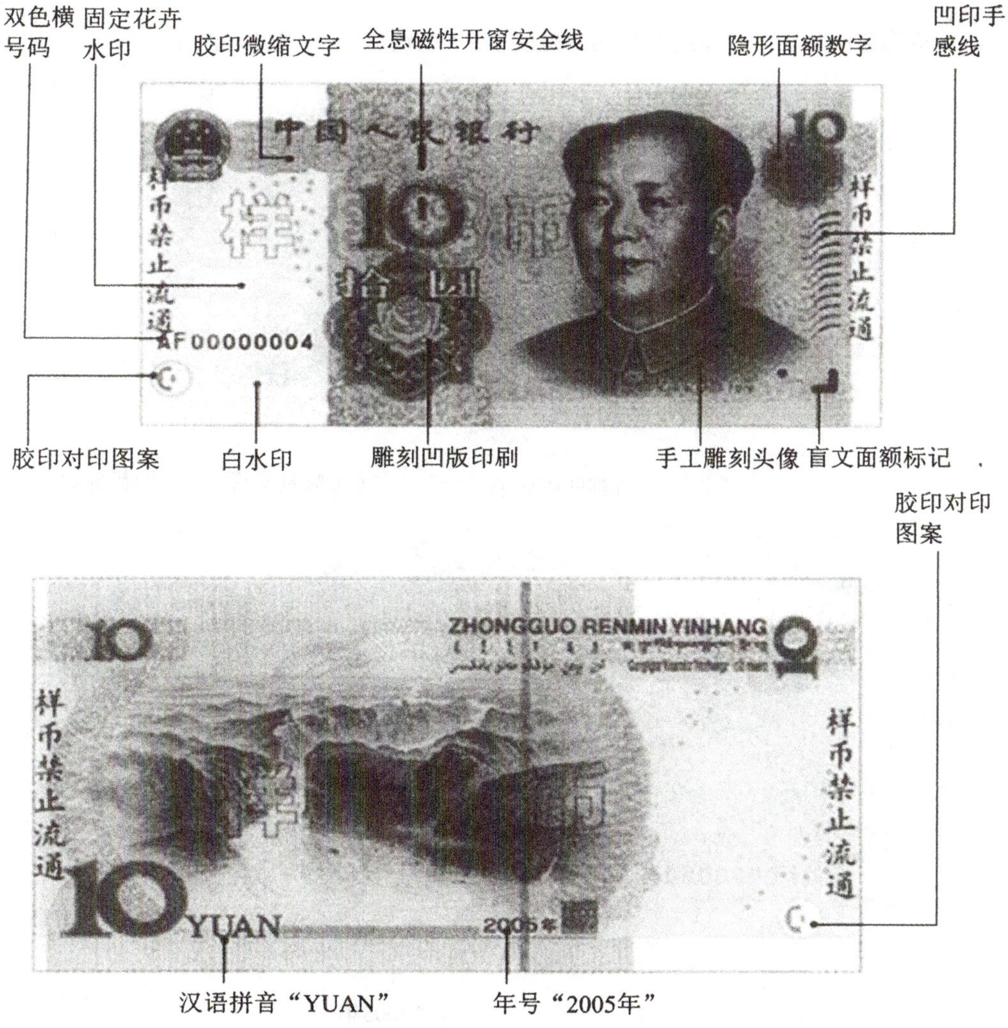

图 2-16　2005 年版 10 元防伪特征

（5）5元人民币的票面特征及防伪特征（见图2-17）。

①固定花卉水印：纸张抄造中形成水仙花水印，层次丰富，立体感很强。

②手工雕刻头像：形象逼真，线条清晰，凹凸感强。

③胶印缩微文字：票面多处印有缩微文字“RMB 5”和“5”字样，在放大镜下，字形清晰。

④雕刻凹版印刷：采用雕刻凹版印刷，用手触摸时，有明显凹凸感。

⑤隐形面额数字：将钞票置于与眼睛接近平行的位置，面对光源做上下倾斜晃动，即可看到面额数字“5”，字形清晰。

⑥双色横号码：号码左侧部分为暗红色，右侧部分为黑色。

⑦白水印：迎光透视，可以看到透光性很强的水印“5”字样。

⑧全息磁性开窗安全线：开窗部分可以看到由缩微字符“¥5”组成的全息图案，仪器检测有磁性。

⑨凹印手感线：规则排列的线纹，采用雕刻凹版印刷工艺印制，用手指触摸时，有极强的凹凸感。

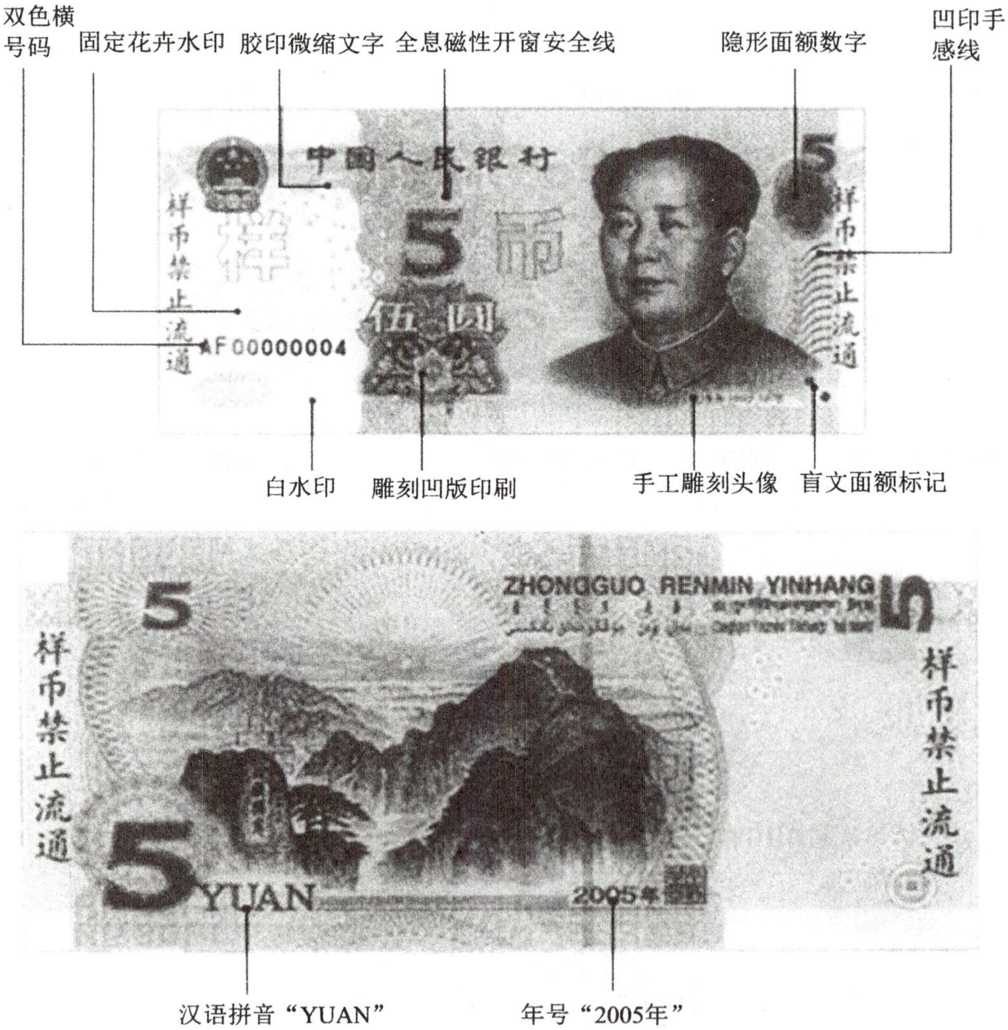

图2-17　2005年版5元防伪特征

2. 2019 年版第五套人民币的票面特征及防伪特征

2019 年版第五套人民币 50 元、20 元、10 元、1 元纸币分别保持 2005 年版第五套人民币 50 元、20 元、10 元纸币和 1999 年版第五套人民币 1 元纸币的规格、主图案、主色调、“中国人民银行”行名和汉语拼音行名、国徽、盲文面额标记、民族文字等要素不变，提高了票面色彩鲜亮度，优化了票面结构层次与效果，提升了整体防伪性能。2019 年版第五套人民币 50 元、20 元、10 元、1 元纸币调整了正面人像、装饰团花、横号码、背面主景和正面与背面面额数字的样式，增加了正面左侧装饰纹样，取消了正面右侧凹印手感线和背面右下角局部图案，票面年号改为“2019 年”。

（1）50 元人民币的票面特征及防伪特征。2019 年版第五套人民币 50 元纸币规格、主图案、主色调、“中国人民银行”行名和汉语拼音行名、国徽、盲文面额标记、汉语拼音行名、民族文字等要素，以及雕刻凹印、白水印等防伪特征，均与 2005 年版第五套人民币 50 元纸币相同。

增加以下防伪特征。

①光彩光变面额数字。面额数字位于票面正面中部。改变钞票观察角度，面额数字“50”颜色在绿色和蓝色之间变化，并可见一条亮光带上下滚动。

②动感光变镂空开窗安全线。安全线位于票面正面右侧。改变钞票观察角度，安全线颜色在红色和绿色之间变化，亮光带上下滚动，透光观察可见“¥50”。

调整以下防伪特征。

①人像水印。提升水印清晰度和层次效果。人像水印位于票面正面左侧，透光观察可见。

②胶印对印图案。由古钱币对印图案调整为面额数字对印图案。票面正面左下角和背面右下角均有面额数字“50”的局部图案。透光观察，正、背面图案组成一个完整的面额数字“50”。

③取消了正面左下角光变油墨面额数字、右侧凹印隐形面额数字和手感线图案，以及背面全息磁性开窗安全线。

主要防伪特征（见图 2-18）。

①光彩光变面额数字。

②动感光变镂空开窗安全线。

③雕刻凹印。票面正面毛泽东头像、国徽、“中国人民银行”行名、装饰团花、右上角面额数字、盲文面额标记及背面主景等均采用雕刻凹版印刷，触摸时有凹凸感。

④人像水印。

⑤白水印。白水印位于票面正面左侧下方。透光观察，可见面额数字“50”。

⑥胶印对印图案。

（2）20 元人民币的票面特征及防伪特征。2019 年版第五套人民币 20 元纸币规格、主图案、主色调、“中国人民银行”行名和汉语拼音行名、国徽、盲文面额标记、民族文字等要素，以及雕刻凹印、白水印等防伪特征，均与 2005 年版第五套人民币 20 元纸币相同。

增加以下防伪特征。

①光彩光变面额数字。面额数字位于票面正面中部。改变钞票观察角度，面额数字“20”

① 光彩光变面额数字
② 动感光变镂空开窗安全线
③ 雕刻凹印
④ 人像水印
⑤ 白水印
⑥ 胶印对印图案

图 2-18　2019 年版 50 元防伪特征

的颜色在金色和绿色之间变化，并可见一条亮光带上下滚动。

②光变镂空开窗安全线。安全线位于票面正面右侧。改变钞票观察角度，安全线颜色在红色和绿色之间变化，透光观察可见“￥20”。

调整以下防伪特征。

①花卉水印。提升水印清晰度和层次效果。花卉水印位于票面正面左侧，透光观察可见花卉图案水印。

②胶印对印图案。由古钱币对印图案调整为面额数字对印图案。票面正面左下角和背面右下角均有面额数字“20”的局部图案。透光观察，正、背面图案组成一个完整的面额数字“20”。

③取消了正面中部全息磁性开窗安全线、右侧凹印隐形面额数字和手感线图案。

主要防伪特征（见图 2-19）。

①光彩光变面额数字。

②光变镂空开窗安全线。

③雕刻凹印。票面正面毛泽东头像、国徽、“中国人民银行”行名、装饰团花、右上角面额数字、盲文面额标记及背面主景等均采用雕刻凹版印刷，触摸时有凹凸感。

④花卉水印。位于票面正面左侧。透光观察，可见花卉图案水印。

⑤白水印。白水印位于票面正面左侧下方。透光观察，可见面额数字“20”。

⑥胶印对印图案。

① 光彩光变面额数字　　④ 花卉水印
② 光变镂空开窗安全线　　⑤ 白水印
③ 雕刻凹印　　⑥ 胶印对印图案

图 2-19　2019 年版 20 元防伪特征

（3）10 元人民币的票面特征及防伪特征。2019 年版第五套人民币 10 元纸币规格、主图案、主色调、“中国人民银行”行名和汉语拼音行名、国徽、盲文面额标记、民族文字等要素，以及雕刻凹印、白水印等防伪特征，均与 2005 年版第五套人民币 10 元纸币相同。

增加以下防伪特征。

①光彩光变面额数字。面额数字位于票面正面中部。改变钞票观察角度，面额数字“10”的颜色在绿色和蓝色之间变化，并可见一条亮光带上下滚动。

②光变镂空开窗安全线。安全线位于票面正面右侧。改变钞票观察角度，安全线颜色在红色和绿色之间变化，透光观察可见“￥10”。

调整以下防伪特征。

①花卉水印。提升水印清晰度和层次效果。花卉水印位于票面正面左侧，透光观察可见花卉图案水印。

②胶印对印图案。由古钱币对印图案调整为面额数字对印图案。票面正面左下角和背面右下角均有面额数字“10”的局部图案。透光观察，正、背面图案组成一个完整的面额数字“10”。

③取消了正面中部全息磁性开窗安全线、右侧凹印隐形面额数字和手感线图案。

主要防伪特征（见图 2-20）。

①光彩光变面额数字。

① 光彩光变面额数字
② 光变镂空开窗安全线
③ 雕刻凹印
④ 花卉水印
⑤ 白水印
⑥ 胶印对印图案

图 2-20　2019 年版 10 元防伪特征

②光变镂空开窗安全线。

③雕刻凹印。票面正面毛泽东头像、国徽、“中国人民银行”行名、装饰团花、右上角面额数字、盲文面额标记及背面主景等均采用雕刻凹版印刷，触摸时有凹凸感。

④花卉水印。

⑤白水印。白水印位于票面正面左侧下方。透光观察，可见面额数字“10”。

⑥胶印对印图案。

（4）1 元人民币的票面特征及防伪特征。2019 年版第五套人民币 1 元纸币规格、主图案、主色调、“中国人民银行”行名和汉语拼音行名、国徽、盲文面额标记、民族文字等要素，以及雕刻凹印等防伪特征，均与 1999 年版第五套人民币 1 元纸币相同。

增加的防伪特征。增加白水印，位于票面正面左侧下方。透光观察，可见面额数字“1”。

调整的防伪特征。调整花卉水印，提升水印清晰度和层次效果。花卉水印位于票面正面左侧，透光观察可见花卉图案水印。取消了正面右侧凹印隐形面额数字和手感线图案。

主要防伪特征（见图 2-21）。

① 雕刻凹印　② 花卉水印　③ 白水印

图 2-21　2019 年版 1 元防伪特征

①雕刻凹印。票面正面毛泽东头像、国徽、“中国人民银行”行名、装饰团花、右上角面额数字、盲文面额标记等均采用雕刻凹版印刷，触摸时有凹凸感。

②花卉水印。花卉水印位于票面正面左侧。透光观察，可见花卉图案水印。

③白水印。白水印位于票面正面左侧下方。透光观察，可见面额数字“1”。

（二）硬币防伪技术

2019 年版第五套人民币 1 元、5 角、1 角硬币分别保持 1999 年版第五套人民币 1 元、5 角硬币和 2005 年版第五套人民币 1 角硬币外形、外缘特征、“中国人民银行”行名和汉语拼音行名、汉语拼音面额、人民币单位、花卉图案等要素不变，调整了正面面额数字的造型，对背面花卉图案进行适当收缩。这里主要介绍一下 2019 年版第五套人民币硬币的防伪特征。

1. 1 元硬币的币面特征及防伪特征

2019 年版第五套人民币 1 元硬币保持 1999 年版第五套人民币 1 元硬币外形、外缘特征、“中国人民银行”行名和汉语拼音行名、汉语拼音面额、人民币单位、花卉图案等要素不变，调整了正面面额数字的造型，对背面花卉图案进行适当收缩。直径由 25 毫米调整为 22.25 毫米。正面面额数字“1”轮廓线内增加隐形“¥”和“1”，转动硬币，从特定角度可以观察到“¥”，从另一角度可以观察到“1”。边部增加圆点。在硬币外缘的圆柱面上，有等距离分布的三个字符“R”“M”“B”。材质保持不变。

2.5 角硬币的币面特征及防伪特征

2019 年版第五套人民币 5 角硬币保持 1999 年版第五套人民币 5 角硬币外形、外缘特征、“中国人民银行”行名和汉语拼音行名、汉语拼音面额、人民币单位、花卉图案等要素不变，调整了正面面额数字的造型，对背面花卉图案进行适当收缩。材质由钢芯镀铜合金改为钢芯镀镍，色泽由金黄色改为镍白色。正、背面内周缘由圆形调整为多边形。在硬币外缘的圆柱面上，共有 6 个丝齿段，每个丝齿段有 8 条齿距相等的丝齿。直径保持不变。

3.1 角硬币的币面特征及防伪特征

2019 年版第五套人民币 1 角硬币保持 2005 年版第五套人民币 1 角硬币外形、外缘特征、“中国人民银行”行名和汉语拼音行名、汉语拼音面额、人民币单位、花卉图案等要素不变，调整了正面面额数字的造型，对背面花卉图案进行适当收缩。正面边部增加圆点。直径和材质保持不变。

二、假币的主要特征

假币是指伪造、变造的货币。伪造货币是指违反国家货币管理法规，仿照真币的形状、色彩、图案等特征，使用各种手段制造出在外观上足以乱真的假货币。与伪造货币不同，变造货币是在真币的基础上，采用挖补、剪贴、揭层、拼凑、涂改等方法进行加工处理，目的是改变货币的真实形状、图案、面值或张数，从而改变票面面额或者增加数量。

（一）纸币假币的主要特征

市场上流行的纸币假钞以百元假钞居多，现以中国人民银行第五套人民币 2005 年版 100 元为伪造对象的假币为例，说明纸币假币的主要特征。

1. 纸张

假钞用纸均为一般社会化用纸，不含棉纤维，光滑、绵软、无韧性、偏厚，抖动或手弹时声音发闷，在紫外光下一般有荧光反应。

2. 水印

假钞水印有两种。一种是在纸张夹层中涂布白色浆料，迎光透视观察时，水印所在的左半边纸张因遮光而显得厚重；另一种是在票面正面、背面或两面同时使用无色或白色油墨印刷水印图案，立体感较差。

3. 安全线

第一种伪造安全线是在钞票正面，使用灰黑色油墨印刷一个深色线条，背面用灰色油墨印刷开窗部分，无全息图文，或含有极模糊的“¥100”字样，此类伪造安全线无磁性特征。

第二种伪造安全线是在钞票正面，用同样的方法印刷一个深色线条，背面则采用烫印方式将带有“¥100”字样的全息膜转移到票面上，其衍射图案与真钞安全线存在差异，且无磁性特征。

第三种伪造安全线使用双层纸张，在纸张夹层中放实物线，线与纸张结合较差，线表面印刷磁性油墨。

第四种伪造安全线是第二种和第三种的组合，既有烫印开窗，又有实物安全线置于纸张夹层内。

4. 正、背面主景印刷方式及凹印特征

假钞印刷大多采用胶印、丝网等平印工艺，质量很差。有些假钞为模仿真钞的凹印效果，在人像衣服、团花及手感线等凹凸位置用坚硬的金属磨具进行压痕处理，触摸有凹凸感，应仔细观察。

5. 荧光防伪印记

伪造者使用从市场上购置的荧光油墨来模拟真钞的荧光印记，荧光亮度明显低于真钞，颜色与真钞存在差异。

6. 光变油墨面额数字

伪造的光变油墨面额数字一种是普通单色（100 元假钞为绿色）胶印，质量较差，无真钞特有的颜色变换特征，手指触其表面时无凹凸触感。另一种是使用珠光油墨丝网印刷，有一定的光泽和闪光效果，但其线条粗糙，变色特征与真钞有较明显的区别，只有黄绿色珠光而不具备真钞由绿到蓝的颜色变化。

7. 冠字号码

假钞一般使用普通黑色油墨胶印冠字号码，其形态与真钞冠字存在差异，并不具备磁性特征，且假钞号码不规则、排列凌乱。

（二）硬币假币的主要特征

据各大银行统计，硬币造假以 1 元假硬币案数量最多。该类假币主要有以下特征。

（1）铸造工艺差、镀镍层薄、较易被腐蚀生锈。真硬币一般不可能生锈，如果发现一枚生锈的硬币，那它很有可能就是假币。

（2）国徽中的麦穗颗粒模糊、绶带层次感差、细条纹分辨不清。

（3）国徽中的五角星立体感差、五角星的角尖有长有短、顶部圆滑。

（4）正面汉字、拼音字母笔画较粗，背面牡丹花叶瓣上的叶脉模糊，且牡丹花蕊模糊不清等。

（5）假硬币的分量比较轻，若与真币对比会有明显感觉。

三、货币真伪鉴别

（一）纸币的鉴别方法

人民币是我们生活当中不可少的，但是现在的假币越来越多，因此我们不得不练就一双慧眼，来帮助我们鉴别假币，减少损失。假币会给群众造成财产损失，假币泛滥则会造成国家经济的不稳定。因此，普及假币知识，提高群众识别假币水平，是很重要的一件大事。那

么假币该怎么鉴别呢？常见鉴别纸币的办法是一看、二摸、三听、四测。

1. 一看

用肉眼看钞票的水印是否清晰，有无层次和立体效果；看安全线；看整张票面图案是否单一或者偏色；看纸币的整体印刷效果，人民币真币使用特制的机器和油墨印刷，整体效果精美细致，而假币的整体质地粗糙，工艺水平低。

（1）看水印。将人民币迎光查看，看钞票的水印是否清晰，有无层次和浮雕效果。

（2）看安全线。看安全线是在分辨真、假币时最常用的方法。第五套人民币在票面的正面中间偏左处，均有一条安全线。

（3）看光变油墨。光变油墨是一种贵重的印刷材料，这种油墨印刷出来的字符，在光线角度不同时会有变色的效果。第五套人民币的100元面值和50元面值纸币上就应用了这种高科技防伪手段。

（4）看票面图案。看票面图案是否清晰，色彩是否鲜艳，多色接线图文的颜色相接处是否平稳过渡，有无搭接的痕迹，对接图案是否可以对接上。

（5）看凹印部位图案。看凹印部位图案是否均由点线构成。雕刻凹版印刷技术广泛应用于第五套人民币的毛泽东头像、中国人民银行行名、面额数字、盲文标记等处。特点是图文线条精细、层次丰富、立体感很强，用手触摸时有明显的凹凸感。

（6）用放大镜放大看。用5倍以上的放大镜观察票面，看图案线条、缩微文字是否清晰干净。真币的花纹和线条粗细均匀、图案清晰、色彩鲜艳、颜色协调、层次分明；而假币则线条凌乱，粗细不一，图案色彩层次暗淡不清，水印呆板、失真、模糊、无立体感。

2. 二摸

我国现行流通的人民币1元以上券都使用了凹版印刷技术。触摸票面上凹印部位的线条是否有明显的凹凸感。假币无凹凸感或者凹凸感不强烈。

（1）摸是否有凹凸感。摸人像、盲文点、中国人民银行行名等处是否有凹凸感。第五套人民币纸币各券别正面主景均为毛泽东头像，采用手工雕刻凹版印刷工艺，形象逼真、传神，凹凸感强，易于识别。

（2）摸纸币质量。摸纸币是否薄厚适中，挺括度是否好。真币纸张坚挺、厚薄适中，在特定部位有凹凸感；而假币一般纸质薄，挺括度差，表面光滑无凹凸感。

3. 三听

人民币的纸张是经过特殊处理、添加有特殊化学成分的纸张，具有挺括、耐折、不易撕裂的特点。通过抖动钞票使其发出声响，根据声音就能够分辨人民币真伪。方法是：手持钞票用力抖动、手指轻弹或两手一张一弛轻轻对称拉动，能听到清脆响亮的声音；而假币在抖动或者弹击时声音发闷。

4. 四测

借助一些简单的工具和专用的仪器来分辨人民币真伪。

（1）放大镜。通过借助放大镜观察票面线条清晰度和胶、凹印缩微文字等来鉴别人民币真伪。一般使用5～20倍的放大镜就可以鉴别。真币底纹线清晰、连续，而假币底纹线模糊、间断。

（2）紫外灯。用紫外灯光照射票面来鉴别人民币真伪。利用紫外光照射，可以观察钞票纸张和油墨的荧光反应。真币无荧光反应，而假币有荧光反应。

（3）磁性检测仪。用磁性检测仪来鉴别人民币真伪。在磁性触头上擦拭钞票特定部位（黑色横号码），通过有无磁感应来鉴别人民币真伪。真币有磁性油墨，有反应；而假币无磁性油墨，无反应。

（4）防伪点钞机。用防伪点钞机来鉴别人民币真伪。主要是将紫外光照射等技术运用于点钞机，在机器点钞过程中，如出现假币，则机器会自动停机并报警。

（二）硬币的鉴别方法

据各大银行统计，硬币造假以1元假硬币案数量最多。1元硬币是我国目前面值最大的硬币，容易成为犯罪分子制造假币的目标。在日常生活中，如何辨别真、假1元硬币？主要有以下几种方法。

（1）用手摸。真硬币摸上去凹凸感特别强，如果硬币的边缘过于光滑则为假币。

（2）真、假硬币的色泽、光洁度不同。真币光泽较亮，而假币颜色暗淡，色泽远不如真币光亮，图案也粗糙、模糊。假硬币镀镍层薄、较易腐蚀生锈。真硬币一般不可能生锈，如果发现一枚生锈的硬币，那它很有可能就是假币。

（3）真、假硬币的铸造工艺不同。真币图案清晰、制作精美，而假币手感粗麻，正面图案中的花叶及花蕾的线条模糊不清。

（4）真、假硬币的棱角也有区别。真币的边缘部分打有人民币汉语拼音代号“RMB”，而假硬币边齿呈不均匀、不规则状，边缘薄厚不等，甚至歪斜，边缘很容易掉皮、氧化、腐蚀，出现磨损。

（5）从正面和背面图案的相对位置关系也可辨别真、假硬币。1元真币根据技术标准规定，正面和背面的图文中心线应该正对，否则作为废品处理。而在假币中，正面和背面的图文中心线不正对的现象非常普遍。

（6）假硬币中厚薄不均匀的现象也比较明显。有的犯罪分子还采用游戏机币来制作1元假币，这些游戏机币虽然直径和厚度接近1元硬币，但制作粗劣，图案和1元真币相差较大，只要稍加留心就不难辨别。

（7）假硬币的分量比较轻，若与真币比较会有明显感觉。

（8）如果使用上述方法仍无法辨认，可前往银行，由专业人员或者技术人员利用专业仪器进行识别。

四、假币及残币的处理

（一）假币的处理

根据《中华人民共和国人民币管理条例》的规定，在日常生活中如果误收假币，则不应再次使用，应上缴当地银行或公安机关；看到别人大量持有假币，应劝其上缴，或向公安机关报告；发现有人制造、买卖假币，应掌握证据，向公安机关报告。公安机关和中国人民银行有权没收假币，办理人民币存取业务的金融机构可以收缴假币。除以上单位外，其他单位和个人均无权没收和收缴假币。

出纳人员在收付现金时如发现假币，应立即送交附近银行进行鉴别，由银行开具收缴凭证，予以没收处理。有追查线索的应及时报告就近的公安部门，协助侦查。出纳人员在发现可疑钱币且不能断定真假时，不得随意加盖假币戳记和没收，应向持币人说明情况，开具临时收据，连同可疑钱币及时报送当地银行、公安或司法部门。出纳人员误收、误持假币，或者被银行没收了，按照行业惯例，出纳人员必须承担赔偿责任，因为出纳人员应当具备识别真、假币的业务能力。

金融机构在办理业务时发现假币，由该金融机构两名以上业务人员当面予以收缴。对假人民币纸币，应当面加盖“假币”字样的戳记；收缴假币的金融机构向持有人出具中国人民银行统一印制的《假币收缴凭证》，并告知持有人如对被收缴的货币真伪有异议，可向中国人民银行当地分支机构或中国人民银行授权的当地鉴定机构申请鉴定。收缴的假币，不得再交予持有人。

（二）残币的处理

残缺人民币是指由于某种原因明显缺少了一部分的人民币票币。

依据中国人民银行颁布的《残缺人民币兑换办法》规定，残缺人民币的兑换标准（见图2-22）如下。

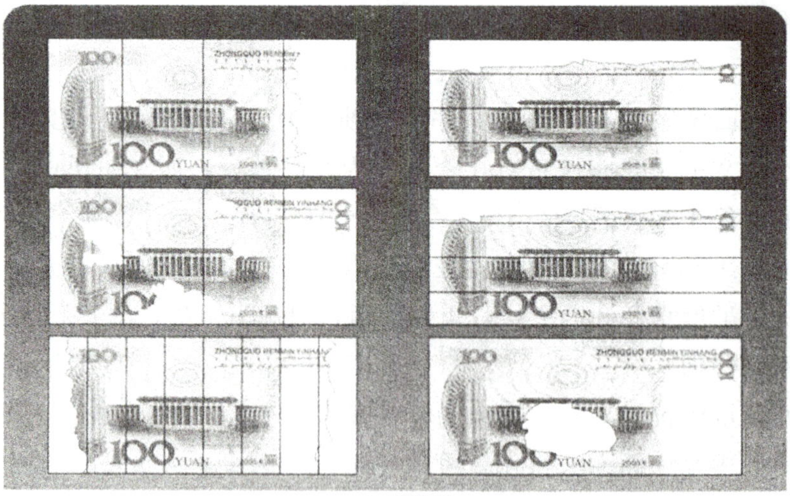

(a) 全额兑换

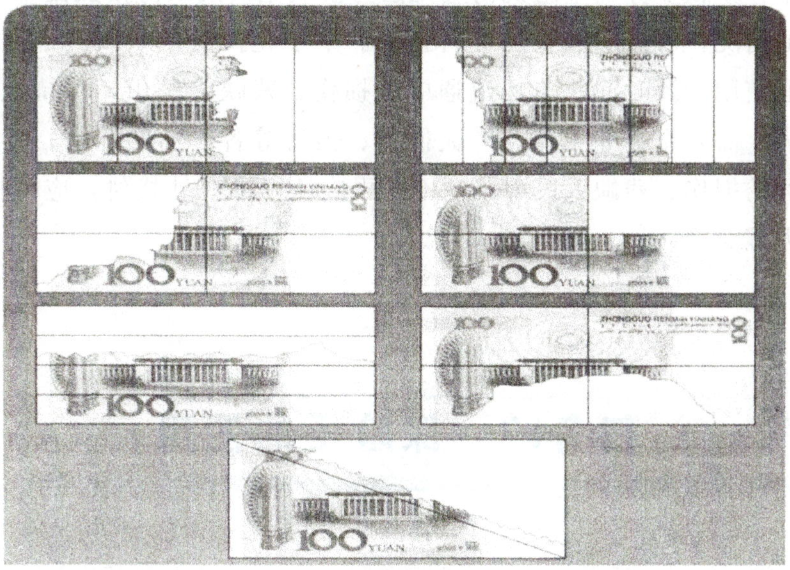

(b) 半额兑换

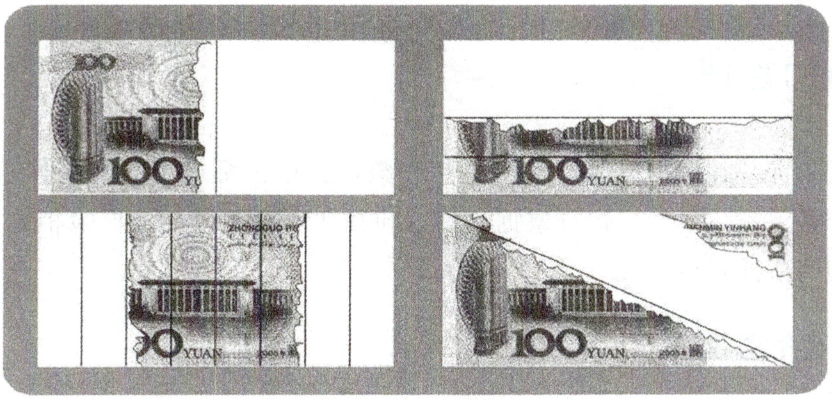

(c) 不可兑换

图 2-22 残缺人民币的兑换标准

1. 凡残缺人民币属于下列情况之一者，可全额兑换

(1) 票面剩余 3/4 以上（含 3/4），具备规定特征的全额兑换。

(2) 票面污损、熏焦、水湿、油浸、变色等，但能辨别真假，票面完整或残缺不超过 1/4 的，票面其余部分图案、文字能照原样连接的。

(3) 流通过程中因摩擦受到损伤的硬币，只要能辨别正面的国徽或背面的数字，也可全额兑换。

2. 凡残缺人民币属于下列情况者，可半额兑换

(1) 票面剩余 1/2（含 1/2）至 3/4，具备规定特征的半额兑换。

(2) 纸币呈正十字形缺少 1/4 的，只能兑换半额，残币不能再流通使用。

3. 凡残缺人民币属下列情况之一者，不予兑换

(1) 票面残缺 1/2 以上者。

(2) 票面污损、熏焦、水湿、油浸、变色，不能辨别真假者。

(3) 故意挖补、涂改、剪贴、拼凑、揭去一面者。

凡办理人民币存取款业务的金融机构应无偿为公众兑换残缺污损人民币，不得拒绝兑换。如遇到拒绝兑换的情况，可向中国人民银行投诉。不予兑换的残缺人民币由中国人民银行收回销毁，不得流通使用。及时回收市场流通中的损伤、残缺人民币，保持人民币的整洁，维护国家货币的信誉，需要企事业单位、广大群众、银行等各方面的配合。不论是单位还是个人，遇到不宜流通的损伤、残缺人民币，请不要再次使用或对外找付，应挑拣、粘补整理好，随时送存银行或办理兑换。

任务四　保险柜的使用

一、保险柜的管理

为了保障货币资金和票据等资产的安全与完整，各单位都应配备专用保险柜，专门用于存放现金，保管各种有价证券、银行票据、印章和其他出纳票据等。保险柜是一种防盗工具，出纳人员在使用时应注意以下几点。

（一）保险柜的管理

保险柜一般由总会计师或财务部门负责人授权，由出纳人员负责管理使用。

（二）保险柜钥匙的配备

保险柜要配备两把钥匙，一把由出纳人员保管，供出纳人员日常工作时使用，另一把交由保卫部门封存，或者由单位总会计师或财务部门负责人负责保管，以备特殊情况下经有关领导批准后开启使用。出纳人员不得将保险柜钥匙交由他人代为保管。

（三）保险柜的开启

保险柜只能由出纳人员开启使用，非出纳人员不得开启保险柜。如果单位总会计师或财务部门负责人需要对出纳人员的工作进行检查，如检查库存现金限额、核对实际库存现金数额或者有其他特殊情况需要开启保险柜的，应按规定的程序由总会计师或财务部门负责人开启，在一般情况下不得随意开启由出纳人员掌管使用的保险柜。

（四）财物的保管

出纳人员应将其使用的空白支票、银行收据、印章等放人保险柜内。保险柜内存放的现金应设置和登记现金日记账，其他有价证券、存折、票据等应按种类造册登记，贵重物品应按种类设置备查簿，登记其质量、金额等，所有财物应与账簿记录核对相符。按规定，保险柜内不得存放私人财物。

（五）保险柜密码

出纳人员应将自己保管使用的保险柜密码严格保密，不得向他人泄露，以防被他人利用。出纳人员调动岗位后，新出纳人员应使用新的密码。下班前要锁好保险柜，打乱密码，将钥匙带走，印章和支票要分开保管，关闭好门窗、电器，开启报警装置，锁好防盗门窗。

（六）保险柜的维护

保险柜应放置在隐蔽、干燥处，注意通风、防湿、防潮、防虫和防鼠。保险柜外要经常擦拭，保持干净，保险柜内财物应保持整洁卫生、存放整齐。一旦保险柜发生故障，应到公安机关指定的维修点进行修理，以防泄密或失盗。

（七）保险柜被盗的处理

安置保险柜的房间，应当按照国家规定采取安防措施。出纳人员发现保险柜被盗后应保护好现场，迅速报告公安机关或保卫部门，待公安机关勘查现场时才能清理财物被盗情况，不向无关人员泄露相关信息。节假日超过两天或出纳人员离开两天以上且没有他人代其工作时，应在保险柜锁孔处贴上封条，出纳人员返岗后揭封。如发现封条被撕掉或锁孔处被破坏，则应迅速向公安机关或保卫部门报告，以便公安机关或保卫部门及时查清情况，防止不法分子再次作案。

二、保险柜的使用方法

保险柜是一种特殊的容器。根据其功能可分为防火保险柜、防盗保险柜、防磁保险柜、防火防磁保险柜和防火防盗保险柜等。每一种保险柜都有国家标准。市面上的保险柜多为前两种。依据不同的密码工作原理，防盗保险柜又可分为机械保险柜和电子保险柜两种，前者的特点是价格比较便宜，性能比较可靠。早期的保险柜大部分都是机械保险柜。电子保险柜是将具有电子密码、IC 卡等智能控制方式的电子锁应用到保险柜中，其特点是使用方便，特别是在宾馆中使用时，因为需要经常更换密码，所以使用电子密码保险柜就比较方便。

（一）机械保险柜的使用

1. 机械保险柜的基本结构

机械保险柜的基本结构如图 2-23 所示。

2. 机械保险柜的工作流程

机械保险柜的工作流程如图 2-24 所示。

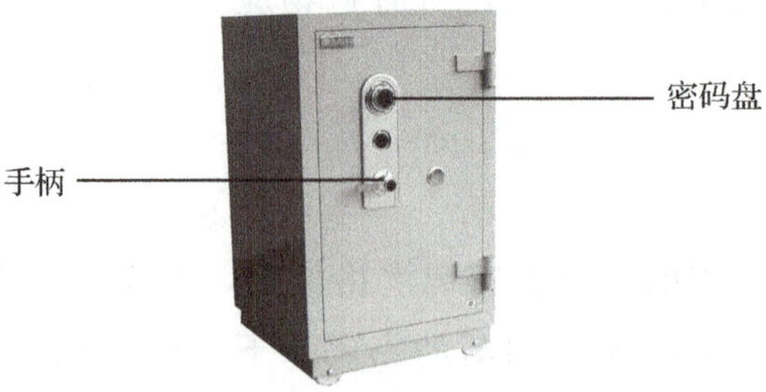

图 2-23　机械保险柜的基本结构

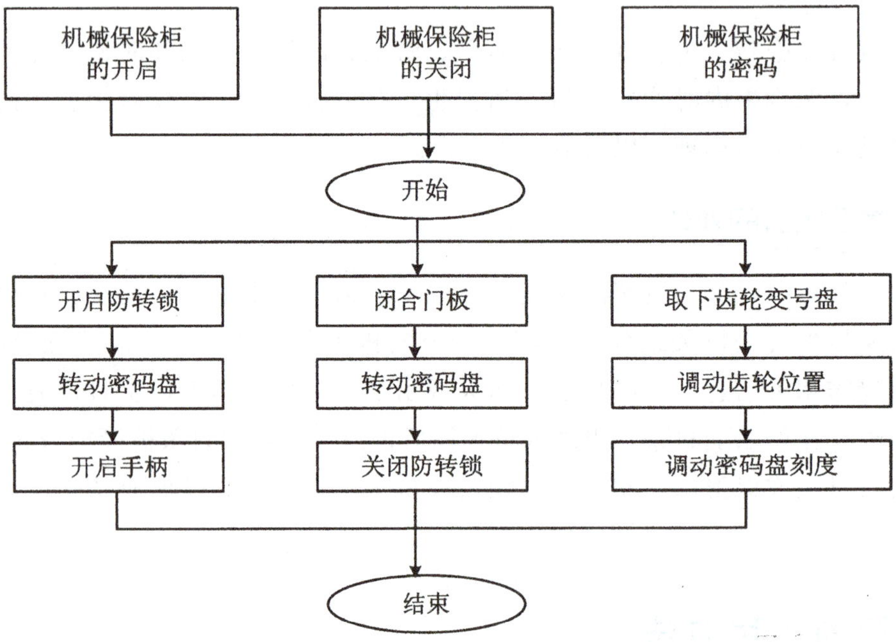

图 2-24　机械保险柜的工作流程

3. 机械保险柜的开启方法

（1）开启防转锁：依照标记插钥匙向右转 90 度，锁即开启。

（2）转动密码盘：转动密码盘使其相应刻度对准密码底盘基准点。假设密码锁的三组数码为“10”“20”“30”。第一步，将保险柜密码旋钮顺时针旋转两圈，继续转动至刻度对准标数“10”。第二步，沿逆时针方向旋转一周，再继续旋转至“20”对准上面标记线。第三步，沿顺时针方向旋转，在“30”对准上面标记线时停止，密码锁开启完毕。

（3）开启手柄：转动手柄并外拉，门即开。

4. 机械保险柜的关闭方法

（1）闭合门板，转动手柄至关闭状态。

（2）任意转动密码盘。

（3）转动防转锁钥匙至锁闭状态，拔出钥匙即可。

5. 机械保险柜更换密码的方法

（1）打开柜门，拆下门后板。

（2）卸掉防拉螺母，拿下齿轮变号盘。

（3）打开齿轮变号盘，任意调动齿轮位置。

（4）重新安装齿轮变号盘，上好防拉螺母。

（5）按开启方法转动密码盘，使各齿轮变号盘上的缺口对准刻度板，再按密码盘刻度确定新密码。

（6）用新密码进行开启试验，以便确定新密码是否准确。在开启试验时，绝对不准关闭柜门。

（7）新密码确定后再将门板重新安装上。

（二）电子保险柜的使用

1. 电子保险柜的基本结构

电子保险柜的基本结构如图 2-25 所示。

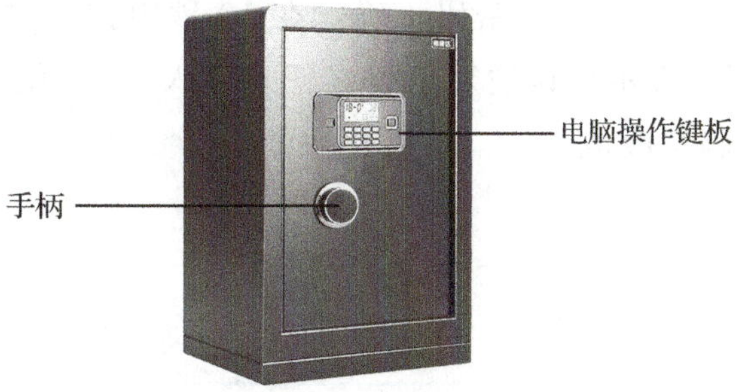

图 2-25　电子保险柜的基本结构

2. 电子保险柜的工作流程

电子保险柜的工作流程如图 2-26 所示。

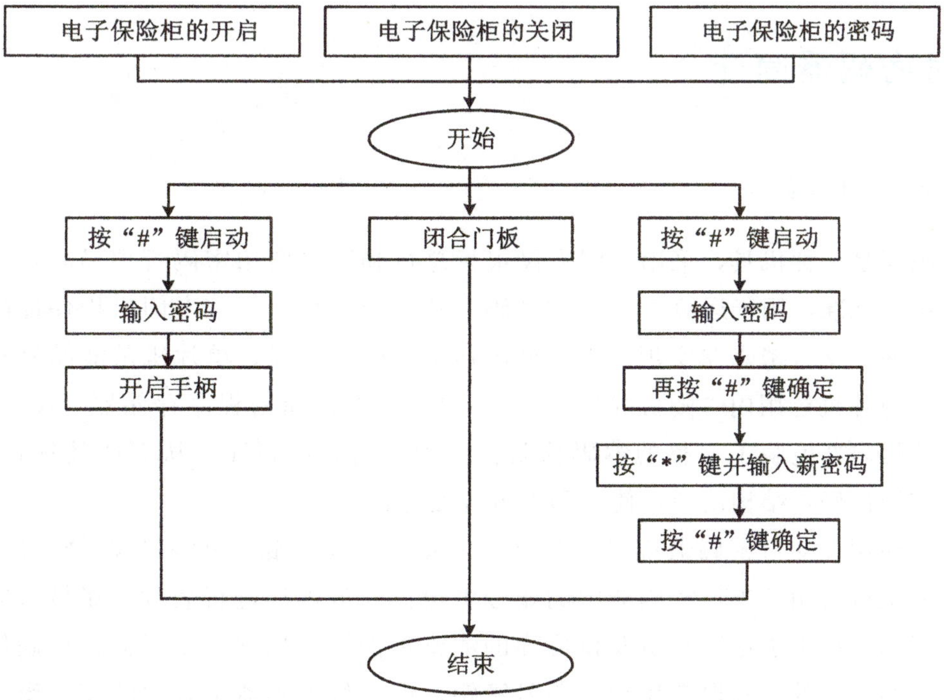

图 2-26　电子保险柜的工作流程

3. 电子保险柜的开启方法

（1）按“#”键启动，输入正确的个人密码或管理密码后，蜂鸣器发出三声“嘀”，屏显“Open”表示密码正确，电磁铁自动吸合10秒，10秒内可进行开门、锁门动作。

（2）如密码输入不正确，则屏显“Error”，重新切换到待输入状态，若三次输入错误，则报警两分钟。输入正确密码可解除报警。

4. 电子保险柜的关闭方法

（1）电子保险柜开启10秒后，电磁铁自动吸合关闭。

（2）闭合门板，转动防转锁钥匙至锁闭状态，再拔出钥匙即可。

5. 电子保险柜更换密码的方法

一般电子保险柜有个人密码和管理密码两类。出厂的个人密码为“1234”，管理密码为“123456”。按“#”键启动，输入正确的个人密码和管理密码后，再按“#”键确认，蜂鸣器发出三声“嘀”，屏显“Open”表示密码正确，在10秒内按下“*”键会进入初始密码的修改状态，同时显示“—”，表示可设置新密码，任意输入1～8位密码后，按“#”键确认，屏显“into”，表示初始密码修改成功。

任务五　支付密码器的使用

一、支付密码器简介

（一）支付密码器

支付密码器是一种机具，采用中国人民银行总行和国家商用密码管理局联合颁布的《支付密码器系统》标准，用于运算产生支付密码，其安全性是由国家专门机构保证的。支付密码的功能主要通过支付密码器实现。支付密码器由器壳、键盘、单片机及液晶显示模块组成（见图2-27），单片机选用内含随机存储器（RAM）和掩膜加密程序存储器（ROM）的微机芯片，在单片机内部掩膜了完整的编码控制程序和加密算法程序，从而使其具有准确性高，安全性、抗破译性好，结构简单，使用和携带方便等特点。

任何一台通用性支付密码器都可以加载同一单位在不同银行的多个账号（最多20个），可以在所有的银行使用。支付密码器中的账号由银行人员现场进行装载，账号对应的算法密钥是随机产生的，杜绝了银行柜员及供应商的泄密可能性，且支付密码器采用硬件（具有自毁装置的安全芯片）的形式保存用户的账号密钥，使支付密码器中客户的账号密钥不会被其

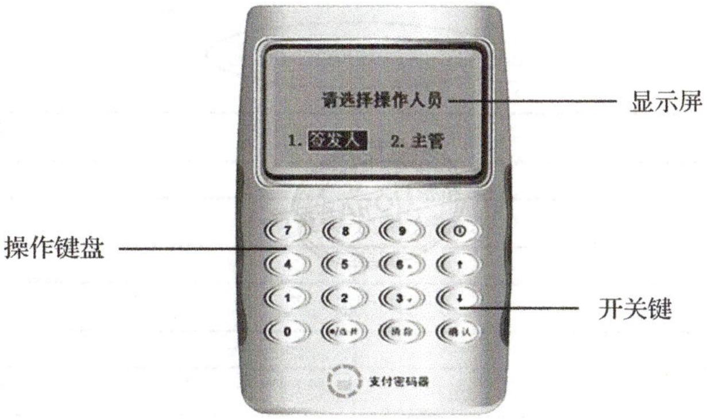

图 2-27 支付密码器

他任何人和单位窃取。通用性支付密码器中的任意一个账号都会使用不同的算法密钥，即使支付凭证上的内容一样，使用不同支付密码器或不同账号计算出的支付密码均不相同，只有合法的密码器才能算出正确的支付密码，因此保证了支付密码的唯一性。

（二）支付密码

支付密码器的支付密码是根据票据号码、金额、账号、日期等信息计算出的一组 16 位密码，填写在票据上与印鉴结合作为付款依据。按照中国人民银行总行的要求，电子支付密码主要应用在支票（包括现金支票、转账支票）、汇兑凭证（电汇/信汇凭证）、银行汇票申请书、银行本票申请书和中国人民银行规定的其他类票据上。

由于支付密码是根据票据上的各个关键因素（金额、日期、账号等）和高强度的加密算法计算而来，不仅每张支票的支付密码都不相同，而且对支付凭证要素进行的任何篡改都会导致支付密码不正确，银行就会拒绝支付。另外，产生和核验支付密码的加密密钥是随机产生并保存在芯片之中的，企业和银行的人员都无法得到。支付密码产生的多层管理和自动核验等功能，减少了渎职和内部作案的机会，从而最大限度地保障了用户和银行的资金安全。同时，支付密码可以加强单位财务管理，存款人可以明确划分签发权限，为每名出纳人员设置可以签发的账号和签发限额，出纳人员的签发均各自独立。同时支付密码器内部存有完整的出票记录，可以有效追溯，便于掌握财务动态，防止内部人员作案。由此可见，支付密码业务可以为单位带来真正意义上的安全、便捷、高效。

二、支付密码器的操作流程

支付密码器的操作流程如图 2-28 所示。

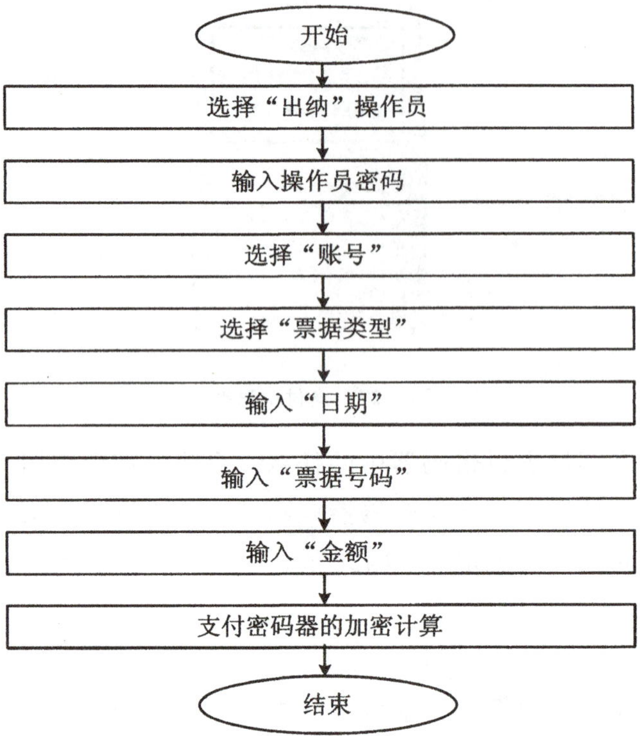

图 2-28　支付密码器的操作流程

具体操作步骤如下。

(1) 按“开关键”打开电源，选择操作员（见图 2-29）。

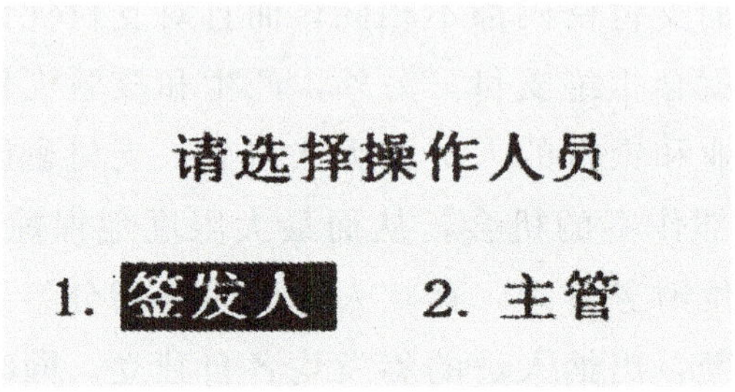

图 2-29　步骤 1

(2) 选择“签发人”后，按“确认”键，屏幕显示如图 2-30 所示。

图 2-30　步骤 2

（3）按提示输入“签发人口令”，密码正确后，进入“功能”菜单。

（4）选择“签发凭证”，点击“确认”键，屏幕显示如图 2-31 所示。

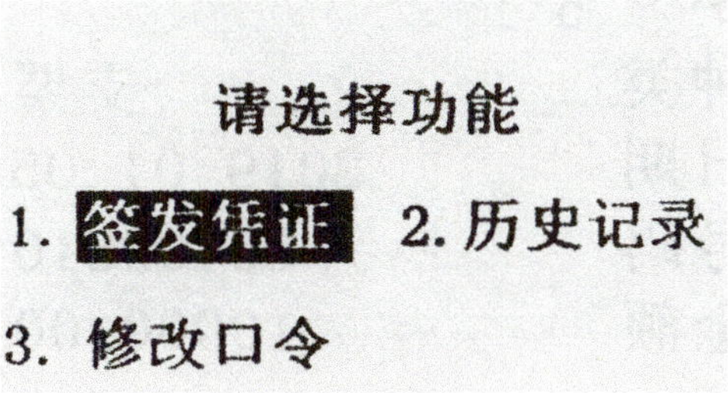

图 2-31　步骤 3

（5）用“↑”“↓”键选择签发人账号，点击“确认”键，屏幕显示如图 2-32 所示。

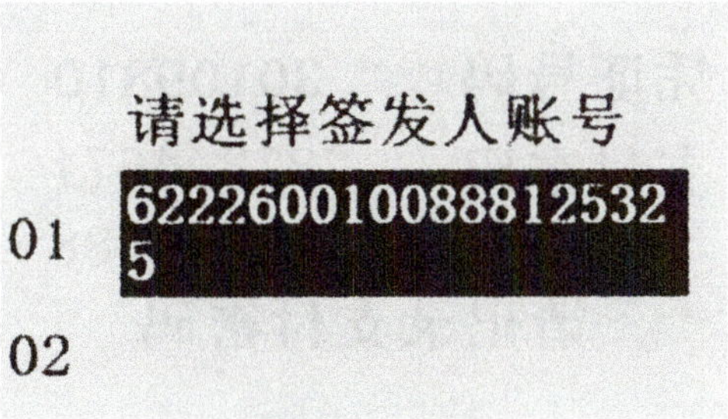

图 2-32　步骤 4

（6）用“↑”“↓”键选择业务种类，点击“确认”键，屏幕显示如图 2-33 所示。

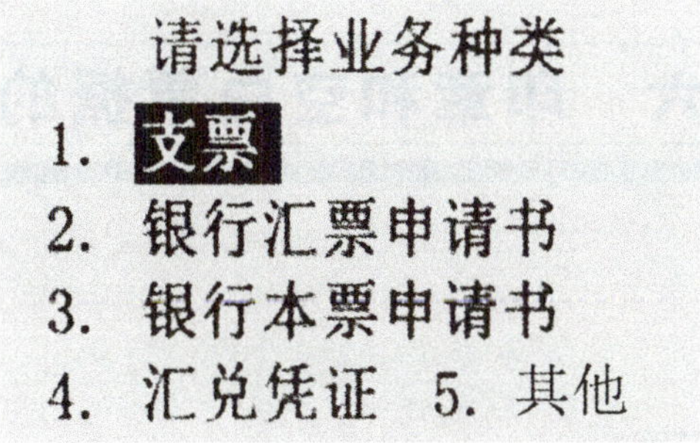

图 2-33　步骤 5

（7）输入凭证数据（日期、凭证号码、金额），屏幕显示如图 2-34 所示。

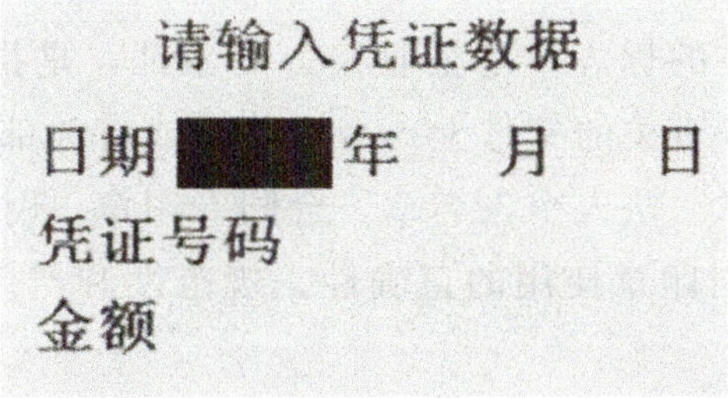

图 2-34　步骤 6

点击“确认”键，屏幕显示如图 2-35 所示。

账号	62226001008881253 25
种类	支票
日期	2019-01-05
号码	30109810
金额	10000.00

图 2-35 步骤 7

（8）最后，点击“确认”键，显示支付密码，屏幕显示如图 2-36 所示。

凭证号码	30109810
支付密码	2873-4671
	5117-7688

请记录支付密码

图 2-36 步骤 8

任务六 印章和空白票据的保管

一、印章的使用和管理

（一）印章的含义和分类

公司印章是企业合法存在的标志，是企业权力的象征，是指在公司发行或管理的文件、凭证、文书等与公司权利义务有关的文件上，需以公司或有关部门名义证明其权威作用而使用的印章。主要包括行政公章、法人个人名章、合同专用章、财务专用章和部门专用章。规范公司印章管理，可保障公司印章使用的正确性、规范性和严肃性，有效地维护公司利益，杜绝违法违规行为的发生。

（二）印章的使用范围

公司各部门对所分工管理的行政公章、法人个人名章、合同专用章、财务专用章及部门专用章的管理和使用负全责，承担用印后果。公司所有印章必须按规定范围使用，不得超出范围使用。为规范企业财务印章的使用及管理，加强对财务事项的监控力度，防范财务管理风险，必须对财务印章的使用范围加以明确规定。

1. 行政公章

行政公章的使用范围主要为：

（1）公司对外签发的文件；

（2）公司与相关单位联合签发的文件；

（3）以公司名义出具的证明及有关资料；

（4）公司对外提供的财务报告；

（5）公司章程、协议；

（6）员工调动、任免及聘用；

（7）合同资金担保承诺书。

2. 合同专用章

合同专用章的使用范围主要为：

（1）对外投资、合资、合作协议；

（2）各类经济合同等。

3. 法人个人名章

公司法人个人名章主要用于需加盖私章的合同、财务报表、人事任免等各类文件。

4. 财务专用章

公司财务专用章主要用于货币结算等相关业务。

5. 部门专用章

公司各职能部门专用章仅限于公司内部工作联系使用，一律不得对外使用。

（三）印章的管理

（1）行政公章、合同专用章由行政管理部门专人负责管理。

（2）专项业务章（财务章、人事章）由各部门指定专人负责管理。

（3）公司法人个人名章由公司指定财务管理部门专人负责管理。

（4）各部门须将印章管理员名单报行政管理部门备案。

（5）印章管理员必须切实负责，不得将印章随意放置或转交他人。因事离开岗位需移交他人的，可由部门负责人指定专人代管，但必须办理移交手续，并填写印章移交登记表。

（6）为保证资金的绝对安全，财务专用章、公司法人个人名章等银行预留印章由两人以上分开保管、监督使用，做到一人无法签发支票、汇票，一人无法提出现金。

（四）印章的使用

（1）印章的使用必须严格遵循使用审批程序，按照印章的使用范围，经审批后方可用章。

（2）印章的使用由各管理员设立使用登记台账，严格审批和登记制度。

（3）公司法人个人名章或部门总监私章由法人或总监本人签字，或者被授权人签字后方可使用。

（4）财务专用章、发票专用章、法人个人名章由财务部门按岗位职责权限使用。

（5）严禁员工私自将公司印章带出公司使用。若因工作需要，确需将印章带出使用时，需填写《携带印章外出申请表》，由分管领导及总经理、董事长签批后方可带出。印章外出期间，使用人只可将印章用于申请事由，并对印章的使用后果承担一切责任。

（6）以公司名义签订的合同、协议、订购单等，由专业人员审核，公司分管领导批准后方可盖章。

（7）私人取物、取款、挂失、办理各种证明，需用单位介绍信时，由行政管理中心严格审批，符合要求后办理并执行登记制度。

（8）任何印章管理员不得在当事人或委托人所持空白的格式化文件上加盖印章。用章材料必须已经填写完毕，字迹须清晰、正确。

（9）对已调出、解除、终止劳动关系人员要求出示相关证明的，必须持有效证件材料，经行政管理部门负责人审批后，方可盖章。

二、空白票据的含义和保管

（一）空白票据的含义

空白票据又称空白授权票据，是指发票人在签发票据时，有意将票据上应记载的事项不记完全，留待（授权）持票人以后补充的票据。票据为要式证券，一般应按法定要求填写签发，否则票据无效。但空白票据是个例外，因经济上的需要，发票人在用发票时不能确定某项必要记载事项而又必须将票据交出，故先行签发票据，交由持票人以后填补。持票人之所以能填补空白，是由于发票人的授权行为。

《中华人民共和国票据法》涉及空白票据的条文仅有两条，而且都在支票一章中：第八十六条规定“支票上的金额可以由出票人授权补记，未补记前的支票，不得使用”。第八十七条第一款规定“支票上未记载收款人名称的，经出票人授权，可以补记”。从上述规定可以看出，我国虽没有禁止空白票据，但对其规定相当严格，目前我国空白票据制度有如下特征。

（1）空白票据只用于支票，不适用于汇票和本票；

（2）空白票据只存在于出票中，在其他票据行为中不允许存在；

（3）空白的事项只限于支票的金额和收款人名称。

（二）空白票据的保管

1. 空白支票的保管

空白支票是指存款人向银行领用的支票用纸，即尚未由发票人签发的支票。这种空白的支票用纸未经签发不生效力。发票人特意不记载支票要件的全部或一部分，而签名于欠缺要件的支票上，留由执票人日后补充的未完成的支票。主要包括受款人空白的支票、发票日空白的支票、金额及到期日空白的支票等种类。

开户单位向开户银行领购支票，一般会保留一定数量的空白支票在企业以备使用。支票是一种支付凭证，一旦填写了有关内容，并加盖印章后，即可提取现金或转账。在空白支票的使用和保管上必须加强管理。所以，必须加强空白支票的管理和使用，采取必要措施妥善保管，以免发生非法使用和盗用、遗失等情况，给国家和企业造成不必要的经济损失。为此，出纳人员在保管空白支票时应注意以下几点。

(1) 空白支票由专人保管。存有空白支票的单位必须严格管理空白支票，明确指定专人负责保管，要贯彻票、印分管的原则，空白支票和印章不得由同一人负责保管。这样可以明确责任，形成制约机制，防止舞弊行为。

(2) 注销空白支票。单位撤销、合并、结清账户时，应将剩余的空白支票，填列一式两联清单，全部交回银行注销。清单一联由银行盖章后退交收款人，另一联作清户传票附件。

(3) 要严格控制携带空白支票的外出采购。对事先不能确定采购物资单价、金额的，经单位领导批准，可将填明收款人名称和签发日期的支票交采购人员，明确用途和款项限额。使用支票人员回单位后必须及时向财务部门结算。

(4) 设置"空白支票签发登记簿"。经单位领导批准，出纳人员签发空白支票后，应在"空白支票签发登记簿"(见表 2-2) 上加以登记。

表 2-2　空白支票签发登记簿

支票类别：　　　　年　　月　　日　　　　银行账号：

年		支票号码	用途	预计金额	领用人	报销日期		退票日期		备注
月	日					月	日	月	日	

会计主管　　　　　　会计　　　　　　出纳

(5) 其他注意事项。财务人员不得在支票签发前预先加盖签发支票的印章，签发支票时必须按编号顺序使用，对签错的支票或退票必须加盖"作废"戳记后与存根一起保管。

2. 空白收据的保管

空白收据是指未填制的收据。空白收据一经填制并加盖有关印鉴，即可成为办理转账结算和现金支付的一种书面证明，直接关系到资金结算的准确、及时和安全，因此必须按规定保管和使用空白收据。空白收据一般应由主管会计人员保管。领用空白收据时需填写"空白收据领用单"，并经有关领导签字，会计人员根据签字后的"空白收据领用单"发放空白收据，并登记"空白收据登记簿"(见表 2-3)，填写领用日期、单位、起始号码，并由领用人签字，收据用完后，要及时归还、核销。

表 2-3　　空白收据登记簿

领用日期		领用单位	起始号码	证件	签名	核销日期
年						
月	日					

出纳人员在使用收据时应注意以下几点。

（1）使用单位不得将收据带出工作单位使用；

（2）不得转借、赠送或买卖收据；

（3）不得弄虚作假、开具实物与票面不相符的收据；

（4）作废的收据要加盖“作废”章，各联要连同存根一起保管，不要撕毁、丢弃；

（5）出纳人员再次领用收据时，须将已用完的收据存根交还保管人员核销，留待以后备查。

思考练习

1. 单指单张点钞法的优点是什么？

2. 识别假人民币的基本方法是什么？如何正确识别第五套人民币的真伪？

3. 手工点钞的基本要求是什么？如何掌握手持式点钞法的基本要领？

4. 符合《支付结算办法》规定的有哪些？

项目三 现金管理业务

学习目标

- 熟知库存现金开支范围及其管理的相关规定；
- 掌握库存现金收付业务的处理程序；
- 掌握库存现金清查的方法。

案例导入

小王是一名刚刚入职双凤有限公司的出纳人员，在新员工入职培训时，会计主管向他提出了很多问题。这些问题主要包括："公司哪些业务可以使用现金交易？""保险柜中保存的现金是否有限额规定？""什么是坐支现金，坐支现金是否符合现金管理有关规定？""基本的点钞方法有哪几种，你最熟练的是哪一种？""填写收据时要注意哪些问题？""现金送存包括哪些程序，你是否会填制现金交款单？"等等。小王对有些问题回答得非常正确，但对有些问题却一知半解。会计主管对小王进行了悉心指导，并指出这些问题对未来的出纳工作是至关重要的。小王暗下决心，今后一定要努力工作，在实践中不断积累经验。

任务一　现金管理概述

一、现金的含义及使用范围

（一）现金的含义

现金即库存现金，是指存放于企业财务部门由出纳人员保管的，用于日常零星开支的货币，包括库存的人民币和各种外币。库存现金是企业流动性最强的货币资产，企业应该严格遵守国家有关现金管理制度，正确地进行现金的收支核算，监督现金使用的合法性和合理性。

（二）现金的使用范围

根据国务院发布的《现金管理暂行条例》的规定，企业可以在规定的范围内使用现金。

（1）职工工资、津贴；

（2）个人劳务报酬，包括稿费、授课费以及其他劳务费用；

（3）根据国家规定颁发给个人的科学技术资金、文化艺术资金、体育资金等；

（4）各种劳保、福利费用及国家规定对个人的其他支出（其他支出如学生助学金、职工困难生活补助等）；

（5）向个人收购农副产品和其他物资的价款；

（6）出差人员必须随身携带的差旅费；

（7）结算起点以下的零星支出，现行规定银行结算起点为 1 000 元；

（8）中国人民银行确定需要支付现金的其他支出。

二、现金的限额

（一）库存现金限额的含义

库存现金的限额是指企业为了保证日常零星开支的需要，按规定允许留存现金的最高数额。库存现金的限额由开户银行根据单位的实际需要和距离银行远近等情况核定，一般按照单位3～5天日常零星开支所需现金量确定，远离银行或交通不便的单位可依据实际情况适当放宽，但最高不得超过15天的日常零星开支所需现金量。库存现金限额一般每年核定一次，企业因生产和业务发展需要增加或减少库存现金限额时，应当向开户银行提出申请，由开户银行核定。

（二）核定库存现金的限额

出纳人员根据月度或季度的平均现金支出总额，但不包括定期的大额现金支出和不定期的大额现金支出，计算每日平均现金支出总额，并在此基础上计算库存现金限额。具体计算公式如下。

库存现金限额＝每日平均现金支出×限定的天数

每日平均现金支出＝月（季）度的平均现金支出总额÷月（季）平均天数

三、现金的收支规定

依据《现金管理暂行条例》，开户单位办理现金收、付款业务应当遵循以下基本原则。

（1）开户单位库存现金一律实行限额管理。

①凡在银行开户的独立核算单位都要核定库存现金的限额；

②独立核算的附属单位，由于没有在银行开户，但需要保留现金，也要核定库存现金限额，其限额包括在上级单位的库存现金限额内；

③商业企业的服务行业或零售门市需要保留找零备用金，其限额可根据业务经营需要核定，而不包括在该企业库存现金限额之内。

（2）开户单位收入现金，应当于当日送存开户银行，当日送存确有困难的，由开户银行确定送存时间。不准将单位收入的现金作为个人储蓄存款，即不得公款私存。

（3）开户单位支付现金，必须遵守现金的使用范围，从本单位库存现金限额中支付或从开户银行提取，不得从本单位的现金收入中直接支付，即不得坐支现金。坐支现金是指单位收入现金后未送存开户银行，直接从收入现金中支付现金的行为。因特殊情况需要坐支现金的，应当事先报经开户银行审查批准，由开户银行核定坐支范围和限额，同时收入的现金必须入账。

（4）开户单位从开户银行提取现金时，必须在现金支票上注明真实用途，不准谎报用途套取现金。

(5) 不准用借条、欠条等不符合财务制度的凭证顶替库存现金，即不得白条抵库。

(6) 不准利用银行账户代替其他单位或个人存入或支取现金，即不得出租或出借银行账户。

(7) 不准保留账外公款，即不得私设小金库。

任务二　现金收款业务

一、现金收入的主要来源

单位在办理经济业务时，可以根据国家现金管理制度的规定，在一定范围内收取现金。一般在以下几种情形下可以收取现金。

(1) 单位或职工交回的差旅费剩余款、赔偿款、备用金退回等。

(2) 收取不能转账的单位或个人的销售收入。

(3) 不足转账起点（起点一般为 100 元）的小额收入等。

除上述项目可直接收入现金外，其余收款业务原则上都必须通过银行转账结算。

知识拓展

备用金

备用金是指支付给单位内部非独立核算的部门或工作人员，作为零星开支、零星采购或差旅费等费用的款项。备用金根据管理制度可以分为定额备用金和非定额备用金。对于用款部门发生的零星开支用的备用金，可实行定额备用金制度，即由指定的备用金负责人按照规定的数额领取，支用后按规定手续集中办理报销，补足原定额。非定额备用金是指财务部门根据需要预付用款部门或个人一定数额的备用金，用款部门或个人使用后，凭单据报销，多退少补结清账款。

对于预支的备用金，拨付时可记入“其他应收款”科目的借方；报销和收回余款时记入该科目的贷方。在实行定额备用金制度的单位，除拨付、增加或减少备用金定额时通过“其他应收款”科目核算外，日常支用报销补足定额时都不要通过该科目，而将支用数直接记入有关成本类科目、费用类科目。非定额备用金的使用则视同一般借款。

二、现金收款业务流程

出纳人员办理现金收款业务一般会经历受理收款业务、当面点清现金、开具收据、编制记账凭证、登记库存现金日记账五个环节。现金收款业务的一般操作流程如图 3-1 所示。

（一）受理收款业务

该环节主要针对收到的相关凭证，审核凭证记录的业务内容是否完整、真实、准确，相关的手续是否齐全，有关责任人是否签字盖章等。

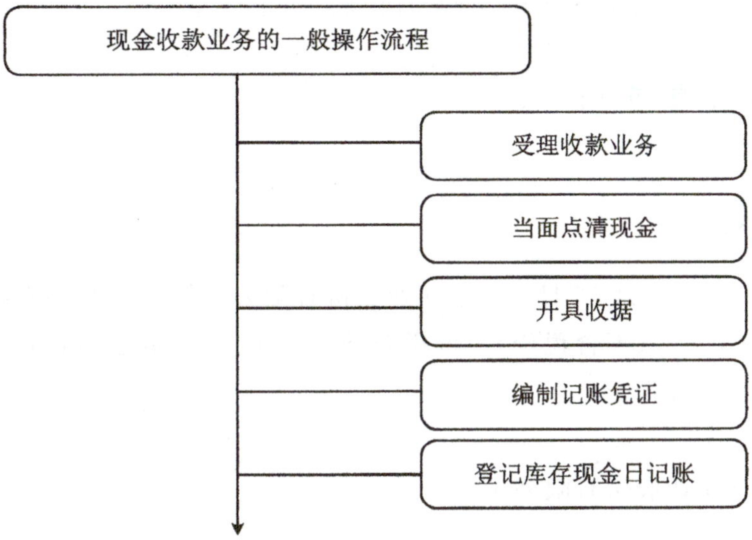

图 3-1　现金收款业务的一般操作流程

（二）当面点清现金

当确认所受理的凭证准确无误时，出纳人员应当面点清所收到的现金，并与付款人核对，保证收款依据和收款金额一致。

（三）开具收据

与付款人核对所收现金无误后，向付款人开具收款凭据。收据一般一式三联，第一联为存根联；第二联为交款人回执联，需加盖财务专用章；第三联为本单位记账依据联，需要加盖现金收讫章。收据的一般格式如图 3-2 所示。

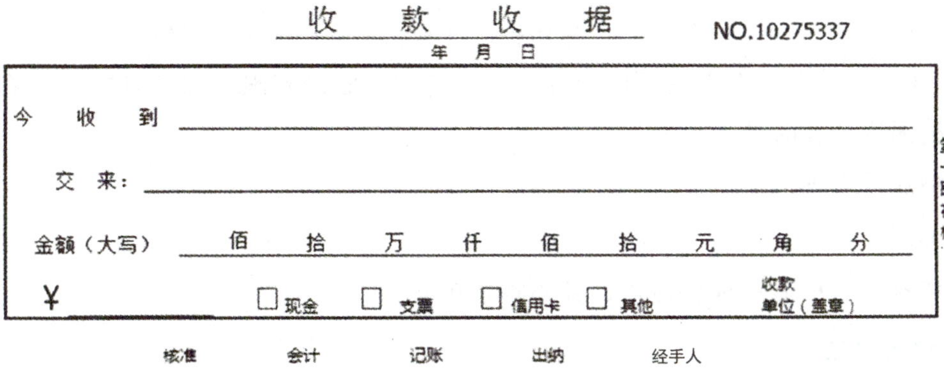

图 3-2　收据的一般格式

（四）编制记账凭证

根据所开具收据的记账联和相关凭证编制记账凭证，并在凭证“出纳”栏签章。

（五）登记库存现金日记账

根据审核无误的记账凭证登记库存现金日记账。

三、现金收款业务实例

（一）销售收款

【实例 3-1】2019 年 06 月 16 日，华盛实业股份有限公司销售 2 套网布椅给北京禾祥商贸有限公司，单价为 240 元（不含税价），价税合计 542.40 元。本公司收到现金，当日开具增值税普通发票，货已自提带走。

企业基本信息如下。

单位名称：华盛实业股份有限公司

单位简称：华盛公司

性质：股份有限公司、批发兼零售企业，增值税一般纳税人（税率 13%）

单位地址：北京海淀区翠微路 15 号

单位电话：01084061822

税务登记号：911101068022150462

开户银行：中国银行北京海淀支行

行号：141000982231

基本账户账号：4563510100888122489

法人代表：庄振忠

银行预留印章为：财务专用章和法定代表人私章，财务专用章由财务经理保管，法人章由总经理保管

会计部门人员安排如下。

出纳员：罗燕红　　　　会计员：苏伟轮、汪权闽　　　　财务经理：张士达

（注：上述公司信息、个人信息均为虚构，华盛实业股份有限公司的基本信息在此统一陈述，本书后续内容涉及时就不再复述。）

相关出纳业务处理如下。

1. 清点现金

出纳员罗燕红当场清点现金数量，并检查货币真伪。

2. 开具销售发票

出纳员罗燕红机开一式两联的增值税普通发票（见图 3-3），并交给会计员复核。会计员复核无误后，将第二联发票联交给购买方，第一联留存记账。

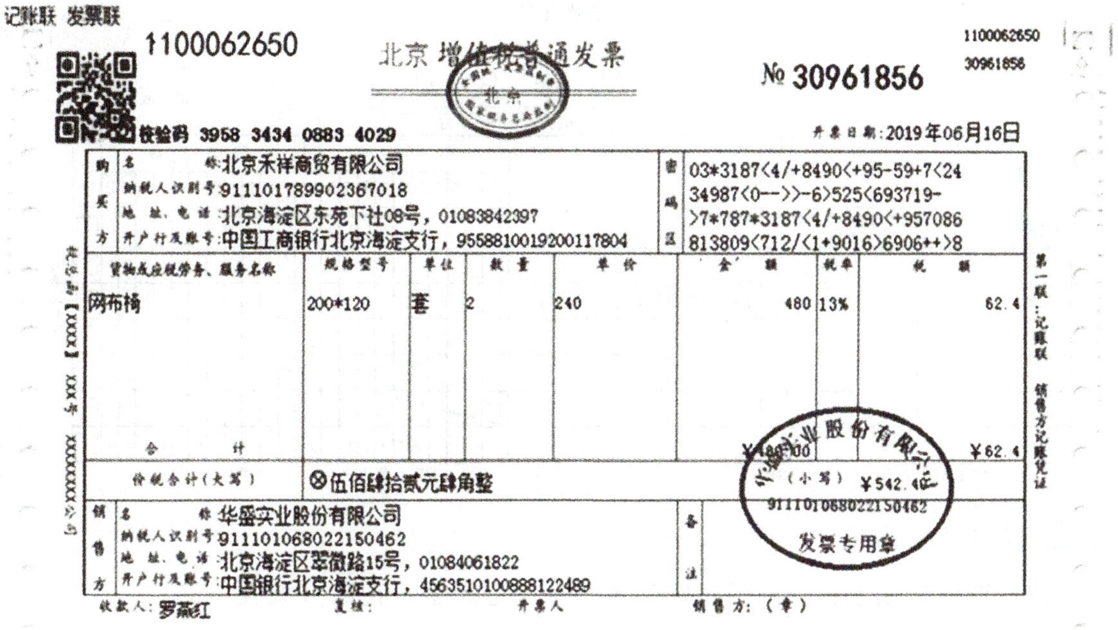

记账联 发票联

1100062650 北京增值税普通发票 1100062650 30961856

№ 30961856

校验码 3958 3434 0883 4029 开票日期：2019年06月16日

购买方	名称：北京禾祥商贸有限公司 纳税人识别号：911101789902367018 地址、电话：北京海淀区东苑下社08号，01083842397 开户行及账号：中国工商银行北京海淀支行，9558810019200117804			密码区	03*3187<4/+8490<+95-59+7<24 34987<0-->>-6>525<693719- >7*787*3187<4/+8490<+957086 813809<712/<1+9016>6906++>8		
货物或应税劳务、服务名称	规格型号	单位	数量	单价	金额	税率	税额
网布椅	200*120	套	2	240	480	13%	62.4
合计					¥480.00		¥62.4
价税合计（大写）	⊗伍佰肆拾贰元肆角整				（小写）¥542.40		
销售方	名称：华盛实业股份有限公司 纳税人识别号：911101068022150462 地址、电话：北京海淀区翠微路15号，01084061822 开户行及账号：中国银行北京海淀支行，4563510100888122489			备注			

收款人：罗燕红 复核： 开票人 销售方：（章）

第一联：记账联 销售方记账凭证

华盛实业股份有限公司 911101068022150462 发票专用章

图 3-3 增值税普通发票

知识拓展

增值税专用发票和增值税普通发票

增值税专用发票是由国家税务总局监制的，是增值税计算和管理中重要的、决定性的、合法的专用发票。只限于增值税一般纳税人领购使用，既作为纳税人反映经济活动中的重要会计凭证，又是兼记销货方纳税义务和购货方进项税额的合法证明。

增值税专用发票可以认证进行税额抵扣。增值税专用发票基本联次为三联：第一联为记账联，销售方用作记账凭证；第二联为抵扣联，购货方用作扣税凭证；第三联为发票联，购货方作为记账凭证。

增值税普通发票是将除商业零售以外的增值税一般纳税人纳入增值税防伪税控系统开具和管理，也就是说一般纳税人可以使用同一套增值税防伪税控系统开具增值税专用发票、增值税普通发票等，俗称“一机多票”。增值税普通发票是不可以认证进行税额抵扣的。

增值税普通发票基本联次为两联：第一联为记账联，销售方用作记账凭证；第二联为发票联，购买方用作记账凭证。

3. 编制记账凭证

出纳员罗燕红根据增值税普通发票第一联记账联，编制库存现金记账凭证（见表 3-1），并交给会计员苏伟轮审核。

表 3-1　　记账凭证

记　账　凭　证

记字第　1　号

2019 年　6 月 16 日

摘　　要	总账科目	明细科目	借方金额											贷方金额											√
			亿	千	百	十	万	千	百	十	元	角	分	亿	千	百	十	万	千	百	十	元	角	分	
收到货款	库存现金								5	4	2	4	0												□
	主营业务收入																			4	8	0	0	0	□
	应交税费	应交增值税(销项税额)																			6	2	4	0	□
																									□
																									□
																									□
合　　计								¥	5	4	2	4	0						¥	5	4	2	4	0	□

附单据 1 张

会计主管：　　记账：　　出纳：罗燕红　　复核：苏伟轮　　制单：罗燕红

4. 登记现金日记账

出纳员罗燕红根据审核无误的记账凭证登记库存现金日记账（见表 3-2）。

表 3-2　　库存现金日记账

现 金 日 记 账

第 3 页

2019 年		凭证		票据号数	摘要	借方									贷方									余额									核对
月	日	种类	号数			百	十	万	千	百	十	元	角	分	百	十	万	千	百	十	元	角	分	百	十	万	千	百	十	元	角	分	
06	01				承前页		8	1	3	2	0	0	0	0		8	1	2	0	9	8	0	0				5	0	0	0	0	0	□
06	16	记	1		收到货款					5	4	2	4	0													5	5	4	2	4	0	□
																																	□
																																	□
																																	□

同时，在凭证中的“记账”栏画上记账符号“√”，并在凭证下方加盖记账人签章。

（二）差旅费退回

【实例 3-2】2019 年 03 月 10 日，华盛实业股份有限公司采购员王忠交回差旅费余款现金 850.00 元。相关出纳业务处理如下。

1. 清点现金

出纳员罗燕红对交回的差旅费余额进行审核，核对余款是否与预借差旅费和实际报销金额的差额一致；当场清点现金数量并检查货币的真伪。

2. 填制收款收据

出纳员罗燕红根据实收现金填写一式三联的现金收款收据（见表 3-3），将第二联回执联加盖财务专用章后交给交款人王忠作为收执，剩余的第一联存根联和第三联记账联留存企业，并交给会计员苏伟轮审核。

表 3-3　　收款收据

收　款　收　据　　NO.10275386

2019 年 03 月 10 日

今　收　到　　王忠

交　来：　　差旅费余款

金额（大写）　零佰　零拾　零万　零仟　捌佰　伍拾　零元　零角　零分

¥ 850.00　　☑现金　☐支票　☐信用卡　☐其他　　收款单位（盖章）

第一联存根

核准　　会计　　记账　　出纳罗燕红　　经手人

收　款　收　据　　NO.10275386

2019 年 03 月 10 日

今　收　到　　王忠

交　来：　　差旅费余款

金额（大写）　零佰　零拾　零万　零仟　捌佰　伍拾　零元　零角　零分

¥ 850.00　　☑现金　☐支票　☐信用卡　☐其他　　收款单位（盖章）

第二联交对方

核准　　会计　　记账　　出纳罗燕红　　经手人

收　款　收　据　　NO.10275386

2019 年 03 月 10 日

今　收　到　　王忠

交　来：　　差旅费余款　　现金收讫

金额（大写）　零佰　零拾　零万　零仟　捌佰　伍拾　零元　零角　零分

¥ 850.00　　☑现金　☐支票　☐信用卡　☐其他　　收款单位（盖章）

第三联交财务

核准　　会计　　记账　　出纳罗燕红　　经手人

3. 编制记账凭证

出纳员罗燕红根据收款收据的第三联记账联，编制库存现金记账凭证（见表 3-4），并交给会计员苏伟轮审核。

4. 登记现金日记账

出纳员罗燕红根据审核无误的记账凭证登记库存现金日记账（略）。同时，在凭证中的“记账”栏划上记账符号“√”，并在凭证下方加盖记账人签章。

表 3-4　　记账凭证

记　账　凭　证

记字第　2　号

2019 年　03月 10 日

摘　要	总账科目	明细科目	借方金额（亿千百十万千百十元角分）	贷方金额（亿千百十万千百十元角分）	√
收到预借差旅费余款	库存现金		8 5 0 0 0		
	其他应收款	王忠		8 5 0 0 0	
合　计			¥ 8 5 0 0 0	¥ 8 5 0 0 0	

附单据 1 张

会计主管：　记账：　出纳：罗燕红　复核：苏伟轮　制单：罗燕红

任务三　现金付款业务

一、现金付款业务范围

企业在正常经营过程中，很多业务需要以现金支付。但现金支付必须符合中国人民银行制定的现金管理条例中的现金支付范围（参见项目三中的任务一）。

二、现金付款业务流程

现金付款可分为主动支付和被动支付两种。主动支付是指出纳主动将现金支付给收款单位或个人，如发放工资、奖金、薪金、津贴以及福利等现金支出。被动支付是指收款单位或个人持有关凭据到财务部门报领现金。

（一）主动支付

在主动支付的情况下，现金付款业务的一般操作流程如图 3-4 所示。

1. 编制付款单

根据单位管理制度规定，计算出应付款金额，并编制付款单。

2. 现金装袋

根据付款单内容将应支付的现金按个人或单位分别装入袋中。

3. 发放现金

将现金发放给收款人。若当面发放给收款人，应与收款人当面点清现金；若为他人代收，应有代收人签收的证明。

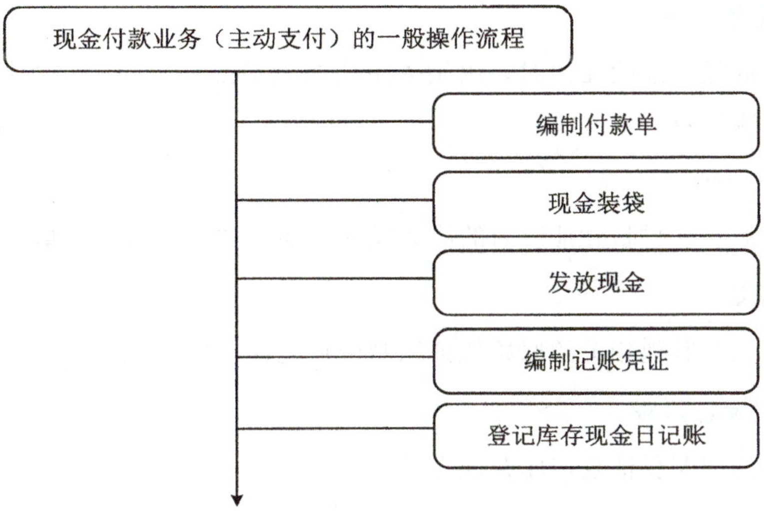

图 3-4 现金付款业务（主动支付）的一般操作流程

4. 编制记账凭证

根据付款单等资料编制记账凭证，并在凭证中的“出纳”栏签章。

5. 登记库存现金日记账

根据审核无误的记账凭证登记库存现金日记账。

（二）被动支付

在被动支付的情况下，其一般操作流程与现金收款业务类似，现金付款业务的操作流程如图 3-5 所示。

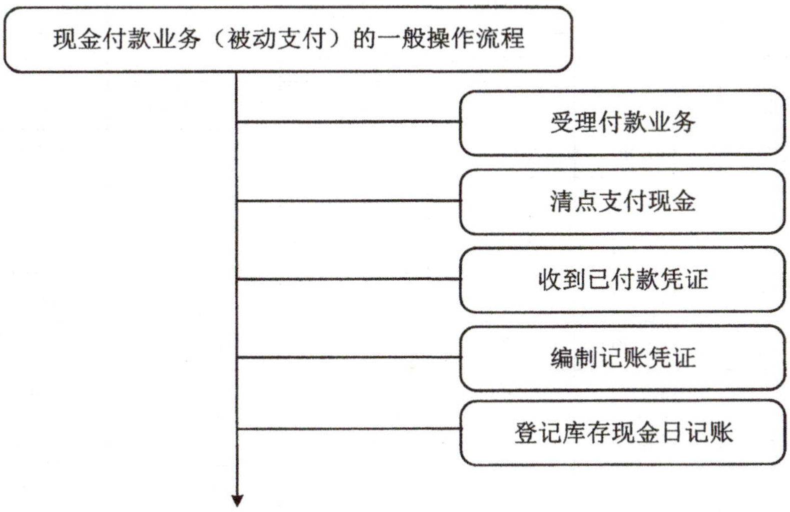

图 3-5 现金付款业务（被动支付）的一般操作流程

1. 受理付款业务

该环节主要复核现金付款凭证，审核凭证记录的业务是否真实、金额是否准确、相关的手续是否齐全、有关责任人是否签字盖章等。

2. 清点支付现金

当确认所受理的凭证准确无误时，出纳人员应当面清点并支付现金给收款人，保证支付金额和付款凭证金额一致。

3. 收到已付款证据

现金支付无误后，在付款凭证所附的原始凭证上加盖“现金付讫”章。

4. 编制记账凭证

根据付款凭证以及其他相关的原始凭证编制记账凭证，并在凭证中的“出纳”栏签章。

5. 登记库存现金日记账

根据审核无误的记账凭证登记库存现金日记账。

三、现金付款业务实例

（一）发放现金津贴

【实例 3-3】2019 年 09 月 28 日，华盛实业股份有限公司出纳员罗燕红收到经人事部门审核的本单位职工 9 月份的津贴汇总表（见表 3-5），要求发放现金津贴。

表 3-5　　华盛实业股份有限公司职工津贴汇总表

2019 年 9 月 28 日　　单位：元

序号	职工姓名	津贴			应发津贴	实发津贴	领取人签章
		岗位	学历	其他			
1	魏晓维	900.00	250.00	150.00	1 300.00	1 300.00	
2	罗燕红	750.00	150.00	100.00	1 000.00	1 000.00	
3	汪权闽	850.00	200.00	150.00	1 200.00	1 200.00	
4	张志经	800.00	200.00	100.00	1 100.00	1 100.00	
5	张士达	900.00	250.00	150.00	1 300.00	1 300.00	
6	宋瑞之	600.00	100.00	0.00	700.00	700.00	
7	孙忠全	550.00	100.00	0.00	650.00	650.00	
8	王忠	450.00	50.00	0.00	500.00	500.00	
9	马明	450.00	50.00	0.00	500.00	500.00	
10	王修	300.00	50.00	0.00	350.00	350.00	
	合计	6 550.00	1 400.00	650.00	8 600.00	8 600.00	

1. 复核津贴汇总表中金额

对津贴汇总表中的金额进行复核计算，对应发津贴和实发津贴进行核对，以确保津贴发放工作准确无误，检查审批手续是否完善。

2. 分装津贴入袋

出纳员罗燕红根据复核无误的津贴汇总表中的实际津贴付款金额清点现金，若不足，应从银行提取现金，以保证津贴发放工作顺利进行。出纳员罗燕红按照表中的人员姓名，将津贴款放入工资袋中。在全部的工资袋装好后，应进行复核检查，避免出现差错。

3. 发放津贴

现金发放时，如果是直接发放给收款人的，应该当面点清并由收款人签收；如果是他人代为收款的，由代收款人签收。

4. 编制记账凭证

出纳员罗燕红根据领款人签收的津贴汇总表，编制库存现金记账凭证（见表 3-6），并交给会计员苏伟轮审核。

表 3-6　　记账凭证

记 账 凭 证

2019 年 9 月 28 日　　　　记 字第 3 号

摘要	总账科目	明细科目	借方金额	贷方金额	√
发放津贴	应付职工薪酬		860000		
	库存现金			860000	
合计			¥860000	¥860000	

附单据 1 张

会计主管：　记账：　出纳：罗燕红　复核：苏伟轮　制单：罗燕红

5. 登记现金日记账

出纳员罗燕红根据审核无误的记账凭证登记库存现金日记账（见表 3-7）。

表 3-7　　库存现金日记账

现 金 日 记 账　　　　第 3 页

2019年 月	日	凭证 种类	凭证 号数	票据号数	摘要	借方	贷方	余额	核对
09	01				承前页	81320000	81209800	500000	
09	10	记	1		提取现金	500000		1000000	
09	21	记	2		销售收款	380000		1380000	
09	28	记	3		发放津贴		860000	520000	

同时，在凭证中的“记账”栏划上记账符号“√”，并在凭证下方加盖记账人签章。

（二）现金存入银行

【实例 3-4】2019 年 10 月 18 日，华盛实业股份有限公司出纳员罗燕红将当天的销售款送存开户银行（其中 100 元券 56 张、50 元券 35 张、10 元券 200 张）。相关出纳业务处理如下。

1. 核对并整理当天的销售款

出纳员罗燕红核对当天的销售业务，并清点当天的销售款，查看是否账款相符。

2. 现金送存开户银行

出纳员罗燕红将核对无误的销售款送存开户银行，填制现金解款单（见表 3-8）。

表 3-8　　现金解款单

回单 收入凭证

中国银行（ 北京 ）现金解款单（回 单）①

2019 年 10 月 18 日

收款单位	全 称	华盛实业股份有限公司	款项来源	销售款
	账 号	4563510100888122489	解款部门	华盛实业股份有限公司

		十	万	千	百	十	元	角	分
人民币（大写）：	玖仟叁佰伍拾元整		¥	9	3	5	0	0	0

票面	张数	种类	千	百	十	元	角	分
壹佰元	56	一元						
五十元	35	角票						
十元	200	分币						
五元		封包						
二元								

中国银行 北京海淀支行 2019.10.18 收讫（收款银行盖章）(01)

此联由银行盖章后退回单位

银行打印：

3. 编制记账凭证

出纳员罗红燕根据现金解款单的回单，编制库存现金记账凭证（见表 3-9），并交给会计员苏伟轮审核。

表 3-9　　记账凭证

记 账 凭 证

2019 年 10 月 18 日　　记字第 4 号

摘要	总账科目	明细科目	借方金额（亿千百十万千百十元角分）	贷方金额（亿千百十万千百十元角分）	√
现金存入银行	银行存款		935000		
	库存现金			935000	
合计			¥935000	¥935000	

附单据 1 张

会计主管：　记账：　出纳：罗燕红　复核：苏伟轮　制单：罗燕红

4. 登记现金日记账

出纳员罗燕红根据审核无误的记账凭证登记库存现金日记账（图略）。同时，在凭证中的“记账”栏划上记账符号“√”，并在凭证下方加盖记账人签章。

（三）预借差旅费

【实例 3-5】2019 年 06 月 27 日，华盛实业股份有限公司采购员宋瑞之前往上海出差，预借差旅费 4 500.00 元，请办理借款。相关出纳业务处理如下：

1. 审核借款单

出纳员罗燕红仔细审核经办人员宋瑞之填写的借款单（见表 3-10），核对借款事由是否符合现金支付的范围；审核是否按照企业相关财务会计制度的规定，依次经部门主管审核、财务主管等有关领导审批。

知识拓展

借款单

借款单属于单位内部自制原始凭证，是借款人借款的凭证。借用公款时，由借款人填写借款单（注明借款金额、日期、用途等），经办部门负责人、财务主管以及法人签字批准，方可办理借款手续，领取现金。在借款金额较大时，应附相关的明细支出项目及金额的预算申请书。

借款单一式三联：第一联为付款凭证，作为财务部门记账依据；第二联为结算凭证，借款期间由出纳留存，报销时作为核对依据，报销后随同报销单据作为记账凭证的附件；第三联交由借款人保存。

表 3-10　　借款人填写借款单

借 款 单

2019 年 06 月 27 日　　第089　号

借款部门	采购部	姓名	宋瑞之	事由	预借差旅费
借款金额（大写）	零 万 肆 仟 伍 佰 零 拾 零 元 零 角 零 分　¥ 4500.00				
部门负责人签署	同意　魏晓维	借款人签章	宋瑞之	注意事项	一、凡借用公款必须使用本单 二、出差返回后三天内结算
单位领导批示	同意　庄振忠	财务经理审核意见	同意　张士达		

2. 支付现金

出纳员罗燕红支付采购员宋瑞之人民币 4 500 元（见表 3-11），并在一式三联的借款单上加盖出纳人员印鉴和“现金付讫”章。

表 3-11　　出纳办理借款单

借　款　单

2019 年 06 月 27 日　　　　第089　　号

借款部门	采购部	姓名	宋瑞之	事由	预借差旅费
借款金额（大写）	零 万 肆 仟 伍 佰 零 拾 零 元 零 角	现金付讫	¥ 4500.00		
部门负责人签署	同意 魏晓维	借款人签章	宋瑞之	注意事项	一、凡借用公款必须使用本单 二、出差返回后三天内结算
单位领导批示	同意 庄振忠	财务经理审核意见	同意 张士达		

3. 编制记账凭证

出纳员罗燕红依据借款单第一联，编制库存现金记账凭证（见表 3-12），并将借款单粘贴在记账凭证背面，交给会计员苏伟轮审核。

表 3-12　　记账凭证

记　账　凭　证

2019 年　6 月 27 日　　　　记字第　5　号

摘　要	总账科目	明细科目	借方金额											贷方金额											√
			亿	千	百	十	万	千	百	十	元	角	分	亿	千	百	十	万	千	百	十	元	角	分	
预借差旅费	其他应收款	宋瑞之						4	5	0	0	0	0												
	库存现金																		4	5	0	0	0	0	
合　　计							¥	4	5	0	0	0	0					¥	4	5	0	0	0	0	

附单据 1 张

会计主管：　　记账：　　出纳：罗燕红　　复核：苏伟轮　　制单：罗燕红

4. 登记现金日记账

出纳员罗燕红根据审核无误的记账凭证登记库存现金日记账（略）。同时，在凭证中的“记账”栏划上记账符号“√”，并在凭证下方加盖记账人签章。

（四）差旅费报销

【实例 3-6】2019 年 06 月 05 日，华盛实业股份有限公司采购部孙忠全出差回来报销差旅费，出纳人员审核报销单并核销预借款，如果单据无误，则签章确认办理付款。相关出纳业务处理如下。

1. 审核出差人员递交的差旅费报销单

采购部孙忠全填写差旅费报销单（见表 3-13），相关负责人签章后交给出纳员罗红燕办理。出纳员需要对出差人递交的差旅费报销单上的金额、应补退金额、审批手续等信息进行审核，并与借款单第二联结算凭证中的相关信息进行核对。

表 3-13　　出差人员填写差旅费报销单

差旅费报销单

2019 年 06 月 05 日

所属部门				采购部	姓名 孙忠全	出差天数	自 06 月 01 日至 06 月 04 日共 03 天	
出差事由				采购	借旅支款	日期 2019年06月01日	金额¥3000.00	
						结算金额:¥3000.00		
出发		到达		起止地点	交通费	住宿费	伙食费	其他
月	日	月	日					
06	01	06	04	北京—上海		1040.00	2280.00	
合计				零拾零万叁仟叁佰贰拾零元零角零分 ¥3320.00				

总经理：庄振忠　财务经理：张士达　部门经理：魏晓维　会计：苏伟伦　出纳：　报销人：孙忠全

2. 支付现金

出纳员审核后，将人民币 320 元交给报销人员孙忠全，在差旅费报销单上加盖“现金付讫”章，并加盖出纳员印章（见表 3-14）。

表 3-14　　出纳审核差旅费报销单

差旅费报销单

2019 年 06 月 05 日

所属部门				采购部	姓名 孙忠全	出差天数	自 06 月 01 日至 06 月 04 日共 03 天	
出差事由				采购	借旅支款	日期 2019年06月01日	金额¥3000.00	
						结算金额:¥3000.00		
出发		到达		起止地点	交通费	住宿费	伙食费	其他
月	日	月	日					
06	01	06	04	北京—上海		1040.00	2280.00	
					现金付讫			
合计				零拾零万叁仟叁佰贰拾零元零角零分 ¥3320.00				

总经理：庄振忠　财务经理：张士达　部门经理：魏晓维　会计：苏伟伦　出纳：罗燕红　报销人：孙忠全

3. 编制记账凭证

出纳员罗燕红依据差旅费报销单，填制库存现金记账凭证（见表 3-15），交给会计员苏伟伦审核。

4. 登记现金日记账

出纳员罗燕红根据审核无误的记账凭证登记库存现金日记账（略）。同时，在凭证中的“记账”栏划上记账符号“√”，并在凭证下方加盖记账人签章。

表 3-15　　记账凭证

记　账　凭　证

记字第 6 号

2019 年 06 月 5 日

摘　要	总账科目	明细科目	借方金额											贷方金额											√
			亿	千	百	十	万	千	百	十	元	角	分	亿	千	百	十	万	千	百	十	元	角	分	
报销差旅费	管理费用	差旅费						3	3	2	0	0	0												□
	其他应收款	孙忠全																	3	0	0	0	0	0	□
	库存现金																			3	2	0	0	0	□
																									□
																									□
																									□
合　计							¥	3	3	2	0	0	0					¥	3	3	2	0	0	0	□

附单据 2 张

会计主管:　记账:　出纳: 罗燕红　复核: 苏伟轮　制单: 罗燕红

任务四　现金结算业务会计核算

一、库存现金记账凭证的编制

库存现金记账凭证是用来记录库存现金增加和现金减少业务的凭证，是由出纳人员根据审核无误的原始凭证收款后或者付款后编制的凭证。库存现金记账凭证可以使用现金收款凭证、现金付款凭证，或者使用通用记账凭证。本书以通用记账凭证为例，空白的记账凭证如表 3-16 所示。

表 3-16　　空白的记账凭证

记　账　凭　证

字第　号

年　月　日

摘　要	总账科目	明细科目	借方金额											贷方金额											√
			亿	千	百	十	万	千	百	十	元	角	分	亿	千	百	十	万	千	百	十	元	角	分	
																									□
																									□
																									□
																									□
																									□
																									□
合　计																									□

附单据　张

会计主管:　记账:　出纳:　复核:　制单:

库存现金记账凭证的编制要求如下。

（1）库存现金记账凭证根据审核无误的原始凭证编制。

（2）填写日期。根据实际编制的现金收款凭证或付款凭证的日期填写。

（3）填写凭证编号。每月按照收、付款业务发生的先后顺序依次编号。

（4）填写摘要。根据业务发生情况，总结摘要。摘要既要简练，又要明确反映业务内容。

（5）填写借、贷方总账科目及明细科目。

（6）填写借、贷方金额以及合计金额。借、贷方金额根据发生金额填写，并将各行金额进行合计，合计金额应书写“¥”符号。如果借、贷方金额行与合计金额间留有空白行，应在金额列中将多余的行划线注销。

（7）填写附件张数。根据后附的原始凭证张数填写。

（8）填写记账符号。出纳人员登记完库存现金日记账后打“√”，以防止漏记、重记。

（9）相关人员签字。一般按照“制单一复核一出纳一记账一会计主管”的顺序传递凭证，相关人员签字或盖章，以明确责权。如果企业的库存现金记账凭证是由出纳人员编制的，那么出纳人员应最先在制单与出纳处签字。

二、库存现金日记账的建立、登记、结账及更正

库存现金日记账是用来核算和监督库存现金每天的收入、支出以及结存情况的序时账簿。它是由单位出纳人员根据审核无误的现金收、付款凭证和从银行提现的银行付款凭证逐笔进行登记而成的。每日业务终了时，应计算并登记当日现金收入合计数、现金支出合计数以及账面结余额，并核对库存现金日记账的账面余额与库存现金实用数，借以检查每日现金收入、付出和结存情况。为了确保账簿的安全、完整，手工现金日记账必须采用订本式账簿，其账页格式一般采用“收入”（借方）、“支出”（贷方）和“余额”三栏式（见表 3-17）。

表 3-17　　空白现金日记账账页

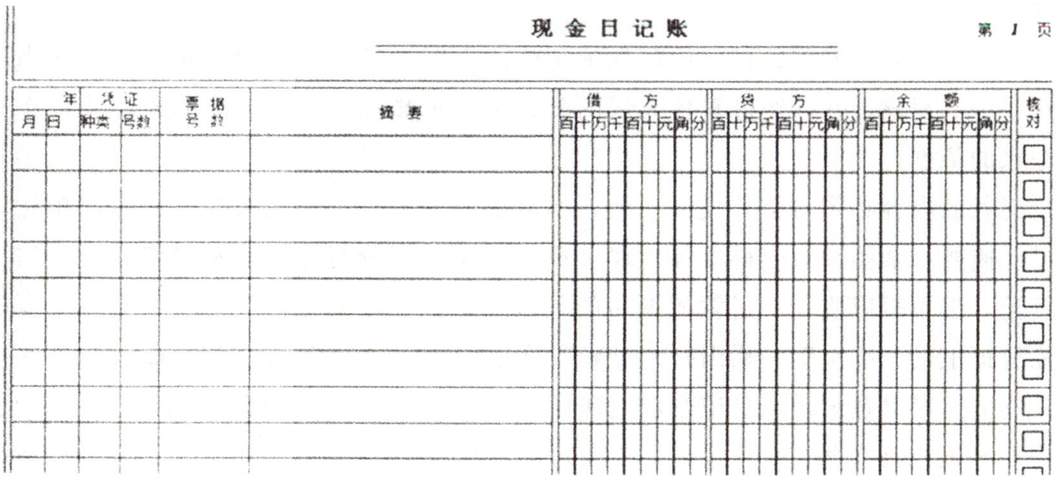

现金日记账　　第 1 页

年		凭证		票据号数	摘要	借方	贷方	余额	核对
月	日	种类	号数			百十万千百十元角分	百十万千百十元角分	百十万千百十元角分	

（一）现金日记账的建立

现金日记账是各单位重要的经济档案之一，为保证账簿使用的合法性，明确经济责任，

防止舞弊行为，保证账簿资料的完整和便于查找，各单位在启用时，首先要按规定内容逐项填写“账簿启用表”和“账簿目录表”。在“账簿启用表”中，应写明单位名称、账簿名称、账簿编号和启用日期；在经管人员一栏中写明经管人员姓名、职别、接管或移交日期；由会计主管人员签名盖章，并加盖单位公章。如在一本日记账中设置两个以上现金账户的，应在第二页“账簿目录表”中注明账户的名称和页码，以方便登记和查核。库存现金日记账“账簿启用表”格式如表 3-18 所示。

表 3-18　账簿启用及交接表

账簿启用及交接表

机构名称		印鉴
账簿名称	（第　册）	
账簿编号		
账簿页数	本账簿共计50　页（本账簿页数 检点人盖章　）	
启用日期	公元　年　月　日	

经管人员	负责人		主办会计		复核		记账	
	姓名	盖章	姓名	盖章	姓名	盖章	姓名	盖章

接交记录	经管人员		接管				交出			
	职别	姓名	年	月	日	盖章	年	月	日	盖章

备注	

（二）现金日记账的登记

1. 现金日记账登记的要求

（1）根据复核无误的收、付款记账凭证记账。出纳人员在办理收、付款时，应当对记账凭证进行仔细的复核，并以经过复核无误的收、付款记账凭证和其所附的原始凭证作为登记现金日记账的依据。

（2）记载的内容必须与会计凭证一致，不得随便增减。每一笔账都要记明记账凭证的日期、编号、摘要、金额和对应科目等。现金日记账应逐笔分行记录，不得将收、付款记账凭证合并登记，也不得以收款、付款相抵后的差额登记。登记完毕，应当逐项复核，复核无误后在记账凭证上的“账页”一栏内打“过账”符号“√”，表示已经登记入账。

（3）逐笔、序时登记现金日记账，做到日清月结。为了及时掌握现金收、付和结余情况，现金日记账必须当日账务当日记录，并于当日结出余额。

（4）必须连续登记，不得跳行、隔页，不得随便更换账页和撕去账页。现金日记账采用订本式账簿，其账页不得以任何理由撕毁，作废的账页也应留在账簿中。如不慎发生跳行、隔页时，应在空行或空页中间划线加以注销，或者注明“此行空白”或“此页空白”字样，并由记账人员盖章，以示负责。

（5）文字和数字必须整洁清晰，准确无误。在账簿上书写时，不要简化书写，不得使用同音异义字，不得自创字体；摘要文字书写时紧靠左线；金额数字要写在金额栏内，不可越格错位、参差不齐，严格按照项目二任务一中的书写规范书写数字。

（6）使用钢笔和签字笔（蓝色笔或黑色笔）书写，不得使用圆珠笔或铅笔书写。冲销错误记录和会计制度中规定用红字登记的业务，可以用红色墨水记账。

（7）账页记完后，必须按规定转页。为便于计算现金日记账中连续记录的累计数额，并使前后账页的合计数据相互衔接，在账页登记完毕结转下页时，应结出此页发生额合计数及余额，写在本页最后一行和下页第一行的有关栏内，并在摘要栏注明“转下页”和“承前页”字样。

（8）现金日记账必须逐日结出余额，每月月末必须按规定结账。现金日记账原则上不得出现贷方余额（或红字余额）。

2. 现金日记账登记的方法

登记库存现金日记账时，除了遵循账簿登记的基本要求外，还应注意以下栏目的填写方法。

（1）日期栏。登记记账凭证的日期，现金日记账一般依据记账凭证登记，因此应与现金实际收付日期一致。

（2）凭证编号栏。登记入账的收、付款凭证的种类和编号。在企业采用专用凭证格式，根据现金收款凭证登记现金日记账时，填入“收×号”；在企业采用通用凭证格式，根据记账凭证登记现金日记账时，填入“记×号”。

（3）摘要栏。在本栏中简要说明登记入账的经济业务内容，力求简明扼要。

（4）对方科目栏。登记现金收入的来源科目或支出的用途科目。在填写对应科目时，应注意以下几点。

①对应科目只填总账科目，不需填写明细科目。

②当对应科目有多个时，应填入主要对应科目，如销售产品收到现金，则“库存现金”的对应科目有“主营业务收入”和“应交税费”，此时可在对应科目栏中填入“主营业务收入”，在借方金额栏中填入取得的现金总额。

③当对应科目有多个且不能从科目上划分出主次时，可在对应科目栏中填入其中金额较大的科目，并在其后加上“等”字。

（5）借方、贷方金额栏。登记现金实际收付的金额。

（6）余额栏。应根据“本行余额－上行余额＋本行借方”或“本行余额－上行余额－本行贷方”公式计算填入。

（三）现金日记账的结账

库存现金日记账的结账方式如下。

1. 结出余额

每日记完最后一笔数据，结出当日余额，同时与库存现金核对相符。

2. 结出本期发生额

结出本期发生额分为日结和月结两种。

（1）日结。库存现金日记账须按日结出当日发生额，并在该栏下划一道通栏红线，加计本日收入发生额和本日支出发生额，在“摘要”栏内注明“本日合计”，再在下面划一道通栏红线，“本日合计”的余额栏可以不填余额。

（2）月结。库存现金日记账须按月结出本月发生额，每月最后一笔数据登记完并加计“本日合计”后，在下面一行结出本月发生额。方法是把每日的收入发生额和支出发生额累计起来，在“摘要”栏内注明“本月合计”字样，再在下面划一道通栏红线即可。

3. 年末结转

年度终了，在库存现金日记账的最后一笔数据结出“本日合计”金额和余额、“本月合计”金额和余额后，同时在下面划两道通栏红线，表示本年已全部记完现金收支业务，并在下一行“摘要”栏内注明“结转下年”，这样年末现金余额自动结转下一年的年初，不需要人为把余额调平。年末余额结转后库存现金日记账的账页有空行的不必划销。年初要换新账本时，将上年的期末余额作为下年的期初额，在“摘要”栏内注明“上年结转”即可。

小贴士

为了及时掌握现金收款、付款和结余情况，库存现金日记账必须当日账务当日记录，并于当日结出余额。实际工作中，很多企业都没有合计本日的发生额，具体请根据企业的规定进行登记填写。各企业对本日合计的划线方式也有所不同，有的是在本日合计栏上、下各划一条通栏的单红线，具体请根据企业以往的登记方式进行登记填写。

（四）现金日记账的更正

库存现金日记账在记录过程中发生错误时，必须按规定方法更正。为了提供在法律上有证明效力的核算资料，保证库存现金日记账的合法性，账簿记录不得随意涂改，严禁刮、擦、挖、补，或使用化学药物清除字迹。如发现差错，常用的错账更正方法有划线更正法、红字更正法和补充登记法。

1. 划线更正法

在登账后、结账前，发现日记账登记有误，但记账凭证编制无误，即纯属账簿记录中的文字或数字笔误，可以使用划线更正法。

更正方法：将错误的文字或数字划一条红线予以注销，然后将正确的文字或数字用蓝字或黑字写在被注销的文字或数字上方，并由记账人员在更正处签章，以明确责任。

2. 红字更正法

红字更正法又称红字冲销法，一般适用于以下两种情况。

（1）记账后，发现记账凭证所记的科目或金额有错误，从而导致账簿记录发生错误。

更正方法：先用红字填制一张与原错误的记账凭证完全相同的记账凭证，并登记入账，以便冲销原错误的账簿记录；同时再用蓝字或黑字填制一张正确的记账凭证，在“摘要”栏注明“更正×××号凭证”字样，然后登记入账。

(2) 记账后，发现记账凭证中应借、应贷的会计科目没有错误，只是记账凭证和账簿记录中的所记金额大于应记金额。

更正方法：将多记的金额用红字填制一张与原错误记账凭证内容完全相同的记账凭证，并登记入账，以冲销多记的金额。

3. 补充登记法

记账后，发现记账凭证中应借、应贷的会计科目无误，只是记账凭证和账簿记录中的所记金额小于应记金额。

更正方法：将少记的金额用蓝字或黑字填制一张与原错误记账凭证内容完全相同的记账凭证，并登记入账。

三、库存现金的清查

库存现金清查是指通过实地盘点库存现金，查明其实有数，将实有数与账面数进行核对，确定账面余额和实际金额是否一致，是否存在短缺或溢余的专项工作。清查的库存现金包括人民币和各种外币。

库存现金的清查是对出纳工作的一种监督管理，是保证账实相符、保障库存现金资产安全的基本措施。

（一）库存现金清查的种类

库存现金的清查包括两种情况：一是由出纳人员每日清点库存现金实有数，并与现金日记账结余额相核对；二是由清查小组对库存现金进行定期或不定期的清查。

（二）库存现金清查的范围

在出纳人员坚持日清月结制度，对库存现金进行检查、清查的基础上，为了加强对出纳工作的监督，及时发现可能发生的现金差错或丢失，防止贪污、盗窃、挪用公款等不法行为的发生，确保库存现金安全完整，各单位应建立库存现金清查制度，由有关领导和专业人员组成清查小组，定期或不定期地对库存现金情况进行清查盘点。清查的内容主要包括账款是否相符、白条抵库、私借公款、挪用现金、超限额留存现金、坐支现金等。在整个清查现金过程中出纳人员应始终在场，并给予积极配合，直至清查结束。

（三）库存现金的清查方法和程序

库存现金的清查通过实地盘点法，确定库存现金的实存数，再与现金日记账的账面结余额进行核对，以查明盈亏情况，盘点时，出纳人员必须在场，发现盘盈或盘亏，应填制“现金盘点报告表”，并由盘点人员和出纳人员签章。

一般来说，现金清查多采用突击盘点方法，不预先通知出纳人员，以防预先做手脚，盘点时间最好在一天业务没有开始之前或一天业务结束后，这样可以避免干扰正常的工作。清查小组清查程序如下。

首先，在盘点前，出纳人员应先将现金收、付凭证全部登记入账，并结出余额。

其次，在盘点前，出纳人员必须在场，现金由出纳人员经手盘点，清查人员在旁监督。盘点时，除查明账实是否相符外，还要查明有无违反现金管理规定，有无以白条抵冲现金，现金库存是否超过核定的限额，有无坐支现金等。

最后，盘点结束，清查人应根据盘点结果填制“库存现金盘点报告表”，填写账存金额、实存金额以及盘盈或盘亏金额，盘点人员和出纳人员签章后，上报有关部门或负责人进行处理。作为重要的原始凭证，它具有“盘存单”和“实存账存对比表”的作用。

（四）库存现金清查结果的业务处理

【实例 3-7】2019 年 06 月 02 日，华盛实业股份有限公司实地盘点库存现金，盘点金额库存现金为 840.00 元，现金日记账的结存余额为 860.00 元，根据信息，填制库存现金盘点表并做出相关的业务处理。

（1）填写库存现金盘点表（见表 3-19）。

表 3-19　　库存现金盘点表（盘亏）

库存现金盘点表

2019 年 06 月 02 日　　编号 0602

账存金额	实存金额	盘盈	盘亏	备注
¥860.00	¥840.00		¥20.00	

监盘人（签章）：苏伟轮　　盘点人（签章）：罗燕红

（2）编制记账凭证（见表 3-20）。

表 3-20　　记账凭证（盘亏审批前）

记 账 凭 证

2019 年 06 月 02 日　　记字第 7 号

摘要	总账科目	明细科目	借方金额											贷方金额											√
			亿	千	百	十	万	千	百	十	元	角	分	亿	千	百	十	万	千	百	十	元	角	分	
现金短款	待处理财产损益	待处理流动资产损益								2	0	0	0												
	库存现金																				2	0	0	0	
合计									¥	2	0	0	0							¥	2	0	0	0	

附单据 1 张

会计主管：　记账：　出纳：罗燕红　复核：　制单：

（3）审批后处理。根据盘点差异的处理意见，追究出纳人员保管不善的责任，要求其承担 20 元赔偿责任。会计员苏伟轮当日收到出纳员罗燕红赔偿款 20 元，并开具现金收款收据（图略）。

（4）编制记账凭证。出纳员罗燕红根据收款收据的第三联等有关单证编制盘亏处理业务的记账凭证（见表 3-21），交给会计苏伟轮审核。

表 3-21 记账凭证（盘亏审批后）

记 账 凭 证

记字第 8 号

2019 年 06月 02 日

摘要	总账科目	明细科目	借方金额											贷方金额											√
			亿	千	百	十	万	千	百	十	元	角	分	亿	千	百	十	万	千	百	十	元	角	分	
处理现金短款	其他应收款	罗燕红								2	0	0	0												
	待处理财产损益																				2	0	0	0	
合计									¥	2	0	0	0							¥	2	0	0	0	

附单据 1 张

会计主管：　记账：　出纳：罗燕红　复核：苏伟轮　制单：罗燕红

知识拓展

库存现金盘亏时待查明原因后的处理

1. 应由责任人赔偿的部分，借记“其他应收款——×××”账户，贷记“待处理财产损益”账户。

2. 如属于无法查明的其他原因，应作为管理费用处理。借记“管理费用”账户，贷记“待处理财产损益”账户。

【实例 3-8】 2019 年 08 月 31 日，华盛实业股份有限公司实地盘点库存现金，盘点金额库存现金为 400.00 元，现金日记账的结存余额为 330.00 元，根据信息，填制“库存现金盘点表”并做出相关的业务处理。

（1）填写“库存现金盘点表”（见表 3-22）。

表 3-22 库存现金盘点表（盘盈）

库存现金盘点表

2019 年 08 月 31 日　　编号 0831

账存金额	实存金额	盘盈	盘亏	备注
¥330.00	¥400.00	¥70.00		

监盘人（签章）：苏伟轮　　盘点人（签章）：罗燕红

（2）编制记账凭证（见表 3-23）。

表 3-23 记账凭证（盘盈审批前）

记 账 凭 证

记字第 9 号

2019 年 08 月 31 日

摘要	总账科目	明细科目	借方金额											贷方金额											✓
			亿	千	百	十	万	千	百	十	元	角	分	亿	千	百	十	万	千	百	十	元	角	分	
现金长款	库存现金									7	0	0	0												
	待处理财产损益	待处理流动资产损益																			7	0	0	0	
合计									¥	7	0	0	0							¥	7	0	0	0	

附单据 1 张

会计主管： 记账： 出纳：罗燕红 复核： 制单：

（3）审批后处理。

根据库存现金长款的处理意见，属于无法查明的原因，记入“营业外收入”账户。

（4）编制记账凭证。

出纳员罗燕红根据库存现金长款的处理意见书编制记账凭证（见表 3-24），交给会计员苏伟轮审核。

表 3-24 记账凭证（盘盈审批后）

记 账 凭 证

记字第 10 号

2019 年 08 月 31 日

摘要	总账科目	明细科目	借方金额											贷方金额											✓
			亿	千	百	十	万	千	百	十	元	角	分	亿	千	百	十	万	千	百	十	元	角	分	
现金长款处理	待处理财产损益									7	0	0	0												
	营业外收入																				7	0	0	0	
合计									¥	7	0	0	0							¥	7	0	0	0	

附单据 1 张

会计主管： 记账： 出纳：罗燕红 复核：苏伟轮 制单：罗燕红

知识拓展

库存现金盘盈待查明原因时的处理

1. 属于应支付给有关人员或单位的，应借记“待处理财产损益”账户，贷记“其他应付款——×××”账户。

2. 如属于无法查明原因的库存现金长款，经批准后，记入“营业外收入”账户。借记“待处理财产损益——待处理流动资产损益”账户，贷记“营业外收入”账户。

思考练习

1. 在我国，负责现金管理的国家机关是什么？
2. 现金日记账要求采用哪种账簿？
3. 开户单位不可以使用现金的是什么？
4. 对库存现金清查采用的方法是什么？
5. 库存现金清查的内容主要包括哪些？
6. 登记库存现金日记账发生错误时，根据差错采用什么方法更正？
7. 依据《现金管理暂行条例》，开户单位办理现金收、付款业务应当遵循哪些基本原则？
8. 依据《现金管理暂行条例》，简述库存现金支付的范围。

项目四 银行结算业务处理

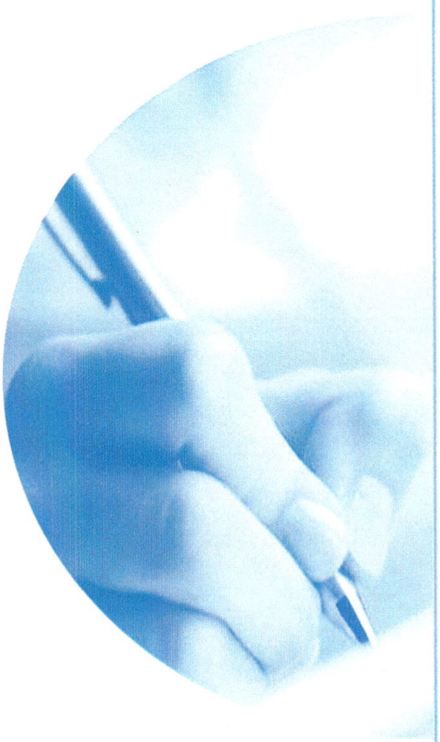

学习目标

- 了解银行账户开设与管理的基础知识；
- 熟练掌握各种银行结算凭据的填制方法；
- 理解掌握各种银行业务处理程序；
- 熟练掌握银行存款日记账的登记方法；
- 了解银行存款余额调节表的格式；
- 掌握银行存款余额调节表的编制方法；
- 了解出纳报告单的格式；
- 掌握出纳报告单的编制方法。

案例导入

昌盛公司是一家食品加工企业，公司前景很好，现准备开设一分公司，需招聘一名出纳员，2022届高职院校会计专业毕业生刘英到该公司应聘，被昌盛公司录用到分公司担任出纳员，刘英该如何开设银行账户，面对众多的结算业务，该如何选择结算方法并办理结算业务？

任务一 银行账户开设与管理

银行账户又称为银行存款账户或存款账户，是指机关、团体、部队、企业、事业单位、个体工商户和个人（以下简称存款人）在中国境内的银行金融机构（以下简称银行）开立的人民币存款、支取、转账结算和贷款户头的总称。按照资金的不同性质、用途和管理要求，存款账户可分为基本存款账户、一般存款账户、临时存款账户和专用存款账户四种。

一、基本存款账户

基本存款账户是指存款人办理日常转账结算和现金收付的账户。存款人的工资、奖金等现金支出，只能通过基本存款账户办理。一般情况下，存款人只能开立一个基本存款账户，它是独立核算单位在银行开立的主要账户。

（一）开设基本存款账户的条件

根据《人民币银行结算账户管理办法》的规定，可以申请开立基本存款账户的存款人有：企业法人；非法人企业；机关、事业单位；团级（含）以上军队、武警部队及分散执勤的支（分）队；社会团体；民办非企业组织；外地常设机构；外国驻华机构；个体工商户；居民委员会、村民委员会、社区委员会；单位设立的独立核算的附属机构；其他组织。

（二）开设基本存款账户应向开户银行提交的证件和资料

不同的存款人开设基本存款账户应向开户银行提交的证件和资料各不相同，企业开设基本存款账户应向开户银行提交的证件和资料如下。

（1）企业营业执照（正本）或登记证书、批文原件和复印件。

（2）法人代表身份证原件和复印件，由委托人代办的还应出具委托书和被委托人的身份证原件和复印件。

（3）单位行政公章、财务专用章、法人代表或财务负责人印章。

（三）申请开立基本存款账户的手续

存款人申请开立基本存款账户应填制开户申请书（如表 4-1 所示），提供证明自身达到开立银行账户条件的证件，即开户证明，并送交盖有存款人印章的“印鉴卡片”（如表 4-2 所示），经银行审核同意即可开立该账户。

表 4-1　　××银行开立单位银行结算账户申请书

交易代码：　　申请日期：　　年月　　日　　编号：

银行打印						
存款人名称				电　话		
地　址				邮　编		
存款人类别		组织机构代码				
法定代表人（　） 单位负责人（　）	姓　名					
	证件种类		证件号码			
行业分类	A（　）B（　）C（　）D（　）E（　）F（　）G（　）H（　）I（　） J（　）K（　）L（　）M（　）N（　）O（　）P（　）Q（　）R（　） S（　）T（　）					
注册资金		地区代码		经营范围		
证明文件种类			证明文件编号			
税务登记证编号						
账户性质	基本（　）　一般（　）　专用（　）　临时（　）　验资/增资（　）					
资金性质			有效日期至	年　月　日		
支取方式	凭印鉴支取		凭密码支取		备注	
以下为存款人上级法人或主管单位信息						
上级法人或主管单位名称						
基本存款账户开户许可证核准号				组织机构代码		
法定代表人（　） 单位负责人（　）	姓　名					
	证件种类		证件号码			
以下栏目由开户银行审核后填写						
开户银行名称			开户银行代码			
账户名称			账　号			
基本存款账户开户许可证核准号			开户日期			

续表

<table>
<tr><td colspan="2">本存款人申请开立单位银行结算账户，并承诺所提供的开户资料真实、有效。
存款人（公章）：　　法定代表人或
负责人（签章）：
年　月　日</td><td colspan="2">开户银行审核意见：
经办人（签章）：
主办会计（签章）：
银行（签章）：
年　月　日</td></tr>
<tr><td>人民银行审核意见：
（非核准类账户除外）</td><td colspan="2">经办人（签章）：</td><td>人民银行（签章）：
年　月　日</td></tr>
</table>

填表说明：

（1）申请开立临时存款账户，必须填列有效日期；申请开立专用存款账户，必须填列资金性质。

（2）该行业标准由银行在营业场所公告，“行业分类”中各字母代表的行业种类如下：A. 农、林、牧、渔业；B. 采矿业；C. 制造业；D. 电力、燃气及水的生产供应业；E. 建筑业；F. 交通运输、仓储和邮政业；G. 信息传输、计算机服务及软件业；H. 批发和零售业；I. 住宿和餐饮业；J. 金融业；K. 房地产业；L 租赁和商务服务业；M. 科学研究、技术服务和地质勘查业；N. 水利、环境和公共设施管理；O. 居民服务和其他服务业；P. 教育业；Q. 卫生、社会保障和社会福利业；R. 文化、教育和娱乐业；S. 公共管理和社会组织；T. 其他行业。

（3）带括号的根据选项在括号内填“√”。

（4）本申请书一式三联：一联开户行留存；一联中国人民银行当地分支行留存；一联存款人留存。

表 4-2　××银行××分行印鉴卡

<table>
<tr><td colspan="2">户名</td><td>联系人</td></tr>
<tr><td colspan="2">账号</td><td>电话</td></tr>
<tr><td colspan="2">地址</td><td>邮编</td></tr>
<tr><td>印鉴公章（财务专用章）</td><td>法定代表人或其
授权代理人名章</td><td>启用日期　　年　月　日</td></tr>
<tr><td></td><td></td><td>备注</td></tr>
</table>

（四）基本存款账户的变更和撤销

各单位变更账户名称或撤销基本存款账户，必须按规定办理有关手续。存款单位申请改变账户名称的，应撤销原账户，按规定再开立新账户；存款单位撤销账户，必须与开户银行核对账户余额并结算利息，全部核对无误后开出支取凭证结算余额，同时将未用完的各种重要空白凭证（未用的银行汇票、商业汇票、银行本票、支票、信用卡卡片）交回银行，经开户银行审查同意后，由办理销户的存款单位填制好一式四联的《单位申请撤销（转）银行账户审批表》，开户银行据以办理销户。《单位申请撤销（转）银行账户审批表》第一联由开户单位留存，第二、第三、第四联由开户银行凭以销户和存查。其基本格式如表 4-3 所示。

表 4-3　中国人民银行××市分行

单位申请撤销（转）银行账户审批表

<table>
<tr><td rowspan="6">单位基本情况</td><td>单位名称</td><td colspan="5"></td></tr>
<tr><td>地　　址</td><td colspan="5"></td></tr>
<tr><td>开 户 行</td><td></td><td>账号</td><td></td><td>账户性质</td><td></td></tr>
<tr><td>经济性质</td><td></td><td></td><td></td><td></td><td></td></tr>
<tr><td>法人代表</td><td></td><td></td><td></td><td></td><td></td></tr>
<tr><td>有关证件</td><td></td><td></td><td></td><td></td><td></td></tr>
<tr><td>销（转）户理由</td><td colspan="6">单位（公章）
年　月　日</td></tr>
<tr><td>开户行审核意见</td><td colspan="3">负责人（签章）：
经办人（签章）：
年　月　日</td><td>预留银行印鉴</td><td colspan="2"></td></tr>
<tr><td>人民银行审核意见</td><td colspan="6">负责人（签章）：
经办人（签章）：
年　　月　　日</td></tr>
</table>

由人民银行留存归档

另外，开户银行对于 1 年（按对月对日计算）未发生收付活动的账户，会通知存款单位销户，存款单位应自发出通知起 30 日内到开户银行办理销户手续，逾期视同自愿销户。

二、一般存款账户

一般存款账户是存款人因借款或其他结算需要，在基本存款账户开户银行以外的银行营业机构开立的银行结算账户。如附属非独立核算单位在距离主管单位较远的情况下，为了方便非独立核算的附属单位款项收付而另行开立的账户，是基本存款账户的延伸和补充。一般经银行审查同意后，在就近银行开设。存款单位可以通过本账户办理转账结算和现金缴存，但不能办理现金支取。一个单位不得在同一家银行的几个分支机构开立一般存款账户。

（一）开立一般存款账户的条件

存款单位可以申请开立一般存款账户的情况有：在基本存款账户以外的银行取得的借款；与基本存款账户的存款单位不在同一地点的附属非独立核算单位。

（二）开立一般存款账户应出具的证明

存款单位申请开立一般存款账户，应向开户银行出具下列证明文件之一。

（1）借款合同或借款借据。

（2）基本存款账户的存款单位同意其附属的非独立核算单位开户的证明。

（三）一般存款账户的开立和撤销

存款单位申请开立一般存款账户，应填制开户申请书，提供规定的证明文件，送交盖有存款单位印章的印鉴卡片，经银行审核同意后开立账户。具体手续可参照基本存款账户办理。

一般存款账户的撤销与基本存款账户相同，不再赘述。

三、临时存款账户

临时存款账户是存款人因临时需要并在规定期限内使用而开立的银行结算账户。用于办理临时机构以及存款人临时经营活动发生的资金收付。临时存款账户应根据有关开户证明文件确定的期限或存款人的需要确定其有效期限，最长不得超过 2 年。临时存款账户支取现金，应按照国家现金管理的规定办理。注册验资时的临时存款账户在验资期间只收不付。

（一）开立临时存款账户的条件

存款单位可以申请开立临时存款账户的情况有：设立临时机构；异地临时经营活动；注册验资、增资。

（二）开立临时存款账户需要出具的证件

存款单位申请开立临时存款账户，应向开户银行出具下列证明文件之一。

（1）临时机构，应出具其驻在地主管部门同意设立临时机构的批文。

（2）异地建筑施工及安装单位，应出具其营业执照正本或其隶属单位的营业执照正本，以及施工及安装地建设主管部门核发的许可证或建筑施工及安装合同。

（3）异地从事临时经营活动的单位，应出具其营业执照正本以及临时经营地工商行政管理部门的批文。

（4）注册验资，应出具工商行政管理部门核发的企业名称预先核准通知书或有关部门的批文。

（三）临时存款账户的开立和撤销

临时存款账户的开立和撤销与基本存款账户相同，不再赘述。

四、专用存款账户

专用存款账户是存款人按照法律、行政法规和规章，对其特定用途资金进行专项管理和使用而开立的银行结算账户。

（一）开立专用存款账户的条件

存款人可以申请开立专用存款账户的资金有：基本建设资金；更新改造资金；财政预算外资金；粮、棉、油收购资金；证券交易结算资金；期货交易保证金；信托基金；金融机构存放同业资金；政策性房地产开发资金；单位银行卡备用金；住房基金；社会保障基金；收入汇缴资金和业务支出资金；党、团、工会设在单位的组织机构经费；其他需要专项管理和使用的资金。

（二）开立专用存款账户需要出具的证明

存款单位申请开立专用存款账户时，应向开户银行出具下列证明文件之一。

（1）经有关部门批准立项的文件。

（2）国家有关文件的规定。

（三）专用存款账户的开立与撤销

专用存款账户的开立与撤销和基本存款账户相同，不再赘述。

五、银行账户的使用规定

《人民币银行结算账户管理办法》对银行账户的使用做出如下规定。

第一条　为规范人民币银行结算账户（以下简称银行结算账户）的开立和使用，加强银行结算账户管理，维护经济金融秩序稳定，根据《中华人民共和国中国人民银行法》和《中华人民共和国商业银行法》等法律法规，制定本办法。

第二条　存款人在中国境内的银行开立的银行结算账户适用本办法。

本办法所称存款人，是指在中国境内开立银行结算账户的机关、团体、部队、企业、事业单位、其他组织（以下统称单位）、个体工商户和自然人。

本办法所称银行，是指在中国境内经中国人民银行批准经营支付结算业务的政策性银行、商业银行（含外资独资银行、中外合资银行、外国银行分行）、城市信用合作社、农村信用合作社。

本办法所称银行结算账户，是指银行为存款人开立的办理资金收付结算的人民币活期存款账户。

第三条　银行结算账户按存款人分为单位银行结算账户和个人银行结算账户。

存款人以单位名称开立的银行结算账户为单位银行结算账户。单位银行结算账户按用途分为基本存款账户、一般存款账户、专用存款账户、临时存款账户。

个体工商户凭营业执照以字号或经营者姓名开立的银行结算账户纳入单位银行结算账户管理。

存款人凭个人身份证件以自然人名称开立的银行结算账户为个人银行结算账户。

邮政储蓄机构办理银行卡业务开立的账户纳入个人银行结算账户管理。

第四条 单位银行结算账户的存款人只能在银行开立一个基本存款账户。

第五条 存款人应在注册地或住所地开立银行结算账户。符合本办法规定可以在异地（跨省、市、县）开立银行结算账户的除外。

第六条 存款人开立基本存款账户、临时存款账户和预算单位开立专用存款账户实行核准制度，经中国人民银行核准后由开户银行核发开户登记证。但存款人因注册验资需要开立的临时存款账户除外。

第七条 存款人可以自主选择银行开立银行结算账户。除国家法律、行政法规和国务院规定外，任何单位和个人不得强令存款人到指定银行开立银行结算账户。

第八条 银行结算账户的开立和使用应当遵守法律、行政法规，不得利用银行结算账户进行偷逃税款、逃废债务、套取现金及其他违法犯罪活动。

第九条 银行应依法为存款人的银行结算账户信息保密。对单位银行结算账户的存款和有关资料，除国家法律、行政法规另有规定外，银行有权拒绝任何单位或个人查询。对个人银行结算账户的存款和有关资料，除国家法律另有规定外，银行有权拒绝任何单位或个人查询。

第十条 中国人民银行是银行结算账户的监督管理部门。

任务二 支票结算

一、支票概述

支票是出票人签发的，委托办理支票存款业务的银行或其他金融机构在见票时无条件支付确定的金额给收款人或者持票人的票据。支票实际上是存款人开出的付款通知。

（一）支票的分类

支票按照支付票款的方式不同可以分为现金支票、转账支票和普通支票。

按照《支付结算办法》规定，支票印有“现金”字样的为现金支票，“现金支票”的正面和背面样式分别如表 4-4 和表 4-5 所示，现金支票只能用于支取现金；支票上印有“转账”字样的为转账支票，“转账支票”的正面和背面样式分别如表 4-6 和表 4-7 所示，转账支票只能用于转账；支票上未印有“现金”或“转账”字样的为普通支票，普通支票可以用于支取现金，也可以用于转账。在普通支票左上角划两条平行线的为划线支票，划线支票只能用于转账，不得支取现金。

（二）支票的使用范围

单位和个人的各种款项结算，均可使用支票。

表 4-4

中国工商银行现金支票正面

中国工商银行现金支票存根	中国工商银行 现金支票
10203310 00167211	10203310 00167211
附加信息	付款期限自出票之日起十天
出票日期　年　月　日	出票日期(大写)　年　月　日　付款行名称： 收款人：　出票人账号：
收款人：	人民币（大写）　亿 千 百 十 万 千 百 十 元 角 分
金　额：	用途　密码
用　途：	上列款项请从 我账户内支付
单位主管　会计	出票人签章　复核　记账

表 4-5　**中国工商银行现金支票背面**

附加信息：	收款人签章 年　月　日	（贴粘单处）	根据《中华人民共和国票据法》等法律法规的规定，签发空头支票由中国人民银行处以票面金额5%但不低于1 000元的罚款。
	身份证件名称：　发证机关：		
	号码		

表 4-6

中国工商银行转账支票正面

中国工商银行转账支票存根	中国工商银行 转账支票
10203320 01267338	10203320 01267338
附加信息	付款期限自出票之日起十天
出票日期　年　月　日	出票日期(大写)　年　月　日　付款行名称： 收款人：　出票人账号：
收款人：	人民币（大写）　亿 千 百 十 万 千 百 十 元 角 分
金　额：	用途　密码
用　途：	上列款项请从 我账户内支付
单位主管　会计	出票人签章　复核　记账

表 4-7 中国工商银行转账支票背面

<table>
<tr><td rowspan="2">附加信息：</td><td>被背书人</td><td>被背书人</td><td rowspan="2">（贴粘单处）</td><td rowspan="2">根据《中华人民共和国票据法》等法律法规的规定，签发空头支票由中国人民银行处以票面金额 5% 但不低于 1 000 元的罚款。</td></tr>
<tr><td>背书人签章
年 月 日</td><td>背书人签章
年 月 日</td></tr>
</table>

二、支票的填制要求

（1）支票一律记名。即签发的支票必须注明收款人的名称，并只准收款人或签发人向银行办理转账或提取现金。在中国人民银行总行批准的地区，转账支票可以背书转让。

（2）签发支票使用规定墨水填写（或支票打印机打印）。签发支票应使用墨汁、碳素墨水或蓝黑墨水填写，未按规定填写，被涂改冒领的，由签发人负责。支票上各项内容要填写齐全，内容要真实，字迹要清晰，数字要标准，大小写金额要一致。支票大小写金额、签发日期和收款人不得更改，其他内容如有更改，必须由签发人加盖预留银行印鉴章之一证明。

（3）支票正面不能有涂改痕迹，否则本支票作废。受票人如果发现支票填写不全，可以补记，但不能涂改。

（4）签发日期应填写实际出票日期，支票正联出票日期必须使用中文大写，支票存根部分出票日期可用阿拉伯数字书写。在支票正联用大写填写出票日期时，为防止变造支票的出票日期，在填写月、日时应注意以下事项。

①月为壹、贰和壹拾的，日为壹至玖、壹拾、贰拾和叁拾的，应在其前加"零"。

②日为拾壹至拾玖的，应在其前加"壹"。

（5）在签发人签章处加盖预留银行印鉴，签章不能缺漏。

（6）对约定使用支付密码作为支付票据金额的，出票人可在小写金额栏下方的空格中记载支付密码。

三、支票结算的基本规定

（1）支票的出票人，为在经中国人民银行当地分支行批准办理支票业务的银行机构开立可以使用支票的存款账户的单位和个人。

（2）支票的金额、收款人名称，可以由出票人授权补记。未补记前不得背书转让和提示付款。

（3）支票的出票人签发支票的金额不得超过付款时在付款人处实有的存款金额。禁止签发空头支票。

（4）支票的出票人预留银行签章是银行审核支票付款的依据。银行也可以与出票人约定使用支付密码，作为银行审核支付支票金额的条件。

（5）出票人不得签发与其预留银行签章不符的支票；使用支付密码的，出票人不得签发支付密码错误的支票。

（6）出票人签发空头支票、签章与预留银行签章不符的支票、使用支付密码地区，支付密码错误的支票，银行应予以退票，并按票面金额处以5%但不低于1 000元的罚款；持票人有权要求出票人赔偿支票金额2%的赔偿金。对屡次签发的，银行应停止其签发支票。

（7）支票的提示付款期限自出票日起10日，但中国人民银行另有规定的除外。超过提示付款期限提示付款的，持票人开户银行不予受理，付款人不予付款。

持票人可以委托开户银行收款或直接向付款人提示付款。用于支取现金的支票仅限于收款人向付款人提示付款。

持票人委托开户银行收款的支票，银行应通过票据交换系统收妥后入账。

持票人委托开户银行收款时，应作委托收款背书，在支票背面背书人签章栏签章、记载“委托收款”字样、背书日期，在被背书人栏记载开户银行名称，并将支票和填制的进账单送交开户银行。持票人持用于转账的支票向付款人提示付款时，应在支票背面背书人签章栏签章，并将支票和填制的进账单交送出票人开户银行。收款人持用于支取现金的支票向付款人提示付款时，应在支票背面“收款人签章”处签章，持票人为个人的，还需交验本人身份证件，并在支票背面注明证件名称、号码及发证机关。

（8）出票人在付款人处的存款足以支付支票金额时，付款人应当在见票当日足额付款。

（9）存款人领购支票，必须填写“票据和结算凭证领用单”并签章，签章应与预留银行的签章相符。存款账户结清时，必须将全部剩余空白支票交回银行注销。

（10）已签发的现金支票遗失，可以向银行申请挂失。挂失前已经支付的，银行不予受理；已签发的转账支票遗失，银行不受理挂失，但可请求收款人协助防范。

四、签发支票必须记载的事项

（1）表明“支票”的字样。

（2）无条件支付的委托。

（3）确定的金额。

（4）付款人名称。

（5）出票日期。

（6）出票人签章。

欠缺记载上列事项之一的，支票无效。支票的付款人为支票上记载的出票人开户银行。

五、支票结算业务的处理程序

（一）现金支票结算业务的处理程序

现金支票一般用于提取现金，很少用于对外结算，在此只介绍提取现金时出纳处理业务程序。

（1）填写支票。按要求正确填写现金支票，并由印鉴管理人员在支票的正联加盖预留银行印鉴，如果收款人是单位，再在背面加盖收款单位预留印鉴，之后凭现金支票正联直接到开户银行提取现金。如果收款人是个人则背面不盖章，背面写上自己的身份证号码和发证机关名称，凭身份证和现金支票正联到银行提现。

知识拓展

如何保管印章

支票印鉴章一般应由会计主管人员或指定专人保管，支票和印鉴必须由两人分别保管。负责保管的人员不得将印章随意存放或带出工作单位。各种印章应与现金的保管相同，不得随意放入抽屉内保管，否则极易让不法分子有机可乘，给国家和单位造成不必要的经济损失。

（2）传递凭证。将支票存根传递给制证员编制记账凭证。

（3）登记日记账。根据审核无误的记账凭证登记现金、银行存款日记账，银行存款日记账的填写规定和现金日记账基本相同。

【例 4-1】 2022 年 12 月 7 日，苏中吉达有限责任公司提现金 5 000 元备用，银行存款日记账的期初余额为 2 567 890.00 元。要求：出纳办理提现业务。

（1）填写支票。按要求正确填写现金支票，并由印鉴管理人员在正联上加盖预留银行印鉴（如表 4-8 所示）。持加盖预留银行印鉴的正联（如表 4-9 和表 4-10 所示）到银行提取现金。

表 4-8

中国工商银行现金支票正面

存根：

中国工商银行
现金支票存根
10203310
01046789

附加信息

出票日期：2022 年 12 月 07 日
收款人：苏中吉达有限责任公司
金　额：¥5 000.00
用　途：备用金

单位主管　　会计

正联：

中国工商银行 现金支票　　10203310 01046789

付款期限自出票之日起十天

出票日期（大写）贰零贰贰年壹拾贰月零柒日　　付款行名称：工行苏中支行
收款人：苏中吉达有限责任公司　　出票人账号：1236779797

人民币（大写）	亿	千	百	十	万	千	百	十	元	角	分
伍仟元整					¥	5	0	0	0	0	0

用途　备用金　　密码

上列款项请从我账户内支付

苏中吉达有限责任公司财务专用章　　王东才印

出票人签章　　复核　　记账

表 4-9

中国工商银行现金支票正联

中国工商银行 现金支票	10203310 01046789
出票日期(大写)贰零贰贰年壹拾贰月零柒日	付款行名称:工行苏中支行
收款人:苏中吉达有限责任公司	出票人账号:1236779797

付款期限自出票之日起十天

人民币（大写）		亿	千	百	十	万	千	百	十	元	角	分
	伍仟元整					¥	5	0	0	0	0	0

用途 备用金　　密码

上列款项请从我账户内支付

苏中吉达有限责任公司财务专用章　王东才印

出票人签章　　复核　　记账

表 4-10

中国工商银行现金支票背面

附加信息：

苏中吉达有限责任公司财务专用章　王东才印

收款人签章
2022 年 12 月 7 日

身份证件名称：　　发证机关：

号码

（贴粘单处）

（2）传递凭证。将存根联传递给制证员编制记账凭证。

制证员根据现金支票存根联编制记账凭证（如表 4-11 所示）。

表 4-11

记 账 凭 证

2022 年 12 月 07 日　　记字第 10 号　　用金业务核算

摘要	会计科目		借方金额								贷方金额								记账符号
	总账科目	明细科目	十	万	千	百	十	元	角	分	十	万	千	百	十	元	角	分	
提现金备用	库存现金				5	0	0	0	0	0									
	银行存款												5	0	0	0	0	0	
合 计 金 额				¥	5	0	0	0	0	0		¥	5	0	0	0	0	0	

附凭证 1 张

会计主管：　　记账：　　审核：　　制单：刘黄

（3）登记日记账。出纳根据审核无误的表 4-11 登记银行存款日记账（如表 4-12 所示）和现金日记账（略）。

表 4-12　　银行存款日记账　　第 18 页

账号：1236779797

2022 年		凭　证		结算凭证		摘　要	对方科目	收　入	支　出	结　余
月	日	种类	号数	种类	号数					
12	7					承前页		8 256 870.00	7 785 620.00	2 567 890.00
	7	记	10	现支	6789	提现金备用	库存现金		5 000.00	2 562 890.00

（二）转账支票结算业务的处理程序

转账支票结算按收款人收款方式的不同分为正送和倒送两种方式。

（1）转账支票正送。转账支票正送是指由付款方出纳人员签发支票交给收款单位，由收款方出纳人员送至收款人开户银行办理转账结算的支票结算方式。付款方出纳处理业务程序如下。

①填写支票。出纳按要求正确填写转账支票，再由印鉴管理人员在其正面加盖预留银行印鉴。

②传递凭证。出纳将加盖银行预留印鉴的支票正联交给收款人，将支票存根联传递给制证员编制记账凭证。

③登记银行存款日记账。出纳根据审核无误的记账凭证登记银行存款日记账。

收款方出纳处理业务程序如下。

①审核收到的转账支票。出纳收到转账支票，应注意审核以下内容：支票收款人或被背书人是否为本企业；支票签发日期是否在付款期内；大小写金额是否一致；背书转让的支票其背书是否连续，有无“不准转让”字样；大小写金额、签发日期和收款人有无更改；签发人盖章是否齐全。

②传递凭证。出纳将审核无误的支票传递给印鉴管理人员，由其作委托收款背书，在支票背面“背书人签章”栏签章，记载“委托收款”字样及背书日期，在“被背书人”栏记载收款人开户银行名称。

知识拓展

什么是背书

背书是指票据持有人将票据权利转让给他人的一种票据行为。票据权利是指票据持有人向票据债务人直接请求支付票据中所规定的金额的权利。通过背书转让其权利的人称为背书人，接受经过背书票据的人就被称为被背书人。由于这种票据权利的转让，一般都是在票据的背面（如果记在正面就容易和承兑、保证等其他票据行为混淆）进行的，所以叫作背书。

③填写进账单。出纳按要求正确填写进账单，银行进账单是持票人或收款人将票据款项存入收款人银行账户的凭证，也是银行将票据款项记入收款人账户的凭证。银行进账单分为二联式进账单和三联式进账单（如表 4-13 所示）。不同的持票人应按照规定使用不同的银行进账单。二联式进账单的第一联为给持票人的回单（即收账通知），第二联为银行的贷方凭证。三联式进账单的第一联是回单，第二联是贷方凭证，第三联是收账通知。进账单填写时注意要套写而不能分联次填写。

表 4-13　　中国农业银行进账单（回单）　1

年　月　日

<table>
<tr><td rowspan="3">出票人</td><td>全　称</td><td></td><td rowspan="3">收款人</td><td>全　称</td><td colspan="10"></td></tr>
<tr><td>账　号</td><td></td><td>账　号</td><td colspan="10"></td></tr>
<tr><td>开户银行</td><td></td><td>开户银行</td><td colspan="10"></td></tr>
<tr><td rowspan="2">金额</td><td colspan="4" rowspan="2">人民币
（大写）</td><td>千</td><td>百</td><td>十</td><td>万</td><td>千</td><td>百</td><td>十</td><td>元</td><td>角</td><td>分</td></tr>
<tr><td></td><td></td><td></td><td></td><td></td><td></td><td></td><td></td><td></td><td></td></tr>
<tr><td>票据种类</td><td></td><td>票据张数</td><td></td><td colspan="11" rowspan="3">开户银行盖章</td></tr>
<tr><td>票据号码</td><td colspan="3"></td></tr>
<tr><td colspan="4">复核：　　　　记账：</td></tr>
</table>

此联是收款人开户银行交持票人的回单

④办理进账。出纳将支票正联和填写好的进账单交给开户银行委托银行收款，银行受理盖章后将进账单回单联和第三联（收账通知）退给收款方。

⑤再传递凭证。出纳将银行受理后的收账通知联传递给制证员编制记账凭证。

⑥登记银行存款日记账。出纳根据审核无误的记账凭证登记银行存款日记账。

（2）转账支票倒送。转账支票倒送是指由付款方出纳人员签发支票并由付款方出纳人员送至付款人开户银行办理转账的结算方式。

付款方出纳处理业务程序如下。

①填写支票。出纳按要求正确填写转账支票，再由印鉴管理人员在其正面加盖预留银行印鉴。

②传递凭证。出纳将支票存根联传递给制证员编制记账凭证。

③填写进账单。出纳根据转账支票正联填写进账单。

④办理转账。出纳将填写的进账单和支票正联直接交其开户银行，要求转账，银行受理后将进账单的回单退回付款方出纳，然后银行将款项划转收款人账户。

⑤登记银行存款日记账。出纳根据审核无误的记账凭证登记银行存款日记账。

收款方出纳处理业务程序如下。

①审核收到的进账单收账通知。收款人开户银行办妥进账手续后，通知收款人收款入账。收款方出纳审核收到的从银行拿到的进账单收账通知。

②传递凭证。出纳将审核无误的进账单收账通知联传递给制证员编制记账凭证。

③登记银行存款日记账。出纳根据审核无误的记账凭证登记银行存款日记账。

【例 4-2】 2022 年 12 月 8 日，苏中吉达有限责任公司采用支票正送方式开出转账支票归还前欠黄河有限责任公司货款 885 500.00 元。请双方出纳办理相关业务。

苏中吉达有限责任公司（付款方）出纳业务处理程序如下。

（1）填写支票。正确填写转账支票（如表 4-14 所示），并由印鉴管理人员加盖预留银行印鉴。

表 4-14

中国工商银行转账支票正面

（存根）
中国工商银行
转账支票存根
10203320
01046439
附加信息
出票日期：2022 年 12 月 08 日
收款人：黄河有限责任公司
金　额：¥885 500.00
用　途：还前欠货款
单位主管　会计

（正面）
中国工商银行 转账支票　10203320 01046439
出票日期（大写）贰零贰贰年壹拾贰月零捌日　付款行名称：工行苏中支行
收款人：黄河有限责任公司　出票人账号：1236779797
付款期限自出票之日起十天

人民币（大写）	亿	千	百	十	万	千	百	十	元	角	分
捌拾捌万伍仟伍佰元整			¥	8	8	5	5	0	0	0	0

用途 还前欠货款　密码

上列款项请从我账户内支付

苏中吉达有限责任公司财务专用章　王东才印

出票人签章　复核　记账

（2）传递凭证。将加盖预留银行印鉴后的正联（如表 4-15 所示）交给收款人，将支票存根联传递给制证员编制记账凭证。

表 4-15

中国工商银行转账支票正联

中国工商银行 转账支票　10203320 01046439
出票日期（大写）贰零贰贰年壹拾贰月零捌日　付款行名称：工行苏中支行
收款人：黄河有限责任公司　出票人账号：1236779797
付款期限自出票之日起十天

人民币（大写）	亿	千	百	十	万	千	百	十	元	角	分
捌拾捌万伍仟伍佰元整			¥	8	8	5	5	0	0	0	0

用途 还前欠货款　密码

上列款项请从我账户内支付

苏中吉达有限责任公司财务专用章　王东才印

出票人签章　复核　记账

附：制证员根据转账支票存根联编制记账凭证（如表 4-16 所示）。

表 4-16

记 账 凭 证

2022 年 12 月 08 日　　　　记字第 18 号

摘　要	会计科目		借方金额								贷方金额								记账符号
	总账科目	明细科目	十	万	千	百	十	元	角	分	十	万	千	百	十	元	角	分	
还前欠货款	应付账款	黄河有限责任公司	8	8	5	5	0	0	0	0									
	银行存款										8	8	5	5	0	0	0	0	
合 计 金 额			8	8	5	5	0	0	0	0	8	8	5	5	0	0	0	0	

附凭证 1 张

会计主管：　　记账：　　审核：　　制单：刘黄

（3）登记银行存款日记账。出纳根据审核无误的表 4-16 登记银行存款日记账（如表 4-17 所示）。

表 4-17　　　　银行存款日记账　　　　第 18 页

账号：1236779797

2022 年		凭　证		结算凭证		摘　要	对方科目	收　入	支　出	结　余
月	日	种类	号数	种类	号数					
12	7					承前页		8 256 870.00	7 785 620.00	2 567 890.00
	7	记	10	现支	6789	提现金备用	库存现金		5 000.00	2 562 890.00
	8	记	18	转支	6439	还前欠货款	应付账款		885 500.00	1 677 390.00

黄河有限责任公司（收款方）出纳处理业务程序如下。

（1）审核收到的转账支票。出纳认真审核收到的转账支票。

（2）传递凭证。出纳将收到的转账支票正联传递给印鉴管理人员，由其作委托收款背书（如表 4-18 所示）。

表 4-18

中国工商银行转账支票正联背面

附加信息：	被背书人　工行苏中支行 委托收款 黄河有限责任公司财务专用章　王大平印 背书人签章 2022 年 12 月 08 日	被背书人　工行苏中支行 背书人签章 年　月　日	（贴粘单处）

（3）填写进账单（如表 4-19 所示）。出纳按要求正确填写进账单。

表 4-19

中国工商银行进账单（回单） 1

2022 年 12 月 08 日

出票人			收款人		
出票人	全　称	苏中吉达有限责任公司	收款人	全　称	黄河有限责任公司
	账　号	1236779797		账　号	1238980987
	开户银行	工商银行苏中支行		开户银行	工商银行东海分行

金额	人民币（大写）	千	百	十	万	千	百	十	元	角	分
	捌拾捌万伍仟伍佰元整		¥	8	8	5	5	0	0	0	0

票据种类	转账支票	票据张数	1	
票据号码	10203320 01046439			
复核：		记账：		开户银行盖章

此联是收款人开户银行交持票人的回单

（4）办理进账。将支票正联（如表 4-18 所示）和填写好的一式三联进账单（回单联如表 4-19 所示，其余联次略）交给开户银行委托银行收款。

（5）传递凭证。将银行受理后的进账单收账通知联（如表 4-20 所示）传递给制证员编制记账凭证。

表 4-20

中国工商银行**进账单**（收账通知） **3**

2022 年 12 月 08 日

出票人			收款人		
出票人	全　称	苏中吉达有限责任公司	收款人	全　称	黄河有限责任公司
	账　号	1236779797		账　号	1238980987
	开户银行	工商银行苏中支行		开户银行	工商银行东海分行

金额	人民币（大写）	千	百	十	万	千	百	十	元	角	分
	捌拾捌万伍仟伍佰元整		¥	8	8	5	5	0	0	0	0

票据种类	转账支票	票据张数	1	工商银行 东海分行 2022.12.08 转讫
票据号码	10203320 01046439			
复核：		记账：		开户银行盖章

此联是收款人开户银行交收款人的收账通知

附：制证员根据审核无误的表 4-20 编制记账凭证（如表 4-21 所示）。

表 4-21

记 账 凭 证

2022 年 12 月 08 日　　　　记字第 48 号

摘　要	会计科目		借方金额								贷方金额								记账符号
	总账科目	明细科目	十	万	千	百	十	元	角	分	十	万	千	百	十	元	角	分	
收到前欠货款	银行存款		8	8	5	5	0	0	0	0									
	应收账款	景中吉达有限责任公司									8	8	5	5	0	0	0	0	
合 计 金 额			8	8	5	5	0	0	0	0	8	8	5	5	0	0	0	0	

附凭证 1 张

会计主管：　　记账：　　审核：　　制单：李玉

（6）登记银行存款日记账。出纳根据审核无误的表 4-21 登记银行存款日记账（略）。

任务三　银行本票结算

一、银行本票概述

银行本票是由出票人签发的，承诺自己在见票时无条件支付确定的金额给收款人或者持票人的票据。银行本票的出票人为经中国人民银行当地分支机构批准办理银行本票的银行机构。

（一）银行本票的种类

银行本票按照金额是否预先固定分为不定额银行本票（如表 4-22～表 4-24 所示）和定额银行本票（如表 4-25 所示）。不定额银行本票由经办银行签发和银行兑付，定额银行本票由人民银行发行，各银行代办签发和兑付。定额本票的面额分为 1 000 元、5 000 元、10 000 元和 50 000 元四种。

表 4-22

中国工商银行本票第一联正面

提示付款期限自出票之日起壹个月	中国工商银行　　本票(卡片)　1		10203375 20471917
	出票日期(大写)　　年　月　日		
	收款人：	申请人：	
	凭票即付人民币(大写)	亿 千 百 十 万 千 百 十 元 角 分	
	□转账　□现金	密押	
		行号	
	备注	出纳　复核　经办	

表 4-23

中国工商银行本票第二联正面

提示付款期限自出票之日起壹个月	中国工商银行　　本票　2		10203375 20471917
	出票日期(大写)　　年　月　日		
	收款人：	申请人：	
	凭票即付人民币(大写)	亿 千 百 十 万 千 百 十 元 角 分	
	□转账　□现金	密押	
		行号	
	备注　出票行签章	出纳　复核　经办	

表 4-24

中国工商银行本票第二联背面

被背书人	被背书人	贴粘单处
背书人签章 年　月　日	背书人签章 年　月　日	
持票人向银行 提示付款签章：	身份证件名称：　　发证机关： 号码	

表 4-25

定额本票

××银行本票存根	付款期限 ×个月	农业银行 本　票	本票号码
出本票号码：		出票日期　年　月　日	
地　　名：		（大写）	
收　款　人：	收款人		
金　　额：壹万元整			
用　　途：			
科 目（借）：	凭票即付人民币	壹万元整	
对方科目（贷）：	转账　　现金	￥10 000.00	
出票日期　年　月　日 出纳　复核　经办			出票行签章

（二）银行本票的使用范围

单位和个人在同一票据区域需要支付的各种款项均可以使用。银行本票可以用于转账，注明“现金”字样的银行本票可以用于支取现金。

（三）银行本票的特点

与其他银行结算方式相比，银行本票结算具有以下特点。

（1）使用方便。单位、个体经商户和个人不管其是否在银行开户，他们之间在同城范围内的所有商品交易、劳务供应以及其他款项的结算都可以使用银行本票。收款单位和个人持银行本票可以办理转账结算，也可以支取现金，同样也可以背书转让。银行本票见票即付，结算迅速。

（2）信誉度高，支付能力强。银行本票是由银行签发，并于指定到期日由签发银行无条件支付，因而信誉度很高，一般不存在得不到正常支付的问题。其中定额银行本票由中国人民银行发行，各大国有商业银行代理签发，不存在票款得不到兑付的问题。不定额银行本票由各大国有商业银行签发，由于其资金力量雄厚，因而一般也不存在票款得不到兑付的问题。

二、银行本票结算的基本规定

（1）银行本票一律记名。

（2）收款人可以将银行本票背书转让给被背书人。被背书人受理银行本票时，除按照《支付结算办法》第一百零六条的规定审查外，还应审查：背书是否连续，背书人签章是否符合规定，背书使用粘单的是否按规定签章；背书人为个人的，应验证其个人身份证件。

（3）银行本票的提示付款期限自出票日起最长不得超过 2 个月（不分大月、小月，统一按次月对日计算，到期日遇节假日顺延）。持票人超过付款期限提示付款的，代理付款人不予受理。银行本票的代理付款人是代理出票银行审核支付银行本票款项的银行。

（4）银行本票见票即付，不予挂失。跨系统银行本票的兑付，持票人开户银行可根据中国人民银行规定的金融机构同业往来利率向出票银行收取利息；遗失的不定额银行本票在付款期满后1个月确实未被冒领，可以办理退款手续。

(5) 在银行开立存款账户的持票人向开户银行提示付款时，应在银行本票背面“持票人向银行提示付款签章”处签章，签章须与预留银行签章相同，并将银行本票、进账单送交开户银行。银行审查无误后办理转账。

(6) 未在银行开立存款账户的个人持票人，凭注明“现金”字样的银行本票向出票银行支取现金的，应在银行本票背面签章，记载本人身份证件名称、号码及发证机关，并交验本人身份证件及其复印件。

持票人对注明“现金”字样的银行本票需要委托他人向出票银行提示付款的，应在银行本票背面“持票人向银行提示付款签章”处签章，记载“委托收款”字样、被委托人姓名和背书日期以及委托人身份证件名称、号码、发证机关。被委托人向出票银行提示付款时，也应在银行本票背面“持票人向银行提示付款签章”处签章，记载证件名称、号码及发证机关，并同时交验委托人和被委托人的身份证件及其复印件。

(7) 申请人使用银行本票，应向银行填写“银行本票申请书”，填明收款人名称、申请人名称、支付金额、申请日期等事项并签章。申请人和收款人均为个人需要支取现金的，应在“支付金额”栏先填写“现金”字样，后填写支付金额。申请人或收款人为单位的，不得申请签发现金银行本票。

持票人超过提示付款期限不获付款的，在票据权利时效内向出票银行作出说明，并提供本人身份证件或单位证明，可持银行本票向出票银行请求付款。

(8) 申请人因银行本票超过提示付款期限或其他原因要求退款时，应将银行本票提交到出票银行，申请人为单位的，应出具该单位的证明；申请人为个人的，应出具本人的身份证件。出票银行对于在本行开立存款账户的申请人，只能将款项转入原申请人账户；对于现金银行本票和未在本行开立存款账户的申请人，才能退付现金。

(9) 银行本票丧失，失票人可以凭人民法院出具的其享有票据权利的证明，向出票银行请求付款或退款。

三、签发银行本票必须记载的事项

(1) 表明“银行本票”的字样。

(2) 无条件支付的承诺。

(3) 确定的金额。

(4) 收款人名称。

(5) 出票日期。

(6) 出票人签章。

欠缺记载上列事项之一的，银行本票无效。

四、银行本票结算业务的处理程序

（一）付款方出纳处理业务程序

（1）填写银行结算业务申请书。出纳正确填写银行结算业务申请书（如表 4-26～表 4-28 所示），并由印鉴管理人员在第一联的申请人签章处加盖预留银行印鉴。申请书的填写要求如下所述。

①申请日期：用小写数字填写申请当日的日期。

②业务类型：在选择的本票申请方式方框内打“√”。

表 4-26

中国农业银行　结算业务申请书　　VⅧ　0128232185

申请日期：　　年　　月　　日

<table>
<tr><td rowspan="6">客户填写</td><td colspan="2">业务类型</td><td colspan="2">□电汇　□信汇　□汇票　□本票
其他________</td><td>汇款方式</td><td>□普通　□加急</td><td rowspan="7">第一联　记账联</td></tr>
<tr><td rowspan="3">申请人</td><td>全　称</td><td></td><td rowspan="3">收款人</td><td>全　称</td><td></td></tr>
<tr><td>账号或地址</td><td></td><td>账号或地址</td><td></td></tr>
<tr><td>开户行名称</td><td></td><td>开户行名称</td><td></td></tr>
<tr><td colspan="4">金额（大写）人民币</td><td colspan="2">亿 千 百 十 万 千 百 十 元 角 分</td></tr>
<tr><td colspan="4">上列款项及相关费用请从我账户内支付

申请人签章</td><td colspan="2">支付密码
附加信息及用途：</td></tr>
<tr><td>银行打印</td><td colspan="6"></td></tr>
</table>

会计主管：　　　　复核：　　　　记账：

表 4-27

中国农业银行 结算业务申请书 VⅧ 0128232185

申请日期： 年 月 日

<table>
<tr><td rowspan="7">客户填写</td><td colspan="2">业务类型</td><td>□电汇 □信汇 □汇票 □本票
其他________</td><td>汇款方式</td><td colspan="11">□普通 □加急</td><td rowspan="9">第二联 发报或出票依据联</td></tr>
<tr><td rowspan="3">申请人</td><td>全 称</td><td></td><td rowspan="3">收款人</td><td>全 称</td><td colspan="11"></td></tr>
<tr><td>账号或地址</td><td></td><td>账号或地址</td><td colspan="11"></td></tr>
<tr><td>开户行名称</td><td></td><td>开户行名称</td><td colspan="11"></td></tr>
<tr><td colspan="4" rowspan="2">金额（大写）人民币</td><td>亿</td><td>千</td><td>百</td><td>十</td><td>万</td><td>千</td><td>百</td><td>十</td><td>元</td><td>角</td><td>分</td></tr>
<tr><td></td><td></td><td></td><td></td><td></td><td></td><td></td><td></td><td></td><td></td><td></td></tr>
<tr><td colspan="3">转账日期：
年 月 日</td><td colspan="12">支付密码
附加信息及用途：</td></tr>
<tr><td>银行打印</td><td colspan="15"></td></tr>
</table>

会计主管： 复核： 记账：

表 4-28

中国农业银行 结算业务申请书 VⅧ 0128232185

申请日期： 年 月 日

<table>
<tr><td rowspan="7">客户填写</td><td colspan="2">业务类型</td><td>□电汇 □信汇 □汇票 □本票
其他________</td><td>汇款方式</td><td colspan="11">□普通 □加急</td><td rowspan="9">第三联 回单联</td></tr>
<tr><td rowspan="3">申请人</td><td>全 称</td><td></td><td rowspan="3">收款人</td><td>全 称</td><td colspan="11"></td></tr>
<tr><td>账号或地址</td><td></td><td>账号或地址</td><td colspan="11"></td></tr>
<tr><td>开户行名称</td><td></td><td>开户行名称</td><td colspan="11"></td></tr>
<tr><td colspan="4" rowspan="2">金额（大写）人民币</td><td>亿</td><td>千</td><td>百</td><td>十</td><td>万</td><td>千</td><td>百</td><td>十</td><td>元</td><td>角</td><td>分</td></tr>
<tr><td></td><td></td><td></td><td></td><td></td><td></td><td></td><td></td><td></td><td></td><td></td></tr>
<tr><td colspan="3">付出行签章：</td><td colspan="12">支付密码
附加信息及用途：</td></tr>
<tr><td>银行打印</td><td colspan="15"></td></tr>
</table>

会计主管： 复核： 记账：

③申请人全称、账号或地址、开户行名称：分别填写申请单位的名称、开户银行账号或地址、开户行名称等相关信息。

④收款人全称、账号或地址、开户行名称：分别填写收款单位的名称、开户银行账号或地址、开户行名称等相关信息。

⑤汇票金额：与支票的填写相同。

⑥附加信息及用途：填写需要说明的事项或银行本票的用途。附加信息如申请银行签发的本票用于支取现金、转账等信息；用途如货款等。

中国农业银行结算业务申请书一式三联：分别为记账联，受理业务银行留存，据以记账；发报或出票依据联，汇出行汇款后作记账依据；回单联，退回申请人，作记账依据。

（2）申请办理银行本票。出纳将填写好的一式三联的银行结算业务申请书递交给银行柜员，银行柜员在办妥转账或收妥款项后，据以签发银行本票。银行柜员将银行本票第二联与加盖银行印章的结算业务申请书“回单联”一并交给申请人。

（3）传递凭证。出纳将银行本票交给单位有关人员办理结算，将结算业务申请书“回单联”传递给制证员编制记账凭证。

（4）登记银行存款日记账。出纳根据审核无误的记账凭证登记银行存款日记账。

（二）收款方出纳处理业务程序

（1）审核收到的银行本票。出纳审核收到的银行本票，审核内容主要包括：收款人是否确为本单位或本人；银行本票是否在提示付款期限内；必须记载的事项是否齐全；出票人签章是否符合规定，不定额银行本票是否有压数机压印的出票金额，并与大写出票金额一致；出票金额、出票日期、收款人名称是否更改，更改的其他记载事项是否由原记载人签章证明，背书是否连续。

（2）传递凭证。出纳将审核无误的银行本票传递给印鉴管理人员，由其在本票背面“持票人向银行提示付款签章”处加盖预留银行印鉴。如果收款人为个人，在本票背面“持票人向银行提示付款签章”处加盖个人印章，同时填写身份证件的名称和号码。

（3）填写进账单办理进账。出纳根据审核无误的银行本票正确填写进账单，将填写好的一式三联进账单连同收到的银行本票交本单位开户银行办理收款入账手续，经银行审核无误后，在进账单“收账通知联”加盖银行印章，退回收款人。

（4）传递凭证。出纳将开户银行退回的“收账通知联”交给制证员编制记账凭证。

（5）登记银行存款日记账。出纳根据审核无误的记账凭证登记银行存款日记账。

【例 4-3】 2022 年 12 月 1 日，临海副食有限责任公司购买食用胶一批，货款 600 000 元，增值税税额 78 000 元，采用银行本票结算。要求：出纳办理本票一张。

（1）填写银行结算业务申请书。出纳正确填写银行结算业务申请书，并由印鉴管理人员在第一联申请人签章处加盖预留银行印鉴（如表 4-29 所示），银行结算业务申请书三联套写，其余两联略。

表 4-29

中国农业银行 结算业务申请书 VⅦ 0128232185

申请日期：2022 年 12 月 01 日

客户填写	业务类型	□电汇 □信汇 □汇票 ☑本票 其他______		汇款方式	☑普通 □加急	
	申请人 全称	临海副食有限责任公司	收款人	全称	临海化工有限责任公司	
	账号或地址	72673618908		账号或地址	180100112200100	
	开户行名称	农业银行临海支行		开户行名称	工商银行临海分行	
	金额（大写）人民币陆拾柒万捌仟元整				亿 千 百 十 万 千 百 十 元 角 分 ¥ 6 7 8 0 0 0 0 0	第一联 记账联
	上列款项及相关费用请从我账户内支付 临海副食有限责任公司财务专用章 王大平印 申请人签章			支付密码		
				附加信息及用途：材料款		
银行打印						

会计主管： 复核： 记账：

（2）申请办理银行本票。出纳将一式三联的银行结算业务申请书递交给银行柜员，银行柜员收妥款项后，据以签发银行本票。银行柜员将银行本票（如表 4-30 所示）与加盖银行印章的结算业务申请书“回单联”（如表 4-31 所示）一并交给申请人。

表 4-30

中国农业银行本票第二联正面

提示付款期限自出票之日起壹个月	中国农业银行 本票 2		10203375 09878901
	出票日期（大写） 贰零贰贰年壹拾贰月零壹日		
	收款人：临海化工有限责任公司	申请人：临海副食有限责任公司	
	凭票即付人民币（大写）陆拾柒万捌仟元整	亿 千 百 十 万 千 百 十 元 角 分 ¥ 6 7 8 0 0 0 0 0	
	☑ 转账 □现金	密押	
		行号 4568321	
	备注 出票行签章（农业银行临海支行 本票专用章 2022.12.01）	出纳 复核 经办 赵东伟印	

（3）传递凭证。出纳将银行本票交给单位有关人员办理结算，将结算业务申请书“回单联”交给制证员编制记账凭证。

附：制证员根据审核无误的表 4-31 编制记账凭证（如表 4-32 所示）。

表 4-31

中国农业银行 结算业务申请书 VⅧ 0128232185

申请日期：2022 年 12 月 01 日

客户填写	业务类型	□电汇 □信汇 □汇票 ☑本票 其他________		汇款方式	☑普通 □加急
	申请人	全称	临海副食有限责任公司	收款人 全称	临海化工有限责任公司
		账号或地址	72673618908	账号或地址	180100112200100
		开户行名称	农业银行临海支行	开户行名称	工商银行临海分行
	金额（大写）人民币陆拾柒万捌仟元整			亿千百十万千百十元角分	¥ 6 7 8 0 0 0 0 0
	付出行签章 农业银行临海支行 2022.12.01 受理			支付密码	
				附加信息及用途：材料款	
银行打印					

第三联 回单联

会计主管： 复核： 记账：

表 4-32

记 账 凭 证

2022 年 12 月 01 日 记字第 5 号

摘要	总账科目	明细科目	借方 十	万	千	百	十	元	角	分	贷方 十	万	千	百	十	元	角	分	记账符号
办理本票	其他货币资金	银行本票	6	7	8	0	0	0	0	0									
	银行存款										6	7	8	0	0	0	0	0	
合计金额			6	7	8	0	0	0	0	0	6	7	8	0	0	0	0	0	

附凭证 1 张

会计主管： 记账： 审核： 制单：刘丽

（4）登记银行存款日记账。出纳根据审核无误的表 4-32 登记银行存款日记账（略）。

【例 4-4】 2022 年 12 月 2 日，临海副食有限责任公司采购员持本票向临海化工有限责任公司采购食用胶（食用胶是临海化工有限责任公司生产的产品，是临海副食有限责任公司生产产品的材料）凭证如表 4-33～表 4-36 所示。要求：双方出纳办理相关业务。

表 4-33

浙江增值税专用发票

全国统一发票监制章 浙江 国家税务总局监制

3300222130 　　　　№18000554

抵扣联

开票日期：2022 年 12 月 02 日

税总函[2022]102 号 临海华森实业公司

购买方	名　　称：临海副食有限责任公司 纳税人识别号：91333236565643568D 地 址 、电 话：临海市灯塔街 238 号 0578-2211236 开户行及账号：农业银行临海支行 72673618908				密码区	（略）	
货物或应税劳务、服务名称	规格型号	单位	数　量	单　价	金　额	税率	税　额
食用胶		千克	30 000	20.00	600 000.00	13%	78 000.00
合　　计					¥600 000.00		¥78 000.00
价税合计（大写）	⊗陆拾柒万捌仟元整				（小写）¥678 000.00		
销售方	名　　称：临海化工有限责任公司 纳税人识别号：91333841001112324E 地 址 、电 话：临海市解放街 166 号 0136-3132899 开户行及账号：工商银行临海分行 180100112200100				备注	临海化工有限责任公司 本票支付 91333841001112324E 发票专用章	

收款人：李军　　复核：　　开票人：王丽英　　销售方：（章）

第二联：抵扣联 购买方扣税凭证

表 4-34

浙江增值税专用发票

全国统一发票监制章 浙江 国家税务总局监制

3300222130 　　　　№18000554

发票联

开票日期：2022 年 12 月 02 日

税总函[2022]102 号 临海华森实业公司

购买方	名　　称：临海副食有限责任公司 纳税人识别号：91333236565643568D 地 址 、电 话：临海市灯塔街 238 号 0578-2211236 开户行及账号：农业银行临海支行 72673618908				密码区	（略）	
货物或应税劳务、服务名称	规格型号	单位	数　量	单　价	金　额	税率	税额
食用胶		千克	30 000	20.00	600 000.00	13%	78 000.00
合　　计					¥600 000.00		¥78 000.00
价税合计（大写）	⊗陆拾柒万捌仟元整				（小写）¥678 000.00		
销售方	名　　称：临海化工有限责任公司 纳税人识别号：91333841001112324E 地 址 、电 话：临海市解放街 166 号 0136-3132899 开户行及账号：工商银行临海分行 180100112200100				备注	临海化工有限责任公司 本票支付 91333841001112324E 发票专用章	

收款人：李军　　复核：　　开票人：王丽英　　销售方：（章）

第三联：发票联 购买方记账凭证

表 4-35

浙江增值税专用发票

全国统一发票监制章 浙江 国家税务总局监制

3300222130　　此联不作报销、扣税凭证使用　　№18000554

开票日期：2022 年 12 月 02 日

税总函[2022]102 号　临海华森实业公司

购买方	名　　称：临海副食有限责任公司 纳税人识别号：91333236565643568D 地 址 、电 话：临海市灯塔街 238 号 0578-2211236 开户行及账号：农业银行临海支行 72673618908					密码区	（略）	
货物或应税劳务、服务名称	规格型号	单位	数　量	单　价	金　额	税率	税　额	
食用胶		千克	30 000	20.00	600 000.00	13%	78 000.00	
合　计					¥600 000.00		¥78 000.00	
价税合计（大写）	⊗陆拾柒万捌仟元整				（小写）¥678 000.00			
销售方	名　　称：临海化工有限责任公司 纳税人识别号：91333841001112324E 地 址 、电 话：临海市解放街 166 号 0136-3132899 开户行及账号：工商银行临海分行 180100112200100					备注	临海化工有限责任公司 本票支付 91333841001112324E 发票专用章	

收款人：李军　　复核：　　开票人：王丽英　　销售方：（章）

第一联：记账联　销售方记账凭证

表 4-36

收　料　单

材料科目：原材料　　编号：0019

材料类别：辅助材料　　收料仓库：1 号仓库

供应单位：临海化工有限责任公司　2022 年 12 月 02 日　　发票号码：004114

材料编号	材料名称	规格	计量单位	数量		实际价格			
				应　收	实　收	单　价	发票金额	运　费	合　计
001	食用胶		千克	30 000	30 000	20.00	600 000.00		600 000.00

采购员：张凡　　检验员：赵康　　记账员：　　保管员：刘海

临海化工有限责任公司（收款方）出纳办理的有关业务如下。

（1）审核收到的银行本票。审核临海副食有限责任公司交来的银行本票。

（2）传递凭证。出纳将审核无误的银行本票传递给印鉴管理员，由其在背面签章（如表 4-37 所示）。

表 4-37

银行本票第二联背面

被背书人		被背书人	
背书人签章 年 月 日		背书人签章 年 月 日	贴粘单处
持票人向银行提示付款签章：临海化工有限责任公司财务专用章 李志杰印	身份证件名称：	发证机关：	
	号码		

（3）填写进账单办理进账。出纳根据表 4-30、表 4-37 填制一式三联进账单（略），将进账单和表 4-30、表 4-37 一并送开户银行办理进账，银行受理后将表 4-38 退回出纳。

表 4-38

中国工商银行**进账单**（收账通知） **3**

2022 年 12 月 02 日

出票人	全称	临海副食有限责任公司	收款人	全称	临海化工有限责任公司
出票人	账号	72673618908	收款人	账号	180100112200100
出票人	开户银行	农业银行临海支行	收款人	开户银行	工商银行临海分行
金额	人民币（大写）	陆拾柒万捌仟元整		千百十万千百十元角分	¥678000.00
票据种类	银行本票	票据张数	1		
票据号码	1020337509878901				
复核：	记账：			工商银行临海分行 2022.12.02 转讫 收款人开户银行盖章	

此联是收款人开户银行交收款人的收账通知

（4）传递凭证。出纳将开户银行退回的表 4-38 传递给制证员编制记账凭证。

附：制证员根据审核无误的表 4-35 和表 4-38 编制记账凭证（如表 4-39 所示）。

（5）登记银行存款日记账。出纳根据审核无误的表 4-39 登记银行存款日记账（略）。

临海副食有限责任公司（付款方）出纳办理的相关业务如下。

根据制证员编制的记账凭证登记其他货币资金明细账（略）。

附：制证员根据审核无误的表 4-34 和表 4-36 编制记账凭证（如表 4-40 所示）。

表 4-39

记账凭证

2022 年 12 月 02 日　　　　记字第 7 号

摘要	会计科目		借方金额								贷方金额								记账符号
	总账科目	明细科目	十	万	千	百	十	元	角	分	十	万	千	百	十	元	角	分	
销售产品收款	银行存款		6	7	8	0	0	0	0	0									
	主营业务收入	食用胶									6	0	0	0	0	0	0	0	
	应交税费	应交增值税（销项税额）										7	8	0	0	0	0	0	
合计金额			6	7	8	0	0	0	0	0	6	7	8	0	0	0	0	0	

附凭证 2 张

会计主管：　　记账：　　审核：　　制单：王敏

表 4-40

记账凭证

2022 年 12 月 02 日　　　　记字第 8 号

摘要	会计科目		借方金额								贷方金额								记账符号
	总账科目	明细科目	十	万	千	百	十	元	角	分	十	万	千	百	十	元	角	分	
付购材料款	原材料	食用胶	6	0	0	0	0	0	0	0									
	应交税费	应交增值税（进项税额）		7	8	0	0	0	0	0									
	其他货币资金	银行本票									6	7	8	0	0	0	0	0	
合计金额			6	7	8	0	0	0	0	0	6	7	8	0	0	0	0	0	

附凭证 2 张

会计主管：　　记账：　　审核：　　制单：刘丽

五、银行本票的背书转让

本票一律记名，允许背书转让。本票持有人转让本票时，应在本票后面“背书”栏内背书，并加盖本单位预留银行的印鉴，注明背书日期，在“被背书人”栏内填写收款人的名称，之后将本票交给被背书人，同时向被背书人交验有关证件，以便被背书单位查验。被背书人接受背书的本票时，也应对其内容是否合法、正确、完整进行认真检查。本票背书必须连续。若本票签发人在本票正面注有“不准转让”字样的，则该本票不得背书转让；背书人也可以在背书时注明“不准转让”字样，禁止该本票以后再转让。如其再背书并将本票转让他人，原背书人对其后的被背书人不负保证付款的责任。已经拒绝付款的本票和已逾付款期的本票，不得再背书转让。

六、银行本票的退款

申请人因银行本票超过付款期或因其他原因未使用而要求退款时，可持银行本票到签发银行办理退款手续。对于遗失的不定额本票，在付款期满 1 个月后确实未被冒领的，也可以到签发银行办理退款手续。在办理退款手续时，原本票申请人应首先向签发银行说明情况，出具盖有单位公章的遗失本票退款申请书，连同填制好的进账单一并交给签发银行办理退款。然后，再根据银行退回的进账单“收账通知”联编制记账凭证。未在银行开立账户的持票人，应在未用的银行本票背面签章，并提交有关证件，经银行审核没有问题方予退款。

按照现行规定，只有不定额的本票在符合条件时才能办理退款作为补救。这里符合的条件主要包括：①该本票由签发行签发后未经背书转让。②持票人为本票的收款单位。

任务四　汇兑结算

一、汇兑概述

汇兑是汇款人委托银行将其款项支付给收款人的结算方式。

（一）汇兑种类

汇兑根据划转款项方法的不同以及传递方式的不同可分为信汇、电汇和电子汇划三种，由汇款人自行选择。

信汇是汇款人向银行提出申请，同时交存一定金额及手续费，汇出行将信汇委托书以邮寄方式寄给汇入行，授权汇入行向收款人解付一定金额的一种汇兑结算方式。电汇是汇款人将一定金额交存汇款银行，汇款银行通过电报或电传给目的地的分行或代理行（汇入行），指示汇入行向收款人支付一定金额的一种汇款方式。电子汇划是由各商业银行建立电子支付系统，并与人民银行现代支付系统连接，实现客户资金异地支付款项的汇款方式。

根据人民银行规定，信汇、电汇两种业务已停办，现在应用的是电子汇划，办理电子汇划结算手续费价格如表 4-41 所示。

表 4-41　办理电子汇划结算手续费价格

金额标准	汇划费		手续费	
	普通	加急（2 小时到账）	普通	加急（2 小时到账）
1 万元（含）以下	5 元/笔	加收 30%	0.5 元/笔	0.5 元/笔
1 万～10 万元	10 元/笔			
10 万～50 万元	15 元/笔			
50 万～100 万元	20 元/笔			
100 万元以上	按金额的 0.2‰，最高不超过 200 元			

（二）汇兑结算的特点

（1）汇兑结算没有金额起点的限制。

（2）汇兑结算属于汇款人向异地主动付款的一种结算方式。

（3）汇兑结算手续简便易行，单位或个人很容易办理。

（三）汇兑结算适用范围

汇兑结算适用范围广泛，就汇款人来说，无论是否在银行开立账户，只要需要就可以办理；就款项的性质来看，不管是商品交易、资金调拨、劳务费或个人的费用等，只要需要就可以办理汇款手续。因此，单位和个人的各种款项的结算，均可使用汇兑结算方式。

二、汇兑结算业务的处理程序

（一）付款方出纳处理业务程序

（1）填写银行结算业务申请书。正确填写银行结算业务申请书，并由印鉴管理人员在第一联的申请人签章处加盖预留银行印鉴。

（2）填写现金管理收费凭证。正确填写现金管理收费凭证，格式如表 4-42 和表 4-43 所示。不同银行凭证不完全一样，本书主要以中国农业银行的结算凭证为例，手续费的核算在此作一介绍，其他结算方式不再进行说明。

表 4-42　中国农业银行　现金管理收费凭证

年　　月　　日　　　　　　序号：

付款人户名					
付款人账号					
业务种类					
收费项目	收费基数	费率	交量量	交易金额	收费金额
金额（大写）	（小写）				
日期：	日志号：		交易码：	币种：	
金额：	终端号：		主管：	柜员：	

第一联　银行记账凭证

制票：　　　　　复核：

表 4-43　　中国农业银行　现金管理收费凭证

年　月　日　　　　序号：

<table>
<tr><td>付款人户名</td><td colspan="5"></td></tr>
<tr><td>付款人账号</td><td colspan="5"></td></tr>
<tr><td>业务种类</td><td colspan="5"></td></tr>
<tr><td>收费项目</td><td>收费基数</td><td>费率</td><td>交量量</td><td>交易金额</td><td>收费金额</td></tr>
<tr><td></td><td></td><td></td><td></td><td></td><td></td></tr>
<tr><td></td><td></td><td></td><td></td><td></td><td></td></tr>
<tr><td></td><td></td><td></td><td></td><td></td><td></td></tr>
<tr><td></td><td></td><td></td><td></td><td></td><td></td></tr>
<tr><td></td><td></td><td></td><td></td><td></td><td></td></tr>
<tr><td>金额（大写）</td><td colspan="5">（小写）</td></tr>
<tr><td colspan="6">日期：　日志号：　交易码：　币种：
金额：　终端号：　主管：　柜员：</td></tr>
</table>

第二联　客户回单

制票：　复核：

（3）申请办理汇款。将填写好的一式三联的银行结算业务申请书和一式两联的现金管理收费凭证递交给银行柜员，银行柜员在办妥转账或收妥款项后将结算业务申请书“回单联”和现金管理收费凭证的“客户回单”联退给申请人。

（4）传递凭证。将结算业务申请书“回单联”和现金管理收费凭证的“客户回单”联传递给制证员编制记账凭证。

（5）登记银行存款日记账。根据审核无误的记账凭证登记银行存款日记账。

（二）收款方出纳处理业务程序

（1）审核银行转来的收账通知。收款人开户银行在办理了资金划拨后，通知收款人汇款已到，收款人认真审核收账通知。审核内容主要包括：收款人是否为本单位；名称与账号是否与本单位一致；金额是否正确；汇款用途是否正确；汇入行是否盖了业务章。

（2）传递凭证。将收账通知传递给制证员编制记账凭证。

（3）登记银行存款日记账。根据审核无误的记账凭证登记银行存款日记账。

【例 4-5】 2022 年 11 月 8 日，丽水宏达服装有限责任公司采用电子汇划方式支付前欠天津佳美纺织厂购货款 126 080.00 元。请双方出纳办理相关业务。

丽水宏达服装有限责任公司（付款方）出纳处理业务程序如下。

（1）正确填写银行结算业务申请书，并由印鉴管理人员在第一联的申请人签章处加盖预留银行印鉴（如表 4-44 所示）。

表 4-44

中国农业银行　结算业务申请书　　　　VⅧ　0128232189

申请日期:2022 年 11 月 08 日

客户填写	业务类型	□电汇　□信汇　□汇票　□本票 其他　电子汇划	汇款方式	☑普通　□加急	
	申请人 全　　称	丽水宏达服装有限责任公司	收款人 全　　称	天津佳美纺织厂	
	账号或地址	7254361812345	账号或地址	5758772543898	
	开户行名称	农业银行丽水灯塔支行	开户行名称	工商银行天津河西分行	
	金额(大写)人民币壹拾贰万陆仟零捌拾元整		亿 千 百 十 万 千 百 十 元 角 分	¥ 1 2 6 0 8 0 0 0	
	上列款项及相关费用请从我账户内支付 丽水宏达服装有限责任公司财务专用章　郭阳朝印 申请人签章		支付密码		
			附加信息及用途:还前欠货款		
银行打印					

会计主管：　　　　复核：　　　　记账：

第一联　记账联

丽水宏达服装有限责任公司基本信息如下。

账号：7254361812345 开户银行：农业银行丽水灯塔支行　行号：89

天津佳美纺织厂基本信息如下。

账号：5758772543898　开户银行：工商银行天津河西分行　行号：78

(2) 填写现金管理收费凭证（如表 4-45 所示）。

表 4-45

中国农业银行　现金管理收费凭证

2022 年 11 月 08 日　　　序号：

付款人户名	丽水宏达服装有限责任公司				
付款人账号	7254361812345				
业务种类	电子汇划				
收费项目	收费基数	费率	交量量	交易金额	收费金额
手续费				126 080.00	15.50
金额（大写）	壹拾伍元伍角整		（小写）￥15.50		
日期：	日志号：		交易码：	币种：	
金额：	终端号：		主管：	柜员：	

制票：　　　　复核：

第一联　银行记账凭证

(3) 申请办理汇款。将一式三联的银行结算业务申请书和一式两联的现金管理收费凭证递交给银行柜员，银行柜员在办妥转账或收妥款项后将结算业务申请书“回单联”（如表 4-46

所示）和现金管理收费凭证的客户回单联（如表 4-47 所示）退给申请人。

表 4-46

中国农业银行　结算业务申请书　　VⅧ　0128232189

申请日期　2022 年 11 月 08 日

客户填写	业务类型	□电汇 □信汇 □汇票 □本票 其他 电子汇划		汇款方式	☑普通 □加急	
	申请人	全　称	丽水宏达服装有限责任公司	收款人	全　称	天津佳美纺织厂
		账号或地址	7254361812345		账号或地址	5758772543898
		开户行名称	农业银行丽水灯塔支行		开户行名称	工商银行天津河西分行
	金额（大写）人民币壹拾贰万陆仟零捌拾元整				亿 千 百 十 万 千 百 十 元 角 分	¥ 1 2 6 0 8 0 0 0
	付款行签章：				支付密码	
					附加信息及用途：还前欠货款	
银行打印						

会计主管：　　　　复核：　　　　记账：

第三联　回单联

农业银行
丽水灯塔支行
2022.11.08
转
讫

表 4-47

中国农业银行　现金管理收费凭证

2022 年 11 月 08 日　　　　序号：

付款人户名	丽水宏达服装有限责任公司				
付款人账号	7254361812345				
业务种类	电子汇划				
收费项目	收费基数	费率	交易量	交易金额	收费金额
手续费				126 080.00	15.50
金额（大写）	人民币壹拾伍元伍角整			（小写）¥15.50	
日期：2022 年 11 月 08 日	日志号：123456		交易码：89079000	币种：人民币	
金额：126 080.00	终端号：89089897		主管：李林	柜员：3307167	

制票：　　　　复核：

第二联　客户回单

农业银行
丽水灯塔支行
2022.11.08
转
讫

（4）传递凭证。将表 4-46 和表 4-47 传递给制证员编制记账凭证。

附：制证员根据审核无误的表 4-46 编制记账凭证（如表 4-48 所示）。

表 4-48

记账凭证

2022 年 11 月 10 日　　　　记字第 15 号

摘要	会计科目		借方金额								贷方金额								记账符号
	总账科目	明细科目	十	万	千	百	十	元	角	分	十	万	千	百	十	元	角	分	
还前欠货款	应付账款	天津佳美纺织厂	1	2	6	0	8	0	0	0									
	银行存款										1	2	6	0	8	0	0	0	
合计金额			1	2	6	0	8	0	0	0	1	2	6	0	8	0	0	0	

附凭证 1 张

会计主管：　　记账：　　审核：　　制单：刘黄

制证员根据审核无误表 4-47 编制记账凭证（如表 4-49 所示）。

表 4-49

记账凭证

2022 年 11 月 10 日　　　　记字第 16 号

摘要	会计科目		借方金额								贷方金额								记账符号
	总账科目	明细科目	十	万	千	百	十	元	角	分	十	万	千	百	十	元	角	分	
办理电汇手续	财务费用	手续费					1	5	5	0									
	银行存款														1	5	5	0	
合计金额						¥	1	5	5	0				¥	1	5	5	0	

附凭证 1 张

会计主管：　　记账：　　审核：　　制单：刘黄

注：以上两号记账凭证也可合并编制。

（5）登记银行存款日记账。出纳根据审核无误的表 4-48 和表 4-49 登记银行存款日记账（略）。

天津佳美纺织厂（收款方）出纳处理业务程序如下。

（1）审核银行转来的收账通知联（如表 4-50 所示）。

（2）传递凭证。将审核无误的表 4-50 传递给制证员编制记账凭证。

附：制证员根据审核无误的表 4-50 编制记账凭证（如表 4-51 所示）。

（3）登记银行存款日记账。根据审核无误的表 4-51 登记银行存款日记账（略）。

表 4-50

中国工商银行人行电子联行电划贷方补充报单(第三联)

工商银行天津市运行分中心城区核算组　　2022 年 11 月 09 日　　凭证编号:225

汇出行行号	89	汇入行行号	78	凭证提交号	38127899
付款人 账号	7254361812345		收款人 账号	5758772543898	
付款人 名称	丽水宏达服装有限责任公司		收款人 名称	天津佳美纺织厂	
付款人 开户行	农业银行丽水灯塔支行		收款人 开户行	工商银行天津河西分行	
金额大写	人民币壹拾贰万陆仟零捌拾元整		金　额	¥126 080.00	
事　由	前欠货款		应解汇款编号:		
上列款项已代进账,如有误,请持此联来行商洽。 此致	(银 行 盖 章)		科　目(贷)＿＿＿＿ 对方科目(借)＿＿＿＿ 解汇日期:2022 年 11 月 09 日 复核:　记账:　出纳:	工商银行 天津河西分行 2022.11.09 转讫	

(此联送收款人代收款通知或取款收据)　　电脑打印　手工无效

表 4-51

记 账 凭 证

2022 年 11 月 12 日　　记字第 10 号

摘　要	会计科目		借方金额								贷方金额								记账符号
	总账科目	明 细 科 目	十	万	千	百	十	元	角	分	十	万	千	百	十	元	角	分	
收到前欠货款	银行存款		1	2	6	0	8	0	0	0									
	应收账款	丽水宏达服装有限责任公司									1	2	6	0	8	0	0	0	
合 计 金 额			1	2	6	0	8	0	0	0	1	2	6	0	8	0	0	0	

附凭证 1 张

会计主管:　　记账:　　审核:　　制单:陈黄忠

三、汇兑的撤销与退汇

汇款人对汇出银行尚未汇出的款项可以申请撤销。申请撤销时应出具正式函件或本人身份证及原申请书回单。

汇入银行对于收款人拒绝接受的汇款,应立即办理退汇。汇入银行对于向收款人发出取款通知,经过 2 个月无法交付的汇款,应主动办理退汇。

任务五　托收承付结算

一、托收承付概述

托收承付是根据购销合同由收款人发货后委托银行向异地付款人收取款项，由付款人向银行承认付款的结算方式。托收凭证格式如表 4-52～表 4-56 所示。

表 4-52

托收凭证　（受理回单）　1

委托日期　　年　月　日

<table>
<tr><td colspan="2">业务类型</td><td colspan="4">委托收款（□邮划、□电划）</td><td colspan="5">托收承付（□邮划、□电划）</td></tr>
<tr><td rowspan="3">付款人</td><td>全称</td><td colspan="4"></td><td rowspan="3">收款人</td><td>全称</td><td colspan="3"></td></tr>
<tr><td>账号</td><td colspan="4"></td><td>账号</td><td colspan="3"></td></tr>
<tr><td>地址</td><td>省　市县</td><td>开户行</td><td colspan="2"></td><td>地址</td><td>省　市县</td><td>开户行</td><td></td></tr>
<tr><td>金额</td><td colspan="7">人民币（大写）</td><td colspan="3">千 百 十 万 千 百 十 元 角 分</td></tr>
<tr><td colspan="2">款项内容</td><td></td><td>托收凭证名称</td><td colspan="3"></td><td colspan="2">附寄单据张数</td><td colspan="2"></td></tr>
<tr><td colspan="3">商品发运情况</td><td colspan="3"></td><td colspan="2">合同名称号码</td><td colspan="3"></td></tr>
<tr><td colspan="4">备注：

复核　　　　记账</td><td colspan="3">款项收妥日期

年　月　日</td><td colspan="4">
收款人开户银行签章
年　月　日</td></tr>
</table>

此联是收款人开户银行给收款人的受理回单

（一）托收承付的种类

托收承付按款项的划回方式不同分为邮寄和电报两种，由收款人选择使用。

表 4-53　　托收凭证　（贷方凭证）　　2

委托日期　　年　月　日

<table>
<tr><td>业务类型</td><td colspan="6">委托收款（□邮划、□电划）</td><td colspan="6">托收承付（□邮划、□电划）</td></tr>
<tr><td rowspan="3">付款人</td><td>全称</td><td colspan="4"></td><td rowspan="3">收款人</td><td>全称</td><td colspan="4"></td></tr>
<tr><td>账号</td><td colspan="4"></td><td>账号</td><td colspan="4"></td></tr>
<tr><td>地址</td><td>省　市县</td><td>开户行</td><td colspan="2"></td><td>地址</td><td>省　市县</td><td>开户行</td><td colspan="2"></td></tr>
<tr><td>金额</td><td colspan="10">人民币
（大写）</td><td colspan="2">千 百 十 万 千 百 十 元 角 分</td></tr>
<tr><td>款项内容</td><td colspan="2"></td><td colspan="2">托收凭证名称</td><td colspan="2"></td><td colspan="2">附寄单据张数</td><td colspan="3"></td></tr>
<tr><td colspan="2">商品发运情况</td><td colspan="3"></td><td colspan="2">合同名称号码</td><td colspan="5"></td></tr>
<tr><td colspan="4">备注：

收款人开户银行收到日期
年　月　日</td><td colspan="4">上述款项随附有关债务证明，请予办理。

收款人签章</td><td colspan="4">复核　　记账</td></tr>
</table>

此联收款人开户银行作贷方凭证

表 4-54　　托收凭证　（借方凭证）　　3

委托日期　　年　月　日　　付款期限　　年　月　日

<table>
<tr><td>业务类型</td><td colspan="6">委托收款（□邮划、□电划）</td><td colspan="6">托收承付（□邮划、□电划）</td></tr>
<tr><td rowspan="3">付款人</td><td>全称</td><td colspan="4"></td><td rowspan="3">收款人</td><td>全称</td><td colspan="4"></td></tr>
<tr><td>账号</td><td colspan="4"></td><td>账号</td><td colspan="4"></td></tr>
<tr><td>地址</td><td>省　市县</td><td>开户行</td><td colspan="2"></td><td>地址</td><td>省　市县</td><td>开户行</td><td colspan="2"></td></tr>
<tr><td>金额</td><td colspan="10">人民币
（大写）</td><td colspan="2">千 百 十 万 千 百 十 元 角 分</td></tr>
<tr><td>款项内容</td><td colspan="2"></td><td colspan="2">托收凭证名称</td><td colspan="2"></td><td colspan="2">附寄单据张数</td><td colspan="3"></td></tr>
<tr><td colspan="2">商品发运情况</td><td colspan="3"></td><td colspan="2">合同名称号码</td><td colspan="5"></td></tr>
<tr><td colspan="4">备注：

付款人开户银行收到日期
年　月　日</td><td colspan="4">收款人开户银行签章
年　月　日</td><td colspan="4">复核　　记账</td></tr>
</table>

此联付款人开户银行作借方凭证

表 4-55　　托收凭证　（借方凭证）　　4

委托日期　　年　　月　　日　　　付款期限　　年　　月　　日

业务类型	委托收款（□邮划、□电划）			托收承付（□邮划、□电划）		
付款人	全称		收款人	全称		
	账号			账号		
	地址	省　市县　开户行		地址	省　市县　开户行	
金额	人民币（大写）				千 百 十 万 千 百 十 元 角 分	
款项内容		托收凭证名称		附寄单据张数		
商品发运情况			合同名称号码			
备注： 复核　　　记账		上述款项已划回收入你方账户内 收款人开户银行签章 年　月　日				

此联付款人开户银行作借方凭证

表 4-56　　托收凭证　（付款通知）　　5

委托日期　　年　　月　　日　　　付款期限　　年　　月　　日

业务类型	委托收款（□邮划、□电划）			托收承付（□邮划、□电划）		
付款人	全称		收款人	全称		
	账号			账号		
	地址	省　市县　开户行		地址	省　市县　开户行	
金额	人民币（大写）				千 百 十 万 千 百 十 元 角 分	
款项内容		托收凭证名称		附寄单据张数		
商品发运情况			合同名称号码			
备注： 付款人开户银行收到日期 年　月　日 复核　　　记账		收款人开户银行签章 年　月　日		付款人注意： 1. 根据《支付结算办法》规定，上列托收款项，如超过承付期限未提出拒付，即视同全部承付。以此联代付款通知。 2. 如系全部或部分拒付，应在承付期限内另填拒绝承付理由书送银行办理。		

此联付款人开户银行给付款人按期付款通知

（二）托收承付结算的特点

托收承付结算方式分为托收和承付两个阶段。托收是指收款人根据购货合同发货后，委托银行向付款人收取款项的行为；承付是指付款人根据经济合同核对单证或验货后，向银行承认付款的行为。托收承付结算每笔的金额起点为10 000元，新华书店系统每笔的金额起点为1 000元。

（三）托收承付的使用范围

（1）托收承付结算方式适用于异地结算。

（2）收、付款单位是国有企业、供销合作社以及经营管理较好，并经开户银行审查同意的城乡集体所有制工业企业。

（3）属于商品交易以及因商品交易而产生的劳务供应的款项。代销、寄销、赊销商品的款项，不能办理托收承付。

（4）收、付款人双方签有符合《中华人民共和国民法典》的购销合同，并在合同中订明使用托收承付结算方式。

二、托收承付结算的基本规定

（1）收款人办理托收，必须具有商品确已发运的证件（包括铁路、航运、公路等运输部门签发的运单、运单副本和邮局包裹回执）。没有发运证件，属于下列情况的，可凭其他有关证件办理托收。

①内贸、外贸部门系统内商品调拨，自备运输工具发送或自提的；易燃、易爆、剧毒、腐蚀性强的商品，以及电、石油、天然气等必须使用专用工具或线路、管道运输的，可凭付款人确已收到商品的证明（粮食部门凭提货单及发货明细表）。

②铁道部门的材料厂向铁道系统供应专用器材，可凭其签发注明车辆号码和发运日期的证明。

③军队使用军列整车装运物资，可凭注明车辆号码、发运日期的单据；军用仓库对军内发货，可凭总后勤部签发的提货单副本，各大军区、省军区也可比照办理。

④收款人承造或大修理船舶、锅炉和大型机器等，生产周期长，合同规定按工程进度分次结算的，可凭工程进度完工证明书。

⑤付款人购进的商品，在收款人所在地转厂加工、配套的，可凭付款人和承担加工、配套单位的书面证明。

⑥合同规定商品由收款人暂时代为保管的，可凭寄存证及付款人委托保管商品的证明。

⑦使用“铁路集装箱”或将零担凑整车发运商品的，由于铁路只签发一张运单，可凭持有发运证件单位出具的证明。

⑧外贸部门进口商品，可凭国外发来的账单、进口公司开出的结算账单。

（2）收付双方办理托收承付结算，必须重合同、守信用。收款人对同一付款人发货托收累计3次收不回货款的，收款人开户银行应暂停收款人向该付款人办理托收；付款人累计3

次提出无理拒付的，付款人开户银行应暂停其向外办理托收。

三、签发托收承付凭证必须记载的事项

（1）表明“托收承付”的字样。

（2）确定的金额。

（3）付款人名称及账号。

（4）收款人名称及账号。

（5）付款人开户银行名称。

（6）收款人开户银行名称。

（7）托收附寄单证张数或册数。

（8）合同名称、号码。

（9）委托日期。

（10）收款人签章。

托收承付凭证上欠缺记载上列事项之一的，银行不予受理。

四、托收承付结算业务的处理程序

（一）收款方出纳业务处理程序

（1）填写托收凭证。出纳正确填写托收凭证，并由印鉴管理人员在第二联收款人签章处加盖单位预留银行印鉴。

根据发货凭证、发票等资料填写托收承付，托收凭证填写要求如下。

①委托日期：办理托收当天的日期。

②业务类型：选择托收承付，并在相应的邮划或电划前的方框内打“√”。

③付款人、收款人的信息：按要求填写。

④金额：按结算金额分别填写大写金额和小写金额。

⑤款项内容：货款等。

⑥托收凭证名称：发票、费用结算单和债权证明等。

⑦附邮寄凭证张数：托收凭证的张数。

⑧商品发运情况：已发运等。

⑨合同名称号码：商品交易的合同号码。

⑩采用验货付款的，必须在托收凭证上加盖明显的“验货付款”字样戳记。

（2）办理托收。托收是收款人按照购销合同发货后委托银行办理托收。出纳将填好的五联托收凭证、发运证件或其他符合托收承付结算的有关证明和交易单证送交开户银行办理托收手续。

（3）传递凭证。银行审查受理后，出纳将加盖开户银行业务受理章的托收凭证第一联及手续费和邮电费等银行收费凭证传递给制证员编制记账凭证。

（4）再传递凭证。一段时间后，对方全部付款时出纳将收到开户银行转来的托收承付凭证第四联（邮划方式结算）或电子联行电划贷方补充报（电划方式结算）；或对方全部或部分拒付时将拒绝付款理由书第四联交财务部门有关人员审核，再传递给制证员编制记账凭证。拒绝付款理由书格式如表4-57～表4-60所示。

表 4-57

托收承付/委托收款 结算 全部/部分 拒绝付款理由书（回单或/付款通知） 1

拒付日期　　年　　月　　日

<table>
<tr><td rowspan="3">付款人</td><td>全　称</td><td colspan="3"></td><td rowspan="3">收款人</td><td>全　称</td><td colspan="10"></td></tr>
<tr><td>账　号</td><td colspan="3"></td><td>账　号</td><td colspan="10"></td></tr>
<tr><td>开户行</td><td colspan="3"></td><td>开户行</td><td colspan="10"></td></tr>
<tr><td rowspan="2">托收金额</td><td rowspan="2"></td><td rowspan="2">拒付金额</td><td rowspan="2"></td><td colspan="3" rowspan="2">部分付款金额</td><td>千</td><td>百</td><td>十</td><td>万</td><td>千</td><td>百</td><td>十</td><td>元</td><td>角</td><td>分</td></tr>
<tr><td></td><td></td><td></td><td></td><td></td><td></td><td></td><td></td><td></td><td></td></tr>
<tr><td colspan="2">附寄单据</td><td colspan="3"></td><td colspan="2">部分付款金额（大写）</td><td colspan="10"></td></tr>
<tr><td colspan="5">拒付理由：

付款人签章</td><td colspan="12"></td></tr>
</table>

此联付款人开户银行给付款人的回单或付款通知

表 4-58

托收承付/委托收款 结算 全部/部分 拒绝付款理由书（借方凭证） 2

拒付日期　　年　　月　　日

<table>
<tr><td rowspan="3">付款人</td><td>全　称</td><td colspan="3"></td><td rowspan="3">收款人</td><td>全　称</td><td colspan="10"></td></tr>
<tr><td>账　号</td><td colspan="3"></td><td>账　号</td><td colspan="10"></td></tr>
<tr><td>开户行</td><td colspan="3"></td><td>开户行</td><td colspan="10"></td></tr>
<tr><td rowspan="2">托收金额</td><td rowspan="2"></td><td rowspan="2">拒付金额</td><td rowspan="2"></td><td colspan="3" rowspan="2">部分付款金额</td><td>千</td><td>百</td><td>十</td><td>万</td><td>千</td><td>百</td><td>十</td><td>元</td><td>角</td><td>分</td></tr>
<tr><td></td><td></td><td></td><td></td><td></td><td></td><td></td><td></td><td></td><td></td></tr>
<tr><td colspan="2">附寄单据</td><td colspan="3"></td><td colspan="2">部分付款金额（大写）</td><td colspan="10"></td></tr>
<tr><td colspan="5">拒付理由：

付款人签章</td><td colspan="12"></td></tr>
</table>

此联银行作借方凭证或存查

表 4-59　　托收承付/委托收款　结算　全部/部分　拒绝付款理由书（贷方凭证）　3

拒付日期　　年　　月　　日

<table>
<tr><td rowspan="3">付款人</td><td>全　称</td><td colspan="3"></td><td rowspan="3">收款人</td><td>全　称</td><td colspan="10"></td></tr>
<tr><td>账　号</td><td colspan="3"></td><td>账　号</td><td colspan="10"></td></tr>
<tr><td>开户行</td><td colspan="3"></td><td>开户行</td><td colspan="10"></td></tr>
<tr><td rowspan="2">托收金额</td><td colspan="2" rowspan="2"></td><td rowspan="2">拒付金额</td><td rowspan="2"></td><td colspan="2" rowspan="2">部分付款金额</td><td>千</td><td>百</td><td>十</td><td>万</td><td>千</td><td>百</td><td>十</td><td>元</td><td>角</td><td>分</td></tr>
<tr><td></td><td></td><td></td><td></td><td></td><td></td><td></td><td></td><td></td><td></td></tr>
<tr><td colspan="2">附寄单据</td><td colspan="3"></td><td colspan="2">部分付款金额（大写）</td><td colspan="10"></td></tr>
<tr><td colspan="5">拒付理由：

付款人签章</td><td colspan="12"></td></tr>
</table>

此联银行作贷方凭证或存查

表 4-60　　托收承付/委托收款　结算　全部/部分　拒绝付款理由书（代通知/或收账通知）　4

拒付日期　　年　　月　　日

<table>
<tr><td rowspan="3">付款人</td><td>全　称</td><td colspan="3"></td><td rowspan="3">收款人</td><td>全　称</td><td colspan="10"></td></tr>
<tr><td>账　号</td><td colspan="3"></td><td>账　号</td><td colspan="10"></td></tr>
<tr><td>开户行</td><td colspan="3"></td><td>开户行</td><td colspan="10"></td></tr>
<tr><td rowspan="2">托收金额</td><td colspan="2" rowspan="2"></td><td rowspan="2">拒付金额</td><td rowspan="2"></td><td colspan="2" rowspan="2">部分付款金额</td><td>千</td><td>百</td><td>十</td><td>万</td><td>千</td><td>百</td><td>十</td><td>元</td><td>角</td><td>分</td></tr>
<tr><td></td><td></td><td></td><td></td><td></td><td></td><td></td><td></td><td></td><td></td></tr>
<tr><td colspan="2">附寄单据</td><td colspan="3"></td><td colspan="2">部分付款金额（大写）</td><td colspan="10"></td></tr>
<tr><td colspan="5">拒付理由：

付款人签章</td><td colspan="12"></td></tr>
</table>

此联银行作贷方凭证或存查

（5）登记银行存款日记账。出纳根据审核无误的记账凭证登记银行存款日记账。

（二）付款方出纳业务处理程序

（1）传递凭证。出纳在接到开户银行寄送的托收凭证第五联及有关债务证明后，将该付款通知及其附件交有关人员办理付款申请手续。

知识拓展

付款申请

不同企业，因为财务制度不同，付款申请手续也不尽相同，有通过编制付款申请书（格式如表 4-61 所示）传送各有关部门或人员进行审核的，也有直接根据付款通知及其附件办理付款申请手续的（即有关人员在原始凭证上直接签署意见）。各部门审核的主要内容包括：是否应由本单位受理；托收凭证与债务证明是否与实际经济业务相符；托收凭证内容是否齐备正确；托收金额与实际应付金额是否一致；付款期限是否到期。

表 4-61 付　款　申　请　书

年　　月　　日　　　　　　　　字　　号

<table>
<tr><td>收款单位</td><td colspan="3"></td><td rowspan="2">付款原因</td></tr>
<tr><td>账　　号</td><td colspan="3"></td></tr>
<tr><td>开户行</td><td colspan="3"></td><td rowspan="4"></td></tr>
<tr><td>金　　额</td><td colspan="3"></td></tr>
<tr><td colspan="2">附件　　张</td><td colspan="2"></td></tr>
<tr><td colspan="2">领导审批</td><td>财务审核</td><td>业务审核</td></tr>
</table>

会计主管：　　　　记账：　　　　复核：　　　　出纳：　　　　制单：

（2）办理付款或拒付。出纳应根据付款申请审批意见，办理相应付款或拒付手续。如果企业决定付款，出纳应根据企业审批意见在规定的付款期内办理付款；如果企业决定全部或部分拒绝付款，出纳应根据企业审批意见在规定时间内向开户银行办理拒绝付款手续，办理拒付手续的程序如下。

①填写拒绝付款理由书，并由印鉴管理人员在各联付款人签章处签章。

②办理拒付。出纳在规定时间内将拒绝付款理由书及其他资料送交开户银行。

（3）传递凭证。若企业全部付款，出纳将托收凭证第五联及相关附件传递给制证员编制记账凭证；若拒付，则在银行受理后，出纳将拒绝付款理由书第一联传递给制证员编制记账凭证。

（4）登记银行存款日记账。出纳根据审核无误的记账凭证登记银行存款日记账。

【例 4-6】 2022 年 12 月 3 日丽水市机电设备制造厂出售给杭州市机电设备进出口公司一批机器设备，开具增值税专用发票（如表 4-62～表 4-64 所示），货物已发出，运输费由销货方负担（运费发票略），上述两家公司均为国有企业，并签订购货合同，在合同中约定以托收承付（验货付款）的方式进行结算。要求：根据付款方的不同回应，分别以收付双方出纳身份办理相关业务：①付款方全部付款时双方出纳办理相关业务；②付款方部分拒付时双方出纳办理相关业务。

表 4-62

浙 江 增 值 税 专 用 发 票

全国统一发票监制章 浙江 国家税务总局监制

3300222130　　　　抵 扣 联　　　　№05000331

开票日期：2022 年 12 月 03 日

税总函[2022]102 号　杭州印刷厂

购买方	名　　称：杭州市机电设备进出口公司 纳税人识别号：91330602002230571F 地 址 、电 话：杭州市解放街 118 号 0571-86651123 开户行及账号：农业银行长河支行 39507001040600578				密码区	（略）		
货物或应税劳务、服务名称	规格型号	单位	数　量	单　价	金　额	税率	税　额	
A 设备		台	100	8 000.00	800 000.00	13%	104 000.00	
合　　计					¥800 000.00		¥104 000.00	
价税合计（大写）	⊗玖拾万零肆仟元整				（小写）¥904 000.00			
销售方	名　　称：丽水市机电设备制造厂 纳税人识别号：91331801001000578B 地 址 、电 话：丽水市大众街 88 号 0578-3130001 开户行及账号：建设银行处州支行 580002101050087				备注	丽水市机电设备制造厂 91331801001000578B 发票专用章		

第二联：抵扣联　购买方扣税凭证

收款人：　　复核：　　开票人：何文生　　销售方：（章）

表 4-63

浙 江 增 值 税 专 用 发 票

全国统一发票监制章 浙江 国家税务总局监制

3300222130　　　　发 票 联　　　　№05000331

开票日期：2022 年 12 月 03 日

税总函[2022]102 号　杭州印刷厂

购买方	名　　称：杭州市机电设备进出口公司 纳税人识别号：91330602002230571F 地 址 、电 话：杭州市解放街 118 号 0571-86651123 开户行及账号：农业银行长河支行 39507001040600578				密码区	（略）		
货物或应税劳务、服务名称	规格型号	单位	数　量	单　价	金　额	税率	税　额	
A 设备		台	100	8 000.00	800 000.00	13%	104 000.00	
合　　计					¥800 000.00		¥104 000.00	
价税合计（大写）	⊗玖拾万零肆仟元整				（小写）¥904 000.00			
销售方	名　　称：丽水市机电设备制造厂 纳税人识别号：91331801001000578B 地 址 、电 话：丽水市大众街 88 号 0578-3130001 开户行及账号：建设银行处州支行 580002101050087				备注	丽水市机电设备制造厂 91331801001000578B 发票专用章		

第三联：发票联　购买方记账凭证

收款人：　　复核：　　开票人：何文生　　销售方：（章）

表 4-64

浙江增值税专用发票

3300222130　　　　　　　　　　　　　　　　№05000331

此联不作报销、扣税凭证使用　　开票日期：2022 年 12 月 03 日

购买方	名　称：杭州市机电设备进出口公司 纳税人识别号：91330602002230571F 地 址 、电 话：杭州市解放街 118 号 0571-86651123 开户行及账号：农业银行长河支行 39507001040600578				密码区	（略）	
货物或应税劳务、服务名称	规格型号	单位	数　量	单　价	金　额	税率	税　额
A 设备		台	100	8 000.00	800 000.00	13%	104 000.00
合　计					¥800 000.00		¥104 000.00
价税合计（大写）	⊗玖拾万零肆仟元整				（小写）¥904 000.00		
销售方	名　称：丽水市机电设备制造厂 纳税人识别号：91331801001000578B 地 址 、电 话：丽水市大众街 88 号 0578-3130001 开户行及账号：建设银行处州支行 580002101050087				备注	丽水市机电设备制造厂 91331801001000578B 发票专用章	

收款人：　　　　复核：　　　　开票人：何文生　　　　销售方：（章）

税总函[2022]102 号　杭州印刷厂

第一联：记账联　销售方记账凭证

（1）付款方全部付款。丽水市机电设备制造厂（收款方）出纳处理业务程序如下。

①填制托收凭证。出纳正确填制托收凭证并由印鉴管理人员在第二联收款人签章处加盖单位预留银行印鉴（如表 4-65 所示）。

表 4-65

托收凭证　（贷方凭证）　　**2**

委托日期　2022 年 12 月 04 日

业务类型	委托收款（□邮划、□电划）			托收承付（□邮划、☑电划）			
付款人	全称	杭州市机电设备进出口公司		收款人	全称	丽水市机电设备制造厂	
	账号	39507001040600578			账号	580002101050087	
	地址	浙江省杭州市/县　开户行　农业银行长河支行			地址	浙江省丽水市/县　开户行　建设银行处州支行	
金额	人民币（大写）玖拾万零肆仟元整				千 百 十 万 千 百 十 元 角 分	¥ 9 0 4 0 0 0 0 0	
款项内容	货款	托收凭证名称	发票	附寄单据张数	2		
商品发运情况	已发运	合同名称号码	20220001				
备注： 收款人开户银行收到日期 年　月　日		上述款项随附有关债务证明，请予办理。 黄家明印　丽水市机电设备制造厂财务专用章 收款人签章		复核　记账			

此联是收款人开户银行作贷方凭证

②办理托收。出纳将填好的五联托收凭证、发运证件或其他符合托收承付结算的有关证

明和交易单证送交开户银行办理托收承付手续。

③传递凭证。银行审查受理后，将加盖开户银行业务受理章的托收承付凭证第一联（如表 4-66 所示）及手续费和邮电费等银行收费凭证（略）传递给制证员编制记账凭证。

表 4-66

托收凭证　（受理回单）　**1**

委托日期　2022 年 12 月 04 日

业务类型	委托收款（□邮划、□电划）			托收承付（□邮划、☑电划）		
付款人	全称	杭州市机电设备进出口公司	收款人	全称	丽水市机电设备制造厂	
	账号	39507001040600578		账号	580002101050087	
	地址	浙江省杭州 市/县　开户行：农业银行长河支行		地址	浙江省丽水 市/县　开户行：建设银行处州支行	
金额	人民币（大写）	玖拾万零肆仟元整		千 百 十 万 千 百 十 元 角 分	¥ 9 0 4 0 0 0 0 0	
款项内容	货款	托收凭证名称	发票	附寄单据张数	2	
商品发运情况	已发运	合同名称号码		20220001		
备注： 复核　　记账		款项收妥日期 年　月　日		建设银行 处州支行 2022.12.04 业务受理专用章 收款人开户银行签章 年　月　日		

此联是收款人开户银行给收款人的受理回单

附：制证员根据审核无误的表 4-64 和表 4-66 编制记账凭证（如表 4-67 所示）。

表 4-67

记 账 凭 证

2022 年 12 月 04 日　　记字第 88 号

摘要	会计科目：总账科目	会计科目：明细科目	借方金额：十	万	千	百	十	元	角	分	贷方金额：十	万	千	百	十	元	角	分	记账符号
销售A设备	应收账款	杭州市机电设备进出口公司	9	0	4	0	0	0	0	0									
	主营业务收入	A设备									8	0	0	0	0	0	0	0	
	应交税费	应交增值税（销项税额）									1	0	4	0	0	0	0	0	
合计金额			9	0	4	0	0	0	0	0	9	0	4	0	0	0	0	0	

附凭证 2 张

会计主管：　　记账：　　审核：　　制单：陈　方

说明：销货方关于运费的处理略。

④再传递凭证。12 月 17 日出纳将收到开户银行转来的中国建设银行人行电子联行电划贷方补充报单（第三联）（如表 4-68 所示）交财务部门有关人员审核，再传递给制证员编制记账凭证。

表 4-68 中国建设银行人行电子联行电划贷方补充报单（第三联）

中国建设银行人行电子联行电划贷方补充报单（第三联）

建设银行丽水市运行分中心城区核算组　　2022 年 12 月 17 日　　凭证编号：211

汇出行行号	25	汇入行行号 26	凭证提交号		38337899
付款人	账号	39507001040600578	收款人	账号	580002101050087
	名称	杭州市机电设备进出口公司		名称	丽水市机电设备制造厂
金额大写		玖拾万零肆仟元整	金　额		￥904 000.00
事　由		货款	应解汇款编号：		
上列款项已代进账，如有误，请持此联来行商洽。 此致		建设银行处州支行 2022.12.17 业务清讫 （银 行 盖 章）	科　　目（贷） 对方科目（借） 解汇日期： 复核：　　记账：　　出纳：		

（此联送收款人代收款通知或取款收据）　　电脑打印　　手工无效

附：制证员根据审核无误的表 4-68 编制记账凭证（如表 4-69 所示）。

表 4-69

记 账 凭 证

2022 年 12 月 17 日　　记字第 95 号

摘　要	会计科目		借方金额								贷方金额								记账符号
	总账科目	明细科目	十	万	千	百	十	元	角	分	十	万	千	百	十	元	角	分	
收到A设备托收款	银行存款		9	0	4	0	0	0	0	0									
	应收账款	杭州市机电设备进出口公司									9	0	4	0	0	0	0	0	
合 计 金 额			9	0	4	0	0	0	0	0	9	0	4	0	0	0	0	0	

附凭证 1 张

会计主管：　　记账：　　审核：　　制单：陈　方

⑤登记银行存款日记账。出纳根据审核无误的表 4-69 登记银行存款日记账（略）。

杭州市机电设备进出口公司（付款方）出纳处理业务程序如下。

①传递凭证。出纳在接到开户银行寄送的托收凭证第五联（如表 4-70 所示）及有关债务证明后，将表 4-70 及其附件（略）交有关人员办理付款申请手续。

表 4-70

托收凭证 （付款通知） **5**

委托日期 2022 年 12 月 04 日 付款期限：2022 年 12 月 16 日

业务类型	委托收款（□邮划、□电划）		托收承付（□邮划、☑电划）			
付款人	全称	杭州市机电设备进出口公司	收款人	全称	丽水市机电设备制造厂	
	账号	39507001040600578		账号	580002101050087	
	地址	浙江省杭州市/县 开户行 农业银行长河支行		地址	浙江省丽水市/县 开户行 建设银行处州支行	
金额	人民币（大写）玖拾万零肆仟元整		千 百 十 万 千 百 十 元 角 分	¥ 9 0 4 0 0 0 0		
款项内容	货款	托收凭证名称	发票	附寄单据张数	2	
商品发运情况	已发运	合同名称号码	20220001			
备注：验货付款 付款人开户银行收到日期 2022 年 12 月 06 日 复核 记账	付款人开户银行签章 年 月 日 农业银行 长河支行 2022.12.06 转讫	付款人注意： 1. 根据《支付结算办法》规定，上列托收款项，如超过承付期限未提出拒付，即视同全部承付。以此联代付款通知。 2. 如系全部或部分拒付，应在承付期限内另填拒绝承付理由书送银行办理。				

此联是付款人开户银行给付款人按期付款的通知

知识拓展

托收承付——付款

（1）验单付款。验单付款的承付期为 3 天，从付款人开户银行发出承付通知的次日算起（承付期内遇法定休假日顺延）。在承付期内，如未向银行表示拒绝付款，银行即视作承付，并在承付期满的次日（法定休假日顺延）上午银行开始营业时，将款项主动从付款人的账户内付出，按照收款人指定的划款方式，划给收款人。

（2）验货付款。验货付款的承付期为 10 天（对收付双方在合同中明确规定，并在托收凭证上注明验货付款期限的，银行从其规定），从运输部门向付款人发出提货通知的次日算起。收到提货通知后，应立即向银行交验提货通知。在银行发出承付通知的次日起 10 天内，未收到提货通知的，应在第 10 天将货物尚未到达的情况通知银行。在第 10 天付款人没有通知银行的，银行即视作已经验货，于 10 天期满的次日上午银行开始营业时，将款项划给收款人；在第 10 天付款人通知银行货物未到，而以后收到提货通知没有及时送交银行，银行仍按 10 天期满的次日作为划款日期。并按超过的天数，计扣逾期付款赔偿金。

（3）无足够资金支付。付款人在承付期满日，银行营业终了时，如无足够资金支付，其不足部分，即为逾期未付款项。付款人开户行应根据逾期付款金额和逾期天数，按每天万分之五计算逾期未付赔偿金。赔偿金的扣付列为企业销货收入扣款顺序的首位。付款人账户余额不足全额支付时，排列在工资之前，并对该账户采取只收不付的控制办法，待一次足额扣付赔偿金后，才准予办理其他款项的支付。

②办理付款。出纳根据转来的付款申请审批意见（如表 4-71 所示），办理相应付款手续。

表 4-71

付 款 申 请 书

2022 年 12 月 14 日　　字 32 号

收款单位	丽水市机电设备制造厂		付款原因
账　　号	580002101050087		
开 户 行	建设银行处州支行		购买 A 设备款
金　　额	人民币玖拾万零肆仟元整		
附件　3　张	¥904 000.00		
领导审批 同意付款。 黄学明 2022.12.15	财务审核 按期付款。 王学伍 2022.12.15	业务审核 已验货。 采购部：张一平 2022.12.14	

会计主管：　记账：　复核：　出纳：　制单：李方

③传递凭证。若企业全部付款，将表 4-63、表 4-70、表 4-71 和入库单传递给制证员编制记账凭证。

附：制证员根据审核无误的表 4-63、表 4-70、表 4-71 和入库单编制记账凭证（如表 4-72 所示）。

表 4-72

记 账 凭 证

2022 年 12 月 17 日　　记字第 104 号

摘要	会计科目		借方金额								贷方金额								记账符号
	总账科目	明细科目	十	万	千	百	十	元	角	分	十	万	千	百	十	元	角	分	
付购设备款	库存商品	A设备	8	0	0	0	0	0	0	0									
	应交税费	应交增值税（进项税额）	1	0	4	0	0	0	0	0									
	银行存款										9	0	4	0	0	0	0	0	
合计金额			9	0	4	0	0	0	0	0	9	0	4	0	0	0	0	0	

附凭证 4 张

会计主管：　记账：　审核：　制单：李方

④登记银行存款日记账。出纳根据审核无误的表 4-72 登记银行存款日记账（略）。

(2) 付款方拒付。丽水市机电设备制造厂（收款方）出纳处理业务程序如下。

业务程序①、②、③同付款方全部付款情况。

④再传递凭证。12 月 17 日出纳将收到开户银行转来的对方开出的拒绝付款理由书（如表 4-73 所示）及相关凭证（涉及凭证来由，见付款方业务）交财务部门有关人员审核，根据企业进货退出及索取折让证明单（如表 4-74 所示）开具红字发票（如表 4-75～表 4-77 所示），再传递给制证员编制记账凭证。

表 4-73

托收承付/委托收款 结算 全部/部分 拒绝付款理由书（代通知/或收账通知） 4

拒付日期 2022 年 12 月 14 日

付款人	全称	杭州市机电设备进出口公司	收款人	全称	丽水市机电设备制造厂
	账号	39507001040600578		账号	580002101050087
	开户行	农业银行长河支行		开户行	建设银行处州支行
托收金额	¥904 000.00	拒付金额	¥18 080.00	部分付款金额	千百十万千百十元角分 ¥ 8 8 5 9 2 0 0 0
附寄单据	2	部分付款金额（大写）	捌拾捌万伍仟玖佰贰拾元整		
拒付理由：超出合同规定数量两台退回。 杭州市机电设备进出口公司财务专用章 黄学明印 付款人签章					

此联作收款单位收账通知或全部拒付通知

表 4-74

杭州市税务局

企业进货退出及索取折让证明单

销货单位	全称	丽水市机电设备制造厂			
	税务登记号	91331801001000578B			
进货退出	货物名称	单价	数量	货款	税额
	A 设备	8 000.00	2	16 000.00	2 080.00
索取折让	货物名称	货款	税额	要求	
				折让金额	折让税额
退货或索取折让理由	超出合同规定数量两台退回。 经办人：李方 签章单位：杭州市机电设备进出口公司 业务专用章 2022 年 12 月 14 日	税务征收机关签章	经办人：关红 杭州市滨江税务分局 业务专用章 2022 年 12 月 14 日		
购货单位	全称	杭州市机电设备进出口公司			
	税务登记号	91330602002230571F			

第二联 交销货单位

注：本证明单一式三联。第一联，征收机关留存；第二联，交销货单位；第三联，购货单位留存。

表 4-75

浙江增值税专用发票

全国统一发票监制章 浙江 国家税务总局监制

3300222130 　　　　　　　　No05000335

抵扣联

开票日期：2022 年 12 月 17 日

税总函[2022]102 号 杭州印刷厂

购买方	名　　　称：杭州市机电设备进出口公司 纳税人识别号：91330602002230571F 地 址 、电 话：杭州市解放街 118 号 0571-86651123 开户行及账号：农业银行长河支行 39507001040600578				密码区	（略）		
货物或应税劳务、服务名称	规格型号	单位	数　量	单　价	金　额	税率	税　额	
A 设备		台	−2	8 000.00	−16 000.00	13%	−2 080.00	
合　　计					¥ −16 000.00		¥ −2 080.00	
价税合计（大写）	（负数）壹万捌仟零捌拾元整				（小写）¥ −18 080.00			
销售方	名　　　称：丽水市机电设备制造厂 纳税人识别号：91331801001000578B 地 址 、电 话：丽水市大众街 88 号 0578-3130001 开户行及账号：建设银行处州支行 580002101050087				备注	丽水市机电设备制造厂 91331801001000578B 发票专用章		

第二联：抵扣联 购买方扣税凭证

收款人： 　　复核： 　　开票人：何文生 　　销售方：（章）

表 4-76

浙江增值税专用发票

全国统一发票监制章 浙江 国家税务总局监制

3300222130 　　　　　　　　No05000335

发票联

开票日期：2022 年 12 月 17 日

税总函[2022]102 号 杭州印刷厂

购买方	名　　　称：杭州市机电设备进出口公司 纳税人识别号：91330602002230571F 地 址 、电 话：杭州市解放街 118 号 0571-86651123 开户行及账号：农业银行长河支行 39507001040600578				密码区	（略）		
货物或应税劳务、服务名称	规格型号	单位	数　量	单　价	金　额	税率	税　额	
A 设备		台	−2	8 000.00	−16 000.00	13%	−2 080.00	
合　　计					¥ −16 000.00		¥ −2 080.00	
价税合计（大写）	（负数）壹万捌仟零捌拾元整				（小写）¥ −18 080.00			
销售方	名　　　称：丽水市机电设备制造厂 纳税人识别号：91331801001000578B 地 址 、电 话：丽水市大众街 88 号 0578-3130001 开户行及账号：建设银行处州支行 580002101050087				备注	丽水市机电设备制造厂 91331801001000578B 发票专用章		

第三联：发票联 购买方记账凭证

收款人： 　　复核： 　　开票人：何文生 　　销售方：（章）

表 4-77

浙江增值税专用发票

3300222130　　　　　　№05000335

此联不作报销、扣税凭证使用　　开票日期：2022 年 12 月 17 日

购买方	名　　称：杭州市机电设备进出口公司 纳税人识别号：91330602002230571F 地 址 、电 话：杭州市解放街 118 号 0571-86651123 开户行及账号：农业银行长河支行 39507001040600578			密码区	（略）		
货物或应税劳务、服务名称	规格型号	单位	数量	单价	金额	税率	税额
A 设备		台	－2	8 000.00	－16 000.00	13%	－2 080.00
合　计					￥－16 000.00		￥－2 080.00
价税合计（大写）	（负数）壹万捌仟零捌拾元整				（小写）￥－18 080.00		
销售方	名　　称：丽水市机电设备制造厂 纳税人识别号：91331801001000578B 地 址 、电 话：丽水市大众街 88 号 0578-3130001 开户行及账号：建设银行处州支行 580002101050087			备注	丽水市机电设备制造厂 91331801001000578B 发票专用章		

收款人：　　复核：　　开票人：何文生　　销售方：（章）

税总函[2022]102 号 杭州印刷厂

第一联 记账联 销售方记账凭证

附：制证员根据表 4-73、表 4-74 和表 4-77 编制记账凭证（如表 4-78 所示）。

表 4-78

记 账 凭 证

2022 年 12 月 17 日　　　　记字第 95 号

摘要	总账科目	明细科目	借方十	万	千	百	十	元	角	分	贷方十	万	千	百	十	元	角	分	记账符号
销售 A 设备	银行存款		8	8	5	9	2	0	0	0									
	主营业务收入	A 设备		1	6	0	0	0	0	0									
	应交税费	应交增值税（销项税额）			2	0	8	0	0	0									
	应收账款	杭州机电设备进出口公司									9	0	4	0	0	0	0	0	
合计金额			9	0	4	0	0	0	0	0	9	0	4	0	0	0	0	0	

附凭证 3 张

会计主管：　　记账：　　审核：　　制单：陈　方

注：主营业务收入、应交税费也可在贷方，金额用红字。

⑤登记银行存款日记账。出纳根据审核无误的记账凭证登记银行存款日记账（略）。

杭州市机电设备进出口公司（付款方）出纳处理业务程序如下。

①传递凭证。出纳在接到开户银行寄送的托收凭证第五联（如表 4-70 所示）及有关债务证明后，将表 4-70 及其附件（略）交有关人员办理付款申请手续。

②办理部分拒付。出纳根据传来的付款申请审批意见（如表 4-79 所示）和企业进货退出及索取折让证明单（如表 4-80 所示）（假设收到对方开具的发票未入账），办理拒绝付款手续。

表 4-79 付 款 申 请 书

2022 年 12 月 06 日 字 32 号

<table>
<tr><td>收款单位</td><td colspan="2">丽水市机电设备制造厂</td><td rowspan="2">付款原因</td></tr>
<tr><td>账 号</td><td colspan="2">580002101050087</td></tr>
<tr><td>开 户 行</td><td colspan="2">建设银行处州支行</td><td rowspan="4">购买 A 设备款</td></tr>
<tr><td>金 额</td><td colspan="2">人民币玖拾万零肆仟元整</td></tr>
<tr><td>附件 3 张</td><td colspan="2">￥904 000.00</td></tr>
<tr><td>领导审批
两台退货，其余付款。
黄学明
2022.12.13</td><td>财务审核
按期付余款。
王学伍
2022.12.13</td><td>业务审核
已验货，超出合同规定数量两台。
采购部：张一平
2022.12.12</td></tr>
</table>

会计主管： 记账： 复核： 出纳： 制单：李方

知识拓展

在托收承付结算方式下可向银行提出全部或部分拒绝付款的情况

下列情况，付款人在承付期内，可向银行提出全部或部分拒绝付款。

（1）没有签订购销合同或购销合同未订明托收承付结算方式的款项。

（2）未经双方事先达成协议，收款人提前交货或因逾期交货，付款人不再需要该项货物的款项。

（3）未按合同规定的到货地址发货的款项。

（4）代销、寄销、赊销商品的款项。

（5）验单付款，发现所列货物的品种、规格、数量、价格与合同规定不符。

（6）验货付款，经查验货物与合同规定或与发货清单不符的款项。

（7）货款已经支付或计算有错误的款项。

不属于上述情况的，付款人不得向银行提出拒绝付款。

a. 填写拒绝付款理由书（如表 4-81 所示），并由印鉴管理人员在各联付款人签章处签章。

表 4-80

杭州市税务局

企业进货退出及索取折让证明单

销货单位	全　称	丽水市机电设备制造厂				
	税务登记号	91331801001000578B				
进货退出	货物名称	单　价	数量	货　款	税　额	
	A 设备	8 000.00	2	16 000.00	2 080.00	
索取折让	货物名称	货款	税额	要　求		
				折让金额	折让税额	
退货或索取折让理由	超出合同规定数量两台。 经办人：李方 签章单位：（杭州市机电设备进出口公司 业务专用章） 2022 年 12 月 14 日		税务征收机关签章	经办人：关红 （杭州市滨江税务分局 业务专用章） 2022 年 12 月 14 日		
购货单位	全　称	杭州市机电设备进出口公司				
	税务登记号	91330602002230571F				

第三联　购货单位留存

注：本证明单一式三联。第一联，征收机关留存；第二联，交销货单位；第三联，购货单位留存。

表 4-81

托收承付／委托收款　结算　全部／部分　拒绝付款理由书（回单或付款通知）　1

拒付日期　2022 年 12 月 14 日

付款人	全　称	杭州市机电设备进出口公司	收款人	全　称	丽水市机电设备制造厂
	账　号	39507001040600578		账　号	580002101050087
	开户行	农业银行长河支行		开户行	建设银行处州支行

托收金额	拒付金额	部分付款金额	千	百	十	万	千	百	十	元	角	分
904 000.00	18 080.00			¥	8	8	5	9	2	0	0	0

附寄单据	2	部分付款金额（大写）	捌拾捌万伍仟玖佰贰拾元整
拒付理由：超出合同数量两台。 （杭州市机电设备进出口公司财务专用章）（黄学明印） 付款人签章			

此联付款人开户银行给付款人的回单或付款通知

b. 办理拒付。出纳在规定时间内将拒绝付款理由书及其他资料送交开户银行。

③传递凭证。在银行受理后，出纳将拒绝付款理由书第一联传递给制证员编制记账凭证。

附：制证员根据审核无误的表 4-63、表 4-76、表 4-79～表 4-81 和入库存单编制记账凭证（如表 4-82 所示）。

表 4-82

记账凭证

2022 年 12 月 17 日　　　　记字第 104 号

摘要	会计科目		借方金额								贷方金额								记账符号
	总账科目	明细科目	十	万	千	百	十	元	角	分	十	万	千	百	十	元	角	分	
付购设备款	库存商品	A设备	7	8	4	0	0	0	0	0									
	应交税费	应交增值税（进项税额）	1	0	1	9	2	0	0	0									
	银行存款										8	8	5	9	2	0	0	0	
合计金额			8	8	5	9	2	0	0	0	8	8	5	9	2	0	0	0	

附凭证 6 张

会计主管：　　　记账：　　　审核：　　　制单：李方

④登记银行存款日记账。出纳根据审核无误的表 4-82 登记银行存款日记账（略）。

任务六　银行汇票结算

一、银行汇票概述

银行汇票是汇款人将款项交存当地银行，由银行签发给汇款人持往异地办理转账结算或支取现金的票据（如表 4-83～表 4-87 所示）。银行汇票的出票银行为银行汇票的付款人。

（一）银行汇票的特点

（1）票随人到，用款及时。

（2）付款有保证。银行汇票是以银行信用作保证，结算时，不会出现“空头”和无款支付的情况。

（3）使用灵活。持票人可一笔转账，也可分次付款，还可通过银行办理转汇，也可将银行汇票背书转让。

（4）兑现性强。异地付款需支付现金时，只要在汇款时向银行说明用途或以现金交汇，由汇出银行在签发银行汇票“出票金额”栏大写金额前注明“现金”字样，就可以在兑付银行支取现金。

表 4-83

中国工商银行

银行汇票(卡片)　1

10200042
20228059

提示付款期限自出票之日起壹个月

出票日期(大写)	年　月　日	代理付款行：	行号：
收款人：			
出票金额	人民币(大写)		
实际结算金额	人民币(大写)		亿 千 百 十 万 千 百 十 元 角 分

申请人：______ 账号：______

出票行：______ 行号：______

备注：______

复核　经办

复核　记账

此联出票行结清汇票时作汇出汇款借方凭证

表 4-84

中国工商银行

银行汇票　2

10200042
20228059

提示付款期限自出票之日起壹个月

出票日期(大写)	年　月　日	代理付款行：	行号：
收款人：			
出票金额	人民币(大写)		
实际结算金额	人民币(大写)		亿 千 百 十 万 千 百 十 元 角 分

申请人：______ 账号：______

出票行：______ 行号：______

备注：______

凭票付款

出票行签章

密押：
多余金额
千 百 十 万 千 百 十 元 角 分

复核　记账

此联代理付款行付款后作联行往账借方凭证附件

表 4-85 银行汇票第二联背面

被背书人	被背书人	
背书人签章 年 月 日	背书人签章 年 月 日	贴粘单处
持票人向银行 提示付款签章：	身份证件名称： 发证机关： 号码	

表 4-86

中国工商银行

银行汇票（解讫通知） 3 10200042 20228059

提示付款期限自出票之日起壹个月

出票日期（大写） 年 月 日	代理付款行： 行号：
收款人：	
出票金额 人民币（大写）	
实际结算金额 人民币（大写）	亿 千 百 十 万 千 百 十 元 角 分

申请人：________ 账号：________

出票行：______ 行号：______

备注：________

代理付款行签章

年 月 日

密押：	
多余金额	
千 百 十 万 千 百 十 元 角 分	复核 记账

此联代理付款行兑付后随报单寄出票行由出票行作多余款贷方凭证

（二）银行汇票的适用范围

银行汇票适用于异地单位、个体工商户、个人之间需要支付的各种款项。凡在银行开立账户的单位、个体工商户和未在银行开立账户的个人，都可以向银行申请办理银行汇票，而且也可以受理银行汇票。

表 4-87

中国工商银行

银行汇票（多余款收账通知） 4　　10200042
20228059

提示付款期限自出票之日起壹个月

出票日期（大写）　年　月　日	代理付款行：　行号：
收款人：	
出票金额 人民币（大写）	
实际结算金额 人民币（大写）	亿 千 百 十 万 千 百 十 元 角 分

申请人：＿＿＿＿＿＿　账号：＿＿＿＿＿＿

出票行：＿＿＿　行号：＿＿＿

备注：＿＿＿＿＿＿

出票行签章

年　月　日

密押：	左列退回多余款金额已收入你方账户内。
多余金额	
千 百 十 万 千 百 十 元 角 分	

此联出票行结清多余款后交申请人

二、银行汇票结算的基本规定

（1）银行汇票的提示付款期限自出票日起 1 个月。持票人超过付款期限提示付款的，代理付款人不予受理。

（2）申请人使用银行汇票，应向出票银行填写“银行汇票申请书”，填明收款人名称、汇票金额、申请人名称、申请日期等事项并签章，签章为其预留银行的签章。

申请人和收款人均为个人，需要使用银行汇票向代理付款人支取现金的，申请人须在“银行汇票申请书”上填明代理付款人名称，在“汇票金额”栏先填写“现金”字样，后填写汇票金额。申请人或者收款人为单位的，不得在“银行汇票申请书”上填明“现金”字样。

（3）出票银行受理银行汇票申请书，收妥款项后签发银行汇票，并用压数机压印出票金额，将银行汇票和解讫通知一并交给申请人。

（4）签发转账银行汇票，不得填写代理付款人名称，但由人民银行代理兑付银行汇票的商业银行，向设有分支机构地区签发转账银行汇票的除外。

签发现金银行汇票，申请人和收款人必须均为个人，收妥申请人交存的现金后，在银行汇票“出票金额”栏先填写“现金”字样，后填写出票金额，并填写代理付款人名称。申请人或者收款人为单位的，银行不得为其签发现金银行汇票。

（5）申请人应将银行汇票和解讫通知一并交付给汇票上记明的收款人。收款人受理银行汇票时，应审查下列事项。

①银行汇票和解讫通知是否齐全、汇票号码和记载的内容是否一致。

②收款人是否确为本单位或本人。

③银行汇票是否在提示付款期限内。

④必须记载的事项是否齐全。

⑤出票人签章是否符合规定，是否有压数机压印的出票金额，并与大写出票金额一致。

⑥出票金额、出票日期、收款人名称是否更改，更改的其他记载事项是否由原记载人签章证明。

(6) 收款人受理申请人交付的银行汇票时，应在出票金额以内，根据实际需要的款项办理结算，并将实际结算金额和多余金额准确、清晰地填人银行汇票和解讫通知的有关栏内。未填明实际结算金额和多余金额或实际结算金额超过出票金额的，银行不予受理。银行汇票的实际结算金额不得更改，更改实际结算金额的银行汇票无效。

(7) 持票人向银行提示付款时，必须同时提交银行汇票联和解讫通知联，缺少任何一联，银行不予受理。

(8) 在银行开立存款账户的持票人向开户银行提示付款时，应在汇票背面“持票人向银行提示付款签章”处签章，签章须与预留银行签章相同，并将银行汇票和解讫通知、进账单送交开户银行。银行审查无误后办理转账。

(9) 未在银行开立存款账户的个人持票人，可以向选择的任何一家银行机构提示付款。提示付款时，应在汇票背面“持票人向银行提示付款签章”处签章，并填明本人身份证件名称、号码及发证机关，由其本人向银行提交身份证件及其复印件。银行审核无误后，将其身份证件复印件留存备查，并以持票人的姓名开立应解汇款及临时存款账户，该账户只付不收，付完清户，不计付利息。

转账支付的，应由原持票人向银行填制支款凭证，并由本人交验其身份证件办理支付款项。该账户的款项只能转入单位或个体工商户的存款账户，严禁转入储蓄和信用卡账户。

支取现金的，银行汇票上必须有出票银行按规定填明的“现金”字样，才能办理。未填明“现金”字样，需要支取现金的，由银行按照国家现金管理规定审查支付。

持票人对填明“现金”字样的银行汇票，需要委托他人向银行提示付款的，应在银行汇票背面背书栏签章，记载“委托收款”字样、被委托人姓名和背书日期以及委托人身份证件名称、号码、发证机关。被委托人向银行提示付款时，也应在银行汇票背面“持票人向银行提示付款签章”处签章，记载证件名称、号码及发证机关，并同时向银行交验委托人和被委托人的身份证件和其复印件。

(10) 银行汇票的实际结算金额低于出票金额的，其多余金额由出票银行退交申请人。

(11) 银行汇票丧失，失票人可以凭人民法院出具的其享有票据权利的证明，向出票银行请求付款或退款。

三、签发银行汇票必须记载的事项

(1) 表明“银行汇票”的字样。

(2) 无条件支付的承诺。

(3) 出票金额。

（4）付款人名称。

（5）收款人名称。

（6）出票日期。

（7）出票人签章。

欠缺记载上列事项之一的，银行汇票无效。

四、银行汇票结算业务的处理程序

（一）付款方出纳处理业务程序

（1）填写银行结算业务申请书。出纳正确填写银行结算业务申请书，并由印鉴管理人员在第一联的申请人签章处加盖预留银行印鉴。

（2）申请办理银行汇票。出纳将一式三联的银行汇票业务申请书递交给银行柜员，银行柜员在办妥转账或收妥款项后，据以签发银行汇票。银行柜员将办理好的银行汇票第二联、第三联与结算业务申请书"回单联"一并交给申请人。

（3）传递凭证。出纳将办理好的银行汇票交给单位有关人员持往异地办理结算，将结算业务申请书"回单联"交给制证员编制记账凭证。若款项有多余，出纳将银行转来的银行汇票第四联再传递给制证员编制记账凭证。

（4）登记银行存款日记账和其他货币资金明细账。出纳根据审核无误的记账凭证登记银行存款日记账和其他货币资金明细账。

（二）收款方出纳处理业务程序

（1）审核收到的银行汇票。出纳审核银行汇票时，除了审查银行汇票第二联和第三联是否相符外，其余的同银行本票。

（2）填写结算金额及银行汇票背面信息。银行汇票审核无误后出纳在汇款金额以内，根据实际需要的款项办理结算，将实际结算金额和多余金额准确、清晰填入银行汇票的第二联和第三联有关栏内。全额解付的银行汇票，应在"多余金额"栏写上"0"字。并由印鉴管理人员在银行汇票第二联的背面"持票人向银行提示付款签章"处加盖预留银行印鉴。

（3）填写进账单办理进账。出纳根据实际结算金额填写进账单，将填写好的一式三联进账单连同银行汇票的第二联和第三联同时交于兑付银行，缺少任何一项均无效，银行将不受理。

（4）传递凭证。收款人开户银行办妥进账手续后，通知收款人收款入账，出纳将开户银行退回的"收账通知"联传递给制证员编制记账凭证。

（5）登记银行存款日记账。出纳根据审核无误的记账凭证登记银行存款日记账。

【例 4-7】 2022 年 11 月 8 日，丽水宏达服装有限责任公司欲往天津佳美纺织厂购买材料棉布，经商量采用银行汇票进行结算，请出纳赵玉珏办理 80 000 元的银行汇票一张。

（1）正确填写银行结算业务申请书，并由印鉴管理人员在第一联的申请人签章处加盖预留银行印鉴（如表 4-88 所示）。

表 4-88

中国农业银行　结算业务申请书　　VⅦ　0128232198

申请日期 2022 年 11 月 08 日

客户填写	业务类型	□电汇　□信汇　☑汇票　□本票 其他________			汇款方式	☑普通　□加急
	申请人	全　称	丽水宏达服装有限责任公司	收款人	全　称	天津佳美纺织厂
		账号或地址	7254361812345		账号或地址	5758772543898
		开户行名称	农业银行丽水灯塔支行		开户行名称	工商银行天津河西分行
	金额（大写）人民币捌万元整				亿 千 百 十 万 千 百 十 元 角 分	¥ 8 0 0 0 0 0 0
	上列款项及相关费用请从我方账户内支付。 丽水宏达服装有限责任公司财务专用章　郭阳朝印 申请人签章				支付密码 附加信息及用途：购材料	
银行打印						

会计主管：　　　　复核：　　　　记账：

第一联　记账联

（2）申请办理银行汇票。将一式三联的银行结算业务申请书递交给银行柜员，银行柜员在办妥转账后，据以签发银行汇票。银行柜员将银行汇票第二联（如表 4-89 所示）、第三联（如表 4-90 所示）与结算业务申请书“回单联”（如表 4-91 所示）一并交给出纳。

表 4-89

中国工商银行

银行汇票　　2　　10200042　20229876

出票日期（大写）贰零贰贰年壹拾壹月零捌日	代理付款行：	行号：
收款人：天津佳美纺织厂		
出票金额 人民币（大写）捌万元整		¥80 000.00
实际结算金额 人民币（大写）		亿 千 百 十 万 千 百 十 元 角 分

申请人：丽水宏达服装有限责任公司　　账号：7254361812345

出票行：农行丽水灯塔支行　行号：89

备注：购材料

凭票付款

出票行签章　（中国农业银行丽水灯塔支行 汇票专用章 2022年11月8日）

密押：	
多余金额	
千 百 十 万 千 百 十 元 角 分	复核　　记账

提示付款期限自出票之日起壹个月

此联代理付款行付款后作联行往账借方凭证附件

表 4-90

中国工商银行

银行汇票（解讫通知）　3　10200042 20229876

提示付款期限自出票之日起壹个月

出票日期（大写）	贰零贰贰年壹拾壹月零捌日	代理付款行：	行号：
收款人：天津佳美纺织厂			
出票金额 人民币（大写）	捌万元整		¥80 000.00
实际结算金额 人民币（大写）		亿千百十万千百十元角分	

申请人：丽水宏达服装有限责任公司　账号：7254361812345

出票行：农行丽水灯塔支行　行号：89

备注：购材料

代理付款行签章

年　月　日

密押：	
多余金额	
千百十万千百十元角分	复核　记账

此联代理付款行兑付后随报单寄出票行由出票行作多余款贷方凭证

表 4-91

中国农业银行　结算业务申请书　VⅧ　0128232198

申请日期　2022 年 11 月 08 日

客户填写	业务类型	□电汇　□信汇　☑汇票　□本票　其他______		汇款方式	☑普通　□加急
申请人	全　称	丽水宏达服装有限责任公司	收款人	全　称	天津佳美纺织厂
	账号或地址	7254361812345		账号或地址	5758772543898
	开户行名称	农业银行丽水灯塔支行		开户行名称	工商银行天津河西分行
	金额（大写）人民币捌万元整			亿千百十万千百十元角分	¥8000000
	付款行签章：农业银行 丽水灯塔支行 2022.11.08 转讫			支付密码	
				附加信息及用途：购材料	
银行打印					

会计主管：　　复核：　　记账：

第三联　回单联

（3）传递凭证。出纳将办理好的表 4-89 和表 4-90 传递给单位有关人员持往异地办理结算，将表 4-91 传递给制证员编制记账凭证。

附：制证员根据审核无误的表 4-91 编制记账凭证（如表 4-92 所示）。

表 4-92

记账凭证

2022 年 11 月 08 日　　　　记字第 15 号

摘要	总账科目	明细科目	借方金额 十	万	千	百	十	元	角	分	贷方金额 十	万	千	百	十	元	角	分	记账符号
办理银行汇票	其他货币资金	银行汇票		8	0	0	0	0	0	0									
	银行存款											8	0	0	0	0	0	0	
合计金额			¥	8	0	0	0	0	0	0	¥	8	0	0	0	0	0	0	

附凭证 1 张

会计主管：　　记账：　　审核：　　制单：刘黄

（4）登记银行存款日记账。出纳根据审核无误的表 4-92 登记银行存款日记账（略）。

【例 4-8】 2022 年 11 月 13 日，天津佳美纺织厂销售给丽水宏达服装有限责任公司产品一批（如表 4-93～表 4-95 所示）收到银行汇票（如表 4-89 和表 4-90 所示）。要求：双方出纳办理相关业务。

表 4-93

天津增值税专用发票

全国统一发票监制章 天津 国家税务总局监制

抵扣联

1200222130　　　　№06660508

开票日期：2022 年 11 月 13 日

购买方	名　　称：丽水宏达服装有限责任公司 纳税人识别号：91331801001312333B 地 址 、电 话：丽水市灯塔街 238 号 0578-2211368 开户行及账号：农业银行丽水灯塔支行 7254361812345				密码区	（略）	
货物或应税劳务、服务名称	规格型号	单位	数　量	单价	金　额	税率	税　额
棉布	幅宽 110cm	米	5 000	12	60 000.00	13%	7 800.00
合　计					¥60 000.00		¥7 800.00
价税合计（大写）	⊗陆万柒仟捌佰元整				（小写）¥67 800.00		
销售方	名　　称：天津佳美纺织厂 纳税人识别号：91120576587687691X 地 址 、电 话：天津市河西路 23 号 022-89766555 开户行及账号：工商银行天津河西分行 5758772543898				备注	天津佳美纺织厂 银行汇票结算 91120576587687691X 发票专用章	

收款人：刘英　　复核：　　开票人：王平　　销售方：（章）

税总函[2022]102 号　江南票务印刷业公司

第二联：抵扣联　购买方扣税凭证

表 4-94

天津增值税专用发票

1200222130 发票联 №06660508

开票日期：2022 年 11 月 13 日

税总函[2022]102 号 江南票务印刷业公司

购买方	名　　称：丽水宏达服装有限责任公司 纳税人识别号：91331801001312333B 地 址 、电 话：丽水市灯塔街 238 号 0578-2211368 开户行及账号：农业银行丽水灯塔支行 7254361812345			密码区	（略）		
货物或应税劳务、服务名称	规格型号	单位	数　量	单价	金　额	税率	税　额
棉布	幅宽 110cm	米	5 000	12	60 000.00	13%	7 800.00
合　计					¥60 000.00		¥7 800.00
价税合计（大写）	⊗陆万柒仟捌佰元整				（小写）¥67 800.00		
销售方	名　　称：天津佳美纺织厂 纳税人识别号：91120576587687691X 地 址 、电 话：天津市河西路 23 号 022-89766555 开户行及账号：工商银行天津河西分行 5758772543898			备注	天津佳美纺织厂 银行汇票结算 91120576587687691X 发票专用章		

第三联：发票联 购买方记账凭证

收款人：刘英　　复核：　　开票人：王平　　销售方：（章）

表 4-95

天津增值税专用发票

1200222130 №06660508

此联不作报销、扣税凭证使用　开票日期：2022 年 11 月 13 日

税总函[2022]102 号 江南票务印刷业公司

购买方	名　　称：丽水宏达服装有限责任公司 纳税人识别号：91331801001312333B 地 址 、电 话：丽水市灯塔街 238 号 0578-2211368 开户行及账号：农业银行丽水灯塔支行 7254361812345			密码区	（略）		
货物或应税劳务、服务名称	规格型号	单位	数　量	单价	金　额	税率	税　额
棉布	幅宽 110cm	米	5 000	12	60 000.00	13%	7 800.00
合　计					¥60 000.00		¥7 800.00
价税合计（大写）	⊗陆万柒仟捌佰元整				（小写）¥67 800.00		
销售方	名　　称：天津佳美纺织厂 纳税人识别号：91120576587687691X 地 址 、电 话：天津市河西路 23 号 022-89766555 开户行及账号：工商银行天津河西分行 5758772543898			备注	天津佳美纺织厂 银行汇票结算 91120576587687691X 发票专用章		

第一联 记账联 销售方记账凭证

收款人：刘英　　复核：　　开票人：王平　　销售方：（章）

（1）天津佳美纺织厂（收款方）出纳处理业务程序如下。

①审核收到的银行汇票（如表 4-89 和表 4-90 所示）。

②正确填写实际结算金额（如表 4-96 和表 4-98 所示），并由印鉴管理人员在银行汇票第二联的背面加盖预留银行印鉴（如表 4-97 所示）。

表 4-96

中国工商银行

银行汇票　　2

10200042
20229876

提示付款期限自出票之日起壹个月

出票日期（大写）贰零贰贰年壹拾壹月零捌日	代理付款行：	行号：
收款人：天津佳美纺织厂		
出票金额 人民币（大写）捌万元整	￥80 000.00	
实际结算金额 人民币（大写）陆万柒仟捌佰元整		

亿	千	百	十	万	千	百	十	元	角	分
			￥	6	7	8	0	0	0	0

申请人：丽水宏达服装有限责任公司　账号 7254361812345

出票行：农行丽水灯塔支行　行号：89

备注：购材料

凭票付款

出票行签章

中国农业银行丽水灯塔支行 票据专用章

2022 年 11 月 8 日

密押：

多余金额

千	百	十	万	千	百	十	元	角	分
		￥	1	2	2	0	0	0	0

复核　　记账

此联代理付款行付款后作联行往账借方凭证附件

表 4-97

银行汇票第二联背面

被背书人	被背书人
背书人签章 年 月 日	背书人签章 年 月 日
持票人向银行提示付款签章：天津佳美纺织厂 财务专用章　王仲秋印	身份证件名称：　　发证机关： 号码

贴粘贴单

表 4-98

中国工商银行

银行汇票(解讫通知) **3** 10200042 20229876

此联代理付款行兑付后随报单寄出票行由出票行作多余款贷方凭证

提示付款期限自出票之日起壹个月

出票日期（大写）	贰零贰贰年壹拾壹月零捌日	代理付款行：			行号：								
收款人:天津佳美纺织厂													
出票金额	人民币（大写）捌万元整	¥80 000.00											
实际结算金额	人民币（大写）陆万柒仟捌佰元整	亿	千	百	十	万	千	百	十	元	角	分	
					¥	6	7	8	0	0	0	0	

申请人：丽水宏达服装有限责任公司　账号 7254361812345

出票行：农行丽水灯塔支行　行号：89

备注：购材料

代理付款行签章

年　月　日

密押：									
多余金额									
千	百	十	万	千	百	十	元	角	分
		¥	1	2	2	0	0	0	0

复核　　记账

③填写进账单办理进账。出纳将填写好的一式三联进账单（第一联如表 4-99 所示，其余联次略）连同银行汇票的第二联（表 4-96 和表 4-97）和第三联（表 4-98）同时交于兑付银行，缺少任何一项均无效，银行将不受理。

④传递凭证。收款人开户银行办妥进账手续后，通知收款人收款入账，出纳将开户银行退回的进账单“收账通知”联（如表 4-100 所示）传递给制证员编制记账凭证。

附：制证员根据审核无误的表 4-95 和表 4-100 编制记账凭证（如表 4-101 所示）。

表 4-99

中国工商银行进账单（回单） 1

2022 年 11 月 13 日

出票人	全　称	丽水宏达服装有限责任公司	收款人	全　称	天津佳美纺织厂								
	账　号	7254361812345		账　号	5758772543898								
	开户银行	农业银行丽水灯塔支行		开户银行	工商银行天津河西分行								
金额	人民币（大写）陆万柒仟捌佰元整				千	百	十	万	千	百	十	元	角	分
							¥	6	7	8	0	0	0	0
票据种类	银行汇票	票据张数	1										
票据号码	10200042 20229876												
复核：　记账：				开户银行盖章									

此联是收款人开户银行交持票人的回单

表 4-100

中国工商银行进账单（收账通知）　3

2022 年 11 月 13 日

出票人	全称	丽水宏达服装有限责任公司	收款人	全称	天津佳美纺织厂
	账号	7254361812345		账号	5758772543898
	开户银行	农业银行丽水灯塔支行		开户银行	工商银行天津河西分行

金额	人民币（大写）陆万柒仟捌佰元整	千	百	十	万	千	百	十	元	角	分
				¥	6	7	8	0	0	0	0

票据种类	银行汇票	票据张数	1
票据号码	10200042 20229876		

工商银行
天津河西分行
2022.11.13
转
讫

收款人开户银行盖章

复核：　　记账：

此联是收款人开户银行交收款人的收账通知

⑤登记银行存款日记账。出纳根据审核无误的表 4-101 登记银行存款日记账（略）。

（2）丽水宏达服装有限责任公司（付款方）出纳处理业务程序如下。

出纳根据制证员编制的记账凭证登记其他货币资金明细账（略）。

附：制证员根据审核无误的表 4-94 编制记账凭证（如表 4-102 所示）。

表 4-101

记 账 凭 证

2022 年 11 月 13 日　　　　记字第 35 号

摘要	会计科目		借方金额								贷方金额								记账符号
	总账科目	明细科目	十	万	千	百	十	元	角	分	十	万	千	百	十	元	角	分	
销售产品收到款	银行存款			6	7	8	0	0	0	0									
	主营业务收入	棉布										6	0	0	0	0	0	0	
	应交税费	应交增值税（销项税额）											7	8	0	0	0	0	
合计金额			¥	6	7	8	0	0	0	0	¥	6	7	8	0	0	0	0	

附凭证 2 张

会计主管：　　记账：　　审核：　　制单：陈黄忠

表 4-102

记账凭证

2022 年 11 月 13 日　　　　记字第 56 号

摘要	会计科目		借方金额								贷方金额								记账符号
	总账科目	明细科目	十	万	千	百	十	元	角	分	十	万	千	百	十	元	角	分	
购材料	材料采购	棉布		6	0	0	0	0	0	0									
	应交税费	应交增值税（进项税额）			7	8	0	0	0	0									
	其他货币资金	银行汇票										6	7	8	0	0	0	0	
合计金额			¥	6	7	8	0	0	0	0	¥	6	7	8	0	0	0	0	

附凭证 1 张

会计主管：　　　记账：　　　审核：　　　制单：刘黄

【例 4-9】 2022 年 11 月 13 日，丽水宏达服装有限责任公司收到多余款收账通知（如表 4-103 所示）。要求：出纳办理相关业务。

（1）传递凭证。出纳将银行转来的银行汇票第四联（如表 4-103 所示）传递给制证员编制记账凭证。

附：制证员根据审核无误的表 4-103 编制记账凭证（如表 4-104 所示）。

（2）出纳登记银行存款日记账和其他货币资金明细账。根据审核无误的表 4-104 登记银行存款日记账和其他货币资金明细账（略）。

表 4-103

中国工商银行

银行汇票（多余款收账通知）　4　10200042　20229876

提示付款期限自出票之日起壹个月

出票日期（大写）贰零贰贰年壹拾壹月零捌日　　代理付款行：　　行号：

收款人：天津佳美纺织厂

出票金额 人民币（大写） 捌万元整　　¥80 000.00

实际结算金额 人民币（大写） 陆万柒仟捌佰元整

亿	千	百	十	万	千	百	十	元	角	分
			¥	6	7	8	0	0	0	0

申请人：丽水宏达服装有限责任公司　账号 7254361812345

出票行：农行丽水灯塔支行　行号：89

备注：购材料

出票行签章　中国农业银行丽水灯塔支行 票据专用章　2022 年 11 月 08 日

密押：

多余金额

千	百	十	万	千	百	十	元	角	分
		¥	1	2	2	0	0	0	0

左列退回多余款金额已收入你方账户内。

农业银行丽水灯塔支行 2022.11.13 转讫

此联出票行结清多余款后交申请人

表 4-104

记 账 凭 证

2022 年 11 月 13 日　　　　　　记字第 45 号

摘要	会计科目		借方金额								贷方金额								记账符号
	总账科目	明细科目	十	万	千	百	十	元	角	分	十	万	千	百	十	元	角	分	
收回余款	银行存款			1	2	2	0	0	0	0									
	其他货币资金	银行汇票										1	2	2	0	0	0	0	
合计金额			¥	1	2	2	0	0	0	0	¥	1	2	2	0	0	0	0	

附凭证 1 张

会计主管：　　记账：　　审核：　　制单：刘黄

五、银行汇票的背书

收款人可以将银行汇票背书转让给被背书人，按照现行规定，填明“现金”字样的银行汇票不得背书转让。区域性银行汇票仅限于本区域内背书转让。银行汇票的背书转让以不超过汇款金额为准。未填写实际结算金额或实际结算金额超过汇款金额的银行汇票不得背书转让。被背书人按规定在汇票有效期内，在“被背书人”一栏签章并填制进账单后到开户行办理结算，其会计核算办法与一般银行汇票收款人相同。

【例 4-10】 承接例 4-8，假设 2022 年 11 月 13 日，天津佳美纺织厂将收到的银行汇票背书转让给临海油棉厂，归还前欠货款 67 800 元。要求：天津佳美纺织厂办理相关业务。

（1）审核收到的银行汇票。

（2）填写实际结算金额。正确填写实际结算金额（如表 4-96 和表 4-98 所示），并由印鉴管理人员在银行汇票第二联的背面加盖预留银行印鉴，将其转让给临海油棉厂（如表 4-105 所示）。

表 4-105

银行汇票第二联背面

被背书人　临海油棉厂		被背书人
天津佳美纺织厂财务专用章　王仲秋印 背书人签章 2022 年 11 月 13 日		背书人签章 年　月　日
持票人向银行提示付款签章：	证件名称：　　发证机关：	
	号码	

贴粘贴单

（3）传递凭证。将表 4-96、表 4-98 和表 4-105 传递给业务员办理业务，将其复印件传递给制证员编制记账凭证。

附：制证员根据审核无误的表 4-95、表 4-96、表 4-98 和表 4-105 的复印件编制记账凭证（如表 4-106 和表 4-107 所示）。

表 4-106

记 账 凭 证

2022 年 11 月 13 日　　　　记字第 35 号

摘　要	会计科目		借方金额								贷方金额								记账符号
	总账科目	明细科目	十	万	千	百	十	元	角	分	十	万	千	百	十	元	角	分	
销售产品收到汇票	其他货币资金	银行汇票		6	7	8	0	0	0	0									
并转让	主营业务收入	棉布										6	0	0	0	0	0	0	
	应交税费	应交增值税（销项税额）											7	8	0	0	0	0	
合计金额			¥	6	7	8	0	0	0	0	¥	6	7	8	0	0	0	0	

附凭证 4 张

会计主管：　　　　记账：　　　　审核：　　　　制单：王珍

（4）登记其他货币资金明细账。根据审核无误的表 4-106 和表 4-107 登记其他货币资金明细账（略）。

表 4-107

记 账 凭 证

2022 年 11 月 13 日　　　　记字第 36 号

摘　要	会计科目		借方金额								贷方金额								记账符号
	总账科目	明细科目	十	万	千	百	十	元	角	分	十	万	千	百	十	元	角	分	
转让汇票还欠款	应付账款	临海油棉厂		6	7	8	0	0	0	0									
	其他货币资金	银行汇票										6	7	8	0	0	0	0	
合 计 金 额			¥	6	7	8	0	0	0	0	¥	6	7	8	0	0	0	0	

附凭证见记字第 35 号张

会计主管：　　　　记账：　　　　审核：　　　　制单：王珍

六、银行汇票的退款

汇款单位因汇票超过了付款期限或其他原因没有使用汇票款项时，可以分以下不同情况向签发银行申请退款。

在银行开立账户的汇款单位要求签发银行退款时，应当备函向签发银行说明原因，并将未用的“银行汇票联”和“解讫通知联”交回汇票签发银行办理退款。银行将“银行汇票联”和“解讫通知联”与银行留存的银行汇票“卡片联”核对无误后办理退款手续，将汇款金额划入汇款单位账户。

未在银行开立账户的汇款单位要求签发银行退款时，应将未用的“银行汇票联”和“解讫通知联”交回汇票签发银行，同时向银行交验申请退款单位的有关证件，经银行审核后办理退款。

汇款单位因缺少“解讫通知联”或“银行汇票联”而向签发银行申请退款时，应将剩余一联退给汇票签发银行，并备函说明短缺的原因，经签发银行审查同意后于银行汇票提示付款期满一个月后办理退款手续。

任务七 委托收款结算

一、委托收款概述

委托收款是收款人委托银行向付款人收取款项的结算方式。该结算方式所涉及的银行单据格式如表 4-52～表 4-56 所示。

（一）委托收款的分类

委托收款按结算款项的划回方式分邮寄和电报两种，由收款人选用。

（二）委托收款的特点

委托收款结算方便灵活，便于收款人主动收款，没有金额起点和最高限额。

（三）委托收款的使用范围

（1）该结算方式在同城或异地均可使用。

（2）委托收款是一种通用性极强的结算方式，凡在银行开立账户的单位和个人均可凭已承兑的商业汇票、债券、存单、发票、购销合同等付款人债务证明办理款项结算，都可使用该结算方式。

二、委托收款结算的基本规定

（一）委托

收款人办理委托收款应向银行提交委托收款凭证和有关的债务证明。

（二）付款

银行接到寄来的委托收款凭证及债务证明，审查无误后办理付款。

（1）以银行为付款人的，银行应在当日将款项主动支付给收款人。

（2）以单位为付款人的，银行应及时通知付款人，按照有关办法规定，需要将相关债务证明交给付款人的应交给付款人，并签收。

付款人应于接到通知的当日书面通知银行付款。

按照有关办法规定，付款人未在接到通知日的次日起3日内通知银行付款的，视同付款人同意付款，银行应于付款人接到通知日的次日起第4日上午开始营业时，将款项划给收款人。

付款人提前收到由其付款的债务证明，应通知银行于债务证明的到期日付款。付款人未于接到通知日的次日起3日内通知银行付款，付款人接到通知日的次日起第4日在债务证明到期日之前的，银行应于债务证明到期日将款项划给收款人。

银行在办理划款时，付款人存款账户不足支付的，应通过被委托银行向收款人发出未付款项通知书。按照有关办法规定，债务证明留存付款人开户银行的，应将其债务证明连同未付款项通知书邮寄被委托银行转交收款人。

（三）拒绝付款

付款人审查有关债务证明后，对收款人委托收取的款项需要拒绝付款的，可以办理拒绝付款。

（1）以银行为付款人的，应自收到委托收款及债务证明的次日起3日内出具拒绝证明，连同有关债务证明、凭证寄给被委托银行，转交收款人。

（2）以单位为付款人的，应在付款人接到通知日的次日起3日内出具拒绝证明，持有债务证明的，应将其送交开户银行。银行将拒绝证明、债务证明和有关凭证一并寄给被委托银行，转交收款人。

（四）特约委托收款

在同城范围内，收款人收取公用事业费或根据国务院的规定，可以使用同城特约委托收款。收取公用事业费，必须具有收付双方事先签订的经济合同，由付款人向开户银行授权，并经开户银行同意，报经中国人民银行当地分支行批准。

三、签发委托收款凭证必须记载的事项

（1）表明“委托收款”的字样。

（2）确定的金额。

（3）付款人名称。

（4）收款人名称。

（5）委托收款凭据名称及附寄单证张数。

（6）委托日期。

（7）收款人签章。

欠缺记载上列事项之一的，银行不予受理。

委托收款以银行以外的单位为付款人的，委托收款凭证必须记载付款人开户银行名称；以银行以外的单位或在银行开立存款账户的个人为收款人的，委托收款凭证必须记载收款人

开户银行名称；未在银行开立存款账户的个人为收款人的，委托收款凭证必须记载被委托银行名称。欠缺记载的，银行不予受理。

四、委托收款结算业务的处理程序

（一）收款方出纳业务处理程序

（1）填写托收凭证。出纳正确填写托收凭证，并由印鉴管理人员在第二联收款人签章处加盖单位预留银行的印鉴。

根据发货凭证、发票等资料填写托收承付凭证，托收凭证填写要求如下。

①委托日期：办理托收当天的日期。

②业务类型：选择委托收款，并在相应的邮划或电划前的方框内打“√”。

③付款人、收款人的信息：按要求填写。

④金额：按结算金额分别填写大写金额和小写金额。

⑤款项内容：货款、水费、电费、电话费等。

⑥托收凭证名称：商业汇票、发票、费用结算单和债权证明等。

⑦附邮寄单据张数：托收凭证的张数。

⑧商品发运情况：已发运等。

⑨合同名称号码：商品交易的合同号码。

（2）办理托收。出纳将填好的五联委托收款凭证、发运证件或其他符合委托收款结算的有关证明和交易单证送交开户银行办理委托收款手续。

（3）传递凭证。银行审查受理后，将加盖开户银行业务受理章的委托收款凭证第一联及手续费和邮电费等银行收费凭证传递给制证员编制记账凭证。

（4）再传递凭证。一段时间后，购买方全部付款时将收到开户银行转来的委托收款凭证第四联或电子联行电划贷方补充报单；对方全部或部分拒付时将拒绝付款理由书第四联交财务部门有关人员审核，再传递给制证员编制记账凭证。拒绝付款理由书格式如表 4-57～表 4-60 所示。

（5）登记银行存款日记账。出纳根据审核无误的记账凭证登记银行存款日记账。

（二）付款方出纳业务处理程序

（1）传递凭证。出纳接到开户银行寄送的托收凭证第五联及有关债务证明后，将该付款通知及其附件交有关人员办理付款申请手续。

（2）办理付款或拒付。出纳应根据付款申请审批意见，办理相应付款或拒付手续。如果企业决定付款，出纳应根据企业审批意见在规定的付款期内办理付款；如果企业决定全部或部分拒绝付款，出纳应根据企业审批意见和进货退出及索取折让证明单在规定时间内向开户银行办理拒绝付款手续，办理拒付手续的程序如下。

①填写拒绝付款理由书，并由印鉴管理人员在各联付款人签章处签章。

②办理拒付。在规定时间内将拒绝付款理由书及其他资料送交开户银行。

（3）传递凭证。若企业全部付款，将托收凭证第五联及相关附件传递给制证员编制记账凭证；若拒付，则在银行受理后，将拒绝付款理由书第一联传递给制证员编制记账凭证。

（4）登记银行日记账。出纳根据审核无误的记账凭证登记银行存款日记账。

知识拓展

无足够资金支付全部款项时，银行对委托收款与托收承付结算的处理不同

（1）委托收款结算方式。付款人在付款期满日，银行营业终了时，如无足够资金支付全部款项，即为无款支付，付款人应将有关单证（单证已做账务处理的，可填制“应付款项证明书”）退回开户银行，其开户行将有关单证退回收款人开户银行转交收款人。

（2）托收承付结算方式。付款人在承付期满日，银行营业终了时，如无足够资金支付，其不足部分，即为逾期未付款项。付款人开户行应根据逾期付款金额和逾期天数，按每天万分之五计算逾期未付赔偿金。赔偿金的扣付列为企业销货收入扣款顺序的首位。付款人账户余额不足全额支付时，排列在工资之前，并对该账户采取只收不付的控制办法，待一次足额扣付赔偿金后，才准予办理其他款项的支付。

【例 4-11】 2022 年 12 月 3 日丽水市机电设备制造厂出售给丽水市设备进出口公司一批机器设备，开具增值税专用发票（如表 4-108～表 4-110 所示），货物已发出，丽水市机电设备制造厂拟以委托收款的方式收回货款，12 月 4 日出纳到银行办理委托收款。要求：根据付款方的不同回应，分别以收付双方出纳办理相关业务：①付款方全部付款时双方出纳办理相关业务；②付款方部分拒付时双方出纳办理相关业务。

表 4-108

浙 江 增 值 税 专 用 发 票

3300222130　　　　抵 扣 联　　　　№05220331

（印章：全国统一发票监制章 浙江 国家税务总局监制）

开票日期：2022 年 12 月 03 日

购买方	名　　称：丽水市设备进出口公司 纳税人识别号：91331801002230571G 地 址、电 话：丽水市解放街 118 号 0578-8665112 开户行及账号：农业银行处州支行 39507001040900578					密码区	（略）
货物或应税劳务、服务名称	规格型号	单位	数　量	单　价	金　额	税率	税　额
B 设备		台	10	8 000.00	80 000.00	13%	10 400.00
合　计					¥80 000.00		¥10 400.00
价税合计（大写）	⊗玖万零肆佰元整				（小写）¥90 400.00		
销售方	名　　称：丽水市机电设备制造厂 纳税人识别号：91331801001000578B 地 址、电 话：丽水市大众街 88 号 0578-3130001 开户行及账号：建设银行处州支行 580002101050087					备注	（印章：丽水市机电设备制造厂 91331801001000578B 发票专用章）

收款人：　　复核：　　开票人：何文生　　销售方：（章）

税总函[2022]102 号 杭州印刷厂

第二联：抵扣联 购买方扣税凭证

表 4-109

浙江增值税专用发票

3300222130　　　　发　票　联　　　　№05220331

开票日期：2022 年 12 月 03 日

购买方	名　　称：丽水市设备进出口公司 纳税人识别号：91331801002230571G 地 址、电 话：丽水市解放街 118 号 0578-8665112 开户行及账号：农业银行处州支行 39507001040900578			密码区	（略）		
货物或应税劳务、服务名称	规格型号	单位	数量	单价	金额	税率	税额
B 设备		台	10	8 000.00	80 000.00	13%	10 400.00
合　计					¥80 000.00		¥10 400.00
价税合计（大写）	⊗玖万零肆佰元整				（小写）¥90 400.00		
销售方	名　　称：丽水市机电设备制造厂 纳税人识别号：91331801001000578B 地 址、电 话：丽水市大众街 88 号 0578-3130001 开户行及账号：建设银行处州支行 580002101050087			备注	丽水市机电设备制造厂 91331801001000578B 发票专用章		

收款人：　　复核：　　开票人：何文生　　销售方：（章）

税总函[2022]102号 杭州印刷厂

第三联：发票联 购买方记账凭证

表 4-110

浙江增值税专用发票

3300222130　　　　此联不作报销、扣税凭证使用　　　　№05220331

开票日期：2022 年 12 月 03 日

购买方	名　　称：丽水市设备进出口公司 纳税人识别号：91331801002230571G 地 址、电 话：丽水市解放街 118 号 0578-8665112 开户行及账号：农业银行处州支行 39507001040900578			密码区	（略）		
货物或应税劳务、服务名称	规格型号	单位	数量	单价	金额	税率	税额
B 设备		台	10	8 000.00	80 000.00	13%	10 400.00
合　计					¥80 000.00		¥10 400.00
价税合计（大写）	⊗玖万零肆佰元整				（小写）¥90 400.00		
销售方	名　　称：丽水市机电设备制造厂 纳税人识别号：91331801001000578B 地 址、电 话：丽水市大众街 88 号 0578-3130001 开户行及账号：建设银行处州支行 580002101050087			备注	丽水市机电设备制造厂 91331801001000578B 发票专用章		

收款人：　　复核：　　开票人：何文生　　销售方：（章）

税总函[2022]102号 杭州印刷厂

第一联：记账联 销售方记账凭证

（1）付款方全部付款。丽水市机电设备制造厂（收款方）出纳处理业务程序如下。

①填写托收凭证。出纳正确填写托收凭证并由印鉴管理人员在第二联收款人签章处加盖单位预留银行印鉴（如表 4-111 所示，其余联次略）。

表 4-111

托收凭证　（贷方凭证）　2

委托日期　2022 年 12 月 04 日

业务类型	委托收款（☑邮划、☐电划）		托收承付（☐邮划、☐电划）		
付款人 全称	丽水市设备进出口公司		收款人 全称	丽水市机电设备制造厂	
付款人 账号	39507001040900578		收款人 账号	580002101050087	
付款人 地址	浙江省丽水市~~县~~	开户行：农业银行处州支行	收款人 地址	浙江省丽水市~~县~~	开户行：建设银行处州支行
金额	人民币（大写）玖万零肆佰元整		千百十万千百十元角分	¥ 9 0 4 0 0 0 0	
款项内容	货款	托收凭证名称	发票	附寄单据张数	2
商品发运情况	已发运	合同名称号码	20220001		
备注： 收款人开户银行收到日期 年　月　日	上述款项随附有关债务证明，请予办理。 丽水市机电设备制造厂财务专用章 收款人签章 黄家明印		复核　　记账		

此联是收款人开户银行作贷方凭证

②办理托收。出纳将填好的五联托收凭证、发运证件或其他符合委托收款结算的有关证明和交易单证送交开户银行办理委托收款手续。

③传递凭证。银行审查受理后，将加盖开户银行业务受理章的托收凭证第一联（如表 4-112 所示）及手续费和邮电费等银行收费凭证 2 张（略）传递给制证员编制记账凭证。

附：制证员根据审核无误的表 4-110 和表 4-112 编制记账凭证（如表 4-113 所示）。

④再传递凭证。12 月 8 日，出纳将收到开户银行转来的表 4-114 交财务部门有关人员审核，再传递给制证员编制记账凭。

附：制证员根据审核无误的表 4-114 编制记账凭证（如表 4-115 所示）。

表 4-112

托收凭证 （受理回单） **1**

委托日期 2022 年 12 月 04 日

业务类型	委托收款（☑邮划、☐电划）			托收承付（☐邮划、☐电划）			
付款人	全称	丽水市设备进出口公司		收款人	全称	丽水市机电设备制造厂	
	账号	39507001040900578			账号	580002101050087	
	地址	浙江省丽水 市/~~县~~	开户行：农业银行处州支行		地址	浙江丽水 市/~~县~~	开户行：建设银行处州支行
金额	人民币（大写）玖万零肆佰元整			千 百 十 万 千 百 十 元 角 分		¥ 9 0 4 0 0 0 0	
款项内容	货款	托收凭证名称	发票	附寄单据张数	2		
商品发运情况	已发运	合同名称号码	20220001				
备注： 复核 记账		款项妥日期 年 月 日		建设银行 处州支行 2022.12.04 业务受理专用章 收款人开户银行签章 年 月 日			

此联是收款人开户银行给收款人的受理回单

表 4-113

记 账 凭 证

2022 年 12 月 04 日　　　　记字第 88 号

摘要	会计科目：总账科目	会计科目：明细科目	借方 十	万	千	百	十	元	角	分	贷方 十	万	千	百	十	元	角	分	记账符号
销售B设备	应收账款	丽水市设备进出口公司		9	0	4	0	0	0	0									
	主营业务收入	B设备										8	0	0	0	0	0	0	
	应交税费	应交增值税（销项税额）										1	0	4	0	0	0	0	
合计金额			¥	9	0	4	0	0	0	0	¥	9	0	4	0	0	0	0	

附凭证 4 张

会计主管：　　记账：　　审核：　　制单：陈 方

表 4-114

托收凭证（汇款依据或收账通知）　　**4**

委托日期　2022 年 12 月 04 日　付款期限　2022 年 12 月 07 日

业务类型	委托收款（☑邮划、☐电划）			托收承付（☐邮划、☐电划）				
付款人	全称	丽水市设备进出口公司		收款人	全称	丽水市机电设备制造厂		
	账号	39507001040900578			账号	580002101050087		
	地址	浙江省丽水 市/县	开户行：农业银行处州支行		地址	浙江省丽水 市/县	开户行：建设银行处州支行	
金额	人民币（大写）玖万零肆佰元整				千百十万千百十元角分	¥ 9 0 4 0 0 0 0		
款项内容	货款	托收凭证名称	发票		附寄单据张数	2		
商品发运情况	已发运		合同名称号码		20220001			
备注： 复核　　记账	上述款项已划回收入你方账户内。 建设银行处州支行 2022.12.08 业务清讫 收款人开户银行签章 年　月　日							

此联付款人开户银行作借方凭证

表 4-115

记 账 凭 证

2022 年 12 月 08 日　　记字第 85 号

摘要	总账科目	明细科目	借方金额（十万千百十元角分）	贷方金额（十万千百十元角分）	记账符号
收丽水市设备进出口	银行存款		9040000		
公司前欠货款	应收账款	丽水市设备进出口公司		9040000	
合计金额			¥9040000	¥9040000	

附凭证 1 张

会计主管：　　记账：　　审核：　　制单：陈　方

⑤登记银行存款日记账。出纳根据审核无误的表 4-115 登记银行存款日记账（略）。

丽水市设备进出口公司（付款方）出纳处理业务程序如下。

①传递凭证。出纳接到开户银行寄送的托收凭证第五联（如表 4-116 所示）及有关债务证明后，将表 4-116 及其附件（略）交有关人员办理付款申请手续。

表 4-116

托收凭证 （付款通知） **5**

委托日期 2022 年 12 月 04 日 付款期限 2022 年 12 月 07 日

<table>
<tr><td colspan="2">业务类型</td><td colspan="6">委托收款（☑邮划、☐电划） 托收承付（☐邮划、☐电划）</td></tr>
<tr><td rowspan="3">付款人</td><td>全称</td><td colspan="2">丽水市设备进出口公司</td><td rowspan="3">收款人</td><td>全称</td><td colspan="2">丽水市机电设备制造厂</td></tr>
<tr><td>账号</td><td colspan="2">39507001040900578</td><td>账号</td><td colspan="2">580002101050087</td></tr>
<tr><td>地址</td><td>浙江省丽水市/县 开户行</td><td>农业银行处州支行</td><td>地址</td><td>浙江省丽水市/县 开户行</td><td>建设银行处州支行</td></tr>
<tr><td>金额</td><td colspan="5">人民币（大写） 玖万零肆佰元整</td><td colspan="2">千 百 十 万 千 百 十 元 角 分
¥ 9 0 4 0 0 0 0</td></tr>
<tr><td colspan="2">款项内容</td><td>货款</td><td>托收凭证名称</td><td colspan="2">发票</td><td>附寄单据张数</td><td>2</td></tr>
<tr><td colspan="3">商品发运情况 已发运</td><td colspan="3">合同名称号码</td><td colspan="2">20220001</td></tr>
<tr><td colspan="3">备注：
付款人开户银行收到日期
2022 年 12 月 04 日
复核 记账</td><td colspan="3">农业银行
处州支行
2022.12.04
受理
付款人开户银行签章
年 月 日</td><td colspan="2">付款人注意：
1. 根据《支付结算办法》规定，上列托收款项，如超过承付期限未提出拒付，即视同全部承付。以此联代付款通知。
2. 如系全部或部分拒付，应在承付期限内另填拒绝承付理由书送银行办理。</td></tr>
</table>

此联是付款人开户银行给付款人按期付款的通知

②办理付款。出纳根据传来的付款申请审批意见（如表 4-117 所示），办理相应付款手续。

表 4-117 **付 款 申 请 书**

2022 年 12 月 04 日 记字第 32 号

<table>
<tr><td>收款单位</td><td colspan="3">丽水市机电设备制造厂</td><td rowspan="2">付款原因</td></tr>
<tr><td>账 号</td><td colspan="3">580002101050087</td></tr>
<tr><td>开 户 行</td><td colspan="3">建设银行处州支行</td><td rowspan="6">购买 B 设备款</td></tr>
<tr><td>金 额</td><td colspan="3">人民币玖拾万零肆仟元整</td></tr>
<tr><td>附件 3 张</td><td colspan="3">¥90 400.00</td></tr>
<tr><td>领导审批
同意付款。
王学一
2022.12.05</td><td>财务审核
按期付款。
赵伍
2022.12.05</td><td colspan="2">业务审核
情况属实。
采购部：杜习
2022.12.05</td></tr>
</table>

会计主管： 记账： 复核： 出纳： 制单：刘军

知识拓展

委托收款结算——付款

（1）以银行为付款人的，银行在收到凭证的当日将款项主动支付给个人。

（2）以单位为付款人的，银行应及时通知付款人（须办理签收手续）并在付款人接到通知日的次日上午营业开始时，将款项划给收款人。如届时债务证明未到期的，则于到期营业开始付款。

（3）无款支付，付款人开户银行办理划款时，付款人存款不足支付的，银行应填写“未付款项通知书”，连同债务证明退回收款人开户银行转交收款人。

（4）付款人在付款期满日，银行营业终了前如无足够资金支付全部款项，即为无款支付，付款人应将有关单证（单证已做账务处理的，可填制“应付款项证明书”）退回开户银行，其开户银行将有关单证退回收款人开户银行转交收款人。

③传递凭证。将表 4-109、表 4-116 和表 4-117 传递给制证员编制记账凭证。

附：制证员根据审核无误的表 4-109、表 4-116、表 4-117 和入库单编制记账凭证（如表 4-118 所示）。

表 4-118

记 账 凭 证

2022 年 12 月 08 日　　　　记字第 104 号

摘　要	会计科目		借方金额								贷方金额								记账符号
	总账科目	明 细 科 目	十	万	千	百	十	元	角	分	十	万	千	百	十	元	角	分	
付购设备款	库存商品	B设备		8	0	0	0	0	0	0									
	应交税费	应交增值税（进项税额）		1	0	4	0	0	0	0									
	银行存款											9	0	4	0	0	0	0	
合 计 金 额			¥	9	0	4	0	0	0	0	¥	9	0	4	0	0	0	0	

附凭证 4 张

会计主管：　　记账：　　审核：　　制单：刘军

④登记银行存款日记账。出纳根据审核无误的表 4-118 登记银行存款日记账（略）。

（2）若付款方拒付。丽水市机电设备制造厂（收款方）出纳处理业务程序如下。

业务程序①、②、③同付款方全部付款情况。

④再传递凭证。12 月 7 日，出纳将收到开户银行转来的对方开出的拒绝付款理由书（如表 4-119 所示）及相关凭证（涉及凭证来由，见付款方业务）交财务部门有关人员审核，根据退回来的发票（如表 4-108 和表 4-109 所示）开具红字发票（如表 4-120 所示），并按对方实际购货金额重新开具发票（如表 4-121 和表 4-122 所示），再将表 4-119～表 4-121 传递给制证员编制记账凭证。

表 4-119

托收承付/委托收款 结算 全部/部分 拒绝付款理由书（代通知或收账通知） **4**

拒付日期 2022 年 12 月 07 日

付款人	全称	丽水市设备进出口公司	收款人	全称	丽水市机电设备制造厂
	账号	39507001040900578		账号	580002101050087
	开户行	农业银行处州支行		开户行	建设银行处州支行

托收金额	拒付金额	部分付款金额	千	百	十	万	千	百	十	元	角	分
90 400.00	18 080.00				¥	7	2	3	2	0	0	0

附寄单据	2	部分付款金额（大写）	柒万贰仟叁佰贰拾元整

拒付理由：2 台设备质量不符合要求。

王学一印　丽水市设备进出口公司财务专用章

付款人签章

此联作收款单位收账通知或全部拒付通知书

表 4-120

浙江增值税专用发票

全国统一发票监制章 浙江 国家税务总局监制

3300222130　　№05000345

此联不作报销、扣税凭证使用　　开票日期：2022 年 12 月 07 日

购买方	名　　称：丽水市设备进出口公司 纳税人识别号：91331801002230571G 地 址、电 话：丽水市解放街 118 号 0578-8665112 开户行及账号：农业银行处州支行 39507001040900578	密码区	（略）

货物或应税劳务、服务名称	规格型号	单位	数量	单价	金额	税率	税额
B 设备		台	−10	8 000.00	−80 000.00	13%	−10 400.00
合　计					¥ −80 000.00		¥ −10 400.00
价税合计（大写）	（负数）玖万零肆佰元整				（小写）¥ −90 400.00		

销售方	名　　称：丽水市机电设备制造厂 纳税人识别号：91331801001000578B 地 址、电 话：丽水市大众街 88 号 0578-3130001 开户行及账号：建设银行处州支行 580002101050087	备注	丽水市机电设备制造厂 91331801001000578B 发票专用章

收款人：　　复核：　　开票人：何文生　　销售方：（章）

税总函[2022]102 号 杭州印制厂

第一联：记账联 销售方记账凭证

表 4-121

浙江增值税专用发票

3300222130　　　　此联不作报销、扣税凭证使用　　　　№05000336

开票日期：2022 年 12 月 07 日

购买方	名　　称：丽水市设备进出口公司 纳税人识别号：91331801002230571G 地 址、电 话：丽水市解放街 118 号 0578-8665112 开户行及账号：农业银行处州支行 39507001040900578				密码区	（略）	
货物或应税劳务、服务名称	规格型号	单位	数　量	单　价	金　额	税率	税　额
B 设备		台	8	8 000.00	64 000.00	13%	8 320.00
合　　计					¥64 000.00		¥8 320.00
价税合计（大写）	⊗柒万贰仟叁佰贰拾元整				（小写）¥72 320.00		
销售方	名　　称：丽水市机电设备制造厂 纳税人识别号：91331801001000578B 地 址、电 话：丽水市大众街 88 号 0578-3130001 开户行及账号：建设银行处州支行 580002101050087				备注	丽水市机电设备制造厂 91331801001000578B 发票专用章	

收款人：　　　复核：　　　开票人：何文生　　　销售方：（章）

税总函[2022]102 号 杭州印刷厂

第一联：记账联 销售方记账凭证

表 4-122

浙江增值税专用发票

3300222130　　　　发票联　　　　№05000336

开票日期：2022 年 12 月 07 日

购买方	名　　称：丽水市设备进出口公司 纳税人识别号：91331801002230571G 地 址、电 话：丽水市解放街 118 号 0578-8665112 开户行及账号：农业银行处州支行 39507001040900578				密码区	（略）	
货物或应税劳务、服务名称	规格型号	单位	数　量	单　价	金　额	税率	税　额
B 设备		台	8	8 000.00	64 000.00	13%	8 320.00
合　　计					¥64 000.00		¥8 320.00
价税合计（大写）	⊗柒万贰仟叁佰贰拾元整				（小写）¥72 320.00		
销售方	名　　称：丽水市机电设备制造厂 纳税人识别号：91331801001000578B 地 址、电 话：丽水市大众街 88 号 0578-3130001 开户行及账号：建设银行处州支行 580002101050087				备注	丽水市机电设备制造厂 91331801001000578B 发票专用章	

收款人：　　　复核：　　　开票人：何文生　　　销售方：（章）

税总函[2022]102 号 杭州印刷厂

第三联：发票联 购买方记账凭证

附：制证员根据审核无误的表 4-119～表 4-121 编制记账凭证（如表 4-123 所示）。

表 4-123

记账凭证

2022 年 12 月 07 日　　　　记字第 85 号

摘　要	会计科目		借方金额								贷方金额								记账符号
	总账科目	明细科目	十	万	千	百	十	元	角	分	十	万	千	百	十	元	角	分	
销售B设备	银行存款			7	2	3	2	0	0	0									
	主营业务收入	B设备		1	6	0	0	0	0	0									
	应交税费	应交增值税（销项税额）			2	0	8	0	0	0									
	应收账款	丽水市设备进出口公司										9	0	4	0	0	0	0	
合计金额			¥	9	0	4	0	0	0	0	¥	9	0	4	0	0	0	0	

附凭证 3 张

会计主管：　　记账：　　审核：　　制单：陈　方

注：主营业务收入、应交税费可记在贷方，金额用红字。

⑤登记银行存款日记账。出纳根据审核无误的表 4-123 登记银行存款日记账（略）。

丽水市设备进出口公司（付款方）出纳处理业务程序如下。

①传递凭证。接到开户银行寄送的托收凭证第五联（如表 4-116 所示）及有关债务证明后，将表 4-116 及其附件（略）交有关人员办理付款申请手续。

②办理部分拒付。出纳根据传来的付款申请审批意见（如表 4-124 所示）和未入账的发票（假设收到对方开具的发票未入账，也未申报抵扣），办理拒绝付款手续。

表 4-124

付款申请书

2022 年 12 月 05 日　　　　记字第 32 号

收款单位	丽水市机电设备制造厂		付款原因
账　　号	580002101050087		
开 户 行	建设银行处州支行		购买 B 设备款
金　　额	人民币玖拾万零肆仟元整		
附件　3　张	¥90 400.00		
领导审批 同意付款。 王学一 2022.12.05	财务审核 按柒万肆仟捌佰捌拾元整办理转款。 赵伍 2022.12.05	业务审核 两台质量不合格，已联系退货，重开发票。 采购部：杜习 2022.12.05	

会计主管：　　记账：　　复核：　　出纳：　　制单：刘军

a. 填制拒绝付款理由书（如表 4-125 所示），并由印鉴管理人员在各联付款人签章处签章。

b. 办理拒付。在规定时间内将拒绝付款理由书及其他资料送交开户银行。

表 4-125

托收承付 委托收款 结算 全部 部分 拒绝付款理由书（回单或付款通知） **1**

拒付日期 2022 年 12 月 07 日

付款人	全称	丽水市设备进出口公司	收款人	全称	丽水市机电设备制造厂
	账号	39507001040900578		账号	580002101050087
	开户行	农业银行处州支行		开户行	建设银行处州支行
托收金额	90 400.00	拒付金额	18 080.00	部分付款金额	千 百 十 万 千 百 十 元 角 分 ¥ 7 2 3 2 0 0 0
附寄单据	2	部分付款金额（大写）	柒万贰仟叁佰贰拾元整		
拒付理由：2 台设备质量不符合要求。 王学一印 丽水市设备进出口公司财务专用章 付款人签章					

此联付款人开户银行给付款人的回单或付款通知

③传递凭证。在银行受理后，将拒绝付款理由书（如表 4-126 所示）第一联传递给制证员编制记账凭证。

表 4-126

托收承付 委托收款 结算 全部 部分 拒绝付款理由书（回单或付款通知） **1**

拒付日期 2022 年 12 月 07 日

付款人	全称	丽水市设备进出口公司	收款人	全称	丽水市机电设备制造厂
	账号	39507001040900578		账号	580002101050087
	开户行	农业银行处州支行		开户行	建设银行处州支行
托收金额	90 400.00	拒付金额	18 080.00	部分付款金额	千 百 十 万 千 百 十 元 角 分 ¥ 7 2 3 2 0 0 0
附寄单据	2	部分付款金额（大写）	柒万贰仟叁佰贰拾元整		
拒付理由：2 台设备质量不符合要求。 王学一印 丽水市设备进出口公司财务专用章 付款人签章			农业银行处州支行 2022.12.07 转讫		

此联付款人开户银行给付款人的回单或付款通知

附：制证员根据最终收到的审核无误的表 4-122、表 4-126 和入库单编制记账凭证（如表 4-127 所示）。

表 4-127

记账凭证

2022 年 12 月 07 日　　　　记字第 104 号

摘要	会计科目		借方金额								贷方金额								记账符号
	总账科目	明细科目	十	万	千	百	十	元	角	分	十	万	千	百	十	元	角	分	
付购商品款	库存商品	B设备		6	4	0	0	0	0	0									
	应交税费	应交增值税（进项税额）			8	3	2	0	0	0									
	银行存款											7	2	3	2	0	0	0	
合计金额			¥	7	2	3	2	0	0	0	¥	7	2	3	2	0	0	0	

附凭证 2 张

会计主管：　　记账：　　审核：　　制单：刘军

④登记银行存款日记账。出纳根据审核无误的表 4-127 登记银行存款日记账（略）。

任务八　商业汇票结算

一、商业汇票概述

商业汇票是出票人签发的，委托付款人在指定日期无条件支付确定的金额给收款人或者持票人的票据。

（一）商业汇票的种类

商业汇票可以按不同的标准进行分类，通常有以下三种。

（1）商业汇票按是否带息分为带息票据与不带息票据两种。带息票据是注明票面金额和票面利率并计算到期利息的商业汇票；不带息票据是只注明票面金额到期按票面金额结算票款的商业汇票。

（2）商业汇票按承兑人不同分为商业承兑汇票（如表 4-128～表 4-131 所示）与银行承兑汇票（如表 4-132～表 4-135 所示）两种。商业承兑汇票是由银行以外付款人承兑；银行承兑汇票由付款人的开户银行承兑，承兑银行按票面金额向付款人收取 0.05％的承兑手续费。商业汇票的承兑人负有到期无条件支付票款的责任。所谓承兑，是指汇票的付款人愿意负担起票面金额支付义务的行为。通俗地讲，就是承认到期将无条件支付汇票金额的行为。

表 4-128

商业承兑汇票（卡片） 1

00100062
20227351

出票日期（大写） 年 月 日

付款人	全 称		收款人	全 称	
	账 号			账 号	
	开户银行			开户银行	
出票金额	人民币（大写）				亿 千 百 十 万 千 百 十 元 角 分
汇票到期日（大写）			付款人开户行	行号	
交易合同号码				地址	
出票人签章			备注：		

此联承兑人留存

表 4-129

商业承兑汇票（卡片） 2

00100062
20227351

出票日期（大写） 年 月 日

付款人	全 称		收款人	全 称	
	账 号			账 号	
	开户银行			开户银行	
出票金额	人民币（大写）				亿 千 百 十 万 千 百 十 元 角 分
汇票到期日（大写）			付款人开户行	行号	
交易合同号码				地址	
本汇票已经承兑，到期无条件付票款。 承兑人签章 承兑日期： 年 月 日			本汇票请予以承兑于到期日付款。 出票人签章		

此联持票人开户行随托收凭证寄付款人开户行作借方凭证附件

表 4-130

商业承兑汇票第二联背面

被背书人	被背书人
背书人签章 年 月 日	背书人签章 年 月 日

表 4-131

商业承兑汇票（存根） 3

00100062
20227351

出票日期（大写） 年 月 日

付款人	全 称		收款人	全 称	
	账 号			账 号	
	开户银行			开户银行	
出票金额		人民币（大写）	亿 千 百 十 万 千 百 十 元 角 分		
汇票到期日（大写）			付款人开户行	行号	
交易合同号码				地址	
备注：					

此联由出票人存查

表 4-132

银行承兑汇票（卡片） 1 10200052 21175553

出票日期（大写） 年 月 日

出票人全称		收款人	全　称												
出票人账号			账　号												
付款行全称			开户银行												
出票金额	人民币 （大写）			亿	千	百	十	万	千	百	十	元	角	分	
汇票到期日（大写）		付款人开户行	行号												
承兑协议编号			地址												
本汇票请你行承兑，此项汇票款我单位按承兑协议于到期日前足额交存你行，到期请予以支付。 出票人签章	备注：	密押 复核　　记账													

此联承兑行留存备查，到期支付票款时作借方凭证附件

表 4-133

银行承兑汇票（卡片） 2 10200052 21175553

出票日期（大写） 年 月 日

出票人全称		收款人	全　称												
出票人账号			账　号												
付款行全称			开户银行												
出票金额	人民币 （大写）			亿	千	百	十	万	千	百	十	元	角	分	
汇票到期日（大写）		付款人开户行	行号												
承兑协议编号			地址												
本汇票请你行承兑，到期无条件付款。 出票人签章	本汇票已经承兑，到期日由本行付款。 承兑行签章 承兑日期　年　月　日 备注：	密押 复核　　记账													

此联收款人开户行随托收凭证寄付款行作借方凭证附件

表 4-134

银行承兑汇票第二联背面

被背书人：	被背书人：
背书人签章 年　月　日	背书人签章 年　月　日

贴粘单处

表 4-135

银行承兑汇票（存根） 3

10200052
21175553

出票日期（大写）　　年　　月　　日

出票人全称		收款人	全　称	
出票人账号			账　号	
付款行全称			开户银行	
出票金额	人民币（大写）			亿 千 百 十 万 千 百 十 元 角 分
汇票到期日（大写）		付款人开户行	行号	
承兑协议编号			地址	
	备注：			

此联出票人存查

（3）商业汇票按是否带有追索权分为带追索权汇票与不带追索权汇票两种。带追索权汇票是指商业汇票转让或贴现后，接受商业汇票方在应收票据遭到拒付或逾期时，可向商业汇票转让方索取应收金额的商业汇票，通常被背书转让的商业承兑汇票是带有追索权的汇票。不带追索权汇票是指商业汇票转让或贴现后，不会出现拒付或逾期而需要追索应收金额的商业汇票，如银行承兑汇票。

（二）商业汇票的使用范围

商业汇票适用于同城或异地在银行开立账户的法人及其他组织之间，必须具有真实的交易关系或债权债务关系的款项结算。

二、商业汇票结算的基本规定

（1）商业承兑汇票可以由付款人签发并承兑，也可以由收款人签发交由付款人承兑。银行承兑汇票应由在承兑银行开立存款账户的存款人签发。

（2）出票人不得签发无对价的商业汇票用以骗取银行或者其他票据当事人的资金。

（3）商业汇票的付款期限，最长不得超过 6 个月。

（4）付款人承兑商业汇票，应当在汇票正面记载“承兑”字样和承兑日期并签章。且不得附有条件；承兑附有条件的，视为拒绝承兑，付款人对承兑的汇票负有到期无条件支付票款的责任。

（5）银行承兑汇票的承兑银行，应按票面金额的 0.05%向出票人收取手续费。

（6）商业汇票的提示付款期限，自汇票到期日起 10 日。持票人应在提示付款期限内通过开户银行委托收款或直接向付款人提示付款。对异地委托收款的，持票人可匡算邮程，提前通过开户银行委托收款。持票人超过提示付款期限提示付款的，持票人开户银行不予受理。

（7）存款人领购商业汇票，必须填写“票据和结算凭证领用单”并签章，签章应与预留银行的签章相符。存款账户结清时，必须将全部剩余空白商业汇票交回银行注销。

（8）商业汇票的持票人向银行办理贴现必须具备下列条件。

①在银行开立存款账户的企业法人以及其他组织。

②与出票人或者直接前手之间具有真实的商品交易关系。

③提供与其直接前手之间的增值税发票和商品发运单据复印件。

（9）符合条件的商业汇票的持票人可持未到期的商业汇票连同贴现凭证向银行申请贴现。贴现银行可持未到期的商业汇票向其他银行转贴现，也可向中国人民银行申请再贴现。贴现、转贴现、再贴现时，应做成转让背书，并提供贴现申请人与其直接前手之间的增值税发票和商品发运单据复印件。

（10）贴现、转贴现和再贴现的期限从其贴现之日起至汇票到期日止。实付贴现金额按票面金额扣除贴现日至汇票到期前 1 日的利息计算。承兑人在异地的，贴现、转贴现和再贴现的期限以及贴现利息的计算应另加 3 天的划款日期。

三、签发商业汇票必须记载的事项

（1）表明“商业承兑汇票”或“银行承兑汇票”的字样。

（2）无条件支付的委托。

（3）确定的金额。

（4）付款人名称。

（5）收款人名称。

（6）出票日期。

（7）出票人签章。

欠缺记载上列事项之一的，商业汇票无效。

四、商业承兑汇票结算业务的处理程序

（一）付款方出纳处理业务程序

（1）签发商业承兑汇票。由付款方签发商业承兑汇票或由收款方签发商业承兑汇票交给付款方，第三联留出票企业存查。

（2）承兑。商业承兑汇票由银行以外的付款人承兑，付款方在商业汇票的第二联正面记载“承兑”字样和承兑日期并加盖预留银行印鉴，付款人承兑时不得附有条件，否则视为拒绝承兑，付款人对承兑的汇票负有到期无条件支付票款的责任。

（3）传递凭证。出纳将商业承兑汇票第一联传递给制证员编制记账凭证，同时登记应付票据备查登记簿（如表 4-136 所示）；将第二联传递给采购员，持往销货方采购货物，并将其交给销货方。

表 4-136

应付票据备查登记簿

年

购货单位	合同号码	商业汇票记录					产品发出记录					收款、贴现、转让记录						
		票据种类	签发日期	汇票号码	承兑日期	货款金额	发货日期	发票号码	产品名称	数量	货款金额	已收款		已贴现		已转让		
												日期	金额	日期	金额	日期	被背书单	金额

表 4-137

应收票据备查登记簿

年

收款单位	合同号码	摘要	商业汇票记录									付款记录						备注
			票据种类	汇票号码	签发日期	第一次		第二次		第三次		已收款		已贴现		已转让		
						承兑日期	金额	承兑日期	金额	承兑日期	金额	日期	金额	日期	金额	日期	金额	

(4) 到期付款。商业承兑汇票到期，收到开户银行转来的委托收款凭证的第五联（付款通知），应在当日通知银行付款。银行在办理划款时，如果付款人账户存款余额不足支付，应填制付款人未付票款通知书，连同商业汇票退还收款人或被背书人，由其自行处理，银行不承担任何责任。

(5) 再传递凭证。出纳将收到的银行转来的托收凭证第五联（付款通知）传递给制证员编制记账凭证。

(6) 登记银行存款日记账。出纳根据审核无误的记账凭证登记银行存款日记账。

（二）收款方出纳处理业务程序

(1) 审核商业承兑汇票。出纳审核从购货方取得的商业承兑汇票第二联。

(2) 传递凭证。出纳将审核无误的商业承兑汇票第二联复印件（原件出纳留存）传递给制证员编制记账凭证，同时登记应收票据备查登记簿（如表 4-137 所示）。

(3) 委托银行收款。出纳填制委托收款的托收凭证，并在第二联上加盖企业的预留银行印鉴，将一式五联的托收凭证连同将要到期的商业承兑汇票一并交给银行，委托银行收款。收款人开户银行审查受理后，将委托收款的托收凭证第一联回单联加盖银行业务受理章后退给收款人，收款人开户银行和付款人开户银行进行票据交换、审核、资金划拨，款项到账后开户银行通知收款人办理收款。

(4) 传递凭证。出纳将开户银行转来的委托收款的托收凭证第四联传递给制证员编制记账凭证。

(5) 登记银行存款日记账。出纳根据审核无误的记账凭证登记银行存款日记账。

知识拓展

应收票据的背书与贴现

(1) 应收票据的背书。背书是指在票据背面或者粘单上记载有关事项并签章的一种票据行为，是票据权利转移的重要方式。企业可以将持有的应收票据背书转让，用于购买所需的商品物资等。

(2) 应收票据的贴现。贴现是指企业将持有的未到期的票据转让给银行，银行受理后从票据到期值中扣除贴现日至票据到期日的贴现利息及其他相关的手续费后，将余额付给企业的一种融资行为。可见，票据贴现实质上是企业融通资金的一种形式。我国对商业汇票进行贴现的范围限于银行承兑汇票，因而不存在到期无法收回票款的问题。

【例 4-12】 2022 年 8 月 4 日，泰山有限责任公司销售给珠江有限责任公司乙产品一批，开出增值税发票如表 4-138～表 4-140 所示，商品自提，交易合同号码为 209999，双方约定采用商业承兑汇票结算，期限为 3 个月，由付款方签发，珠江有限责任公司当日签发并承兑商业汇票一份。2022 年 11 月 4 日，泰山有限责任公司办理托收款，珠江有限责任公司如数付款。工商银行珠江分行地址是珠江市江北路 23 号，行号是 25。

要求：双方出纳办理相关业务。

表 4-138

山东增值税专用发票

全国统一发票监制章 山东 国家税务总局监制

3700222130 №00604121

抵扣联 开票日期：2022 年 08 月 04 日

税总函[2022]102 号 海南华森实业公司

购买方	名　　称：珠江有限责任公司 纳税人识别号：91440501000056123J 地 址、电 话：珠江市江北路 2 号 0307-3699488 开户行及账号：工商银行珠江分行 16120087452201				密码区	（略）		
货物或应税劳务、服务名称	规格型号	单位	数量	单价	金额	税率	税额	
乙产品		件	600	500.00	300 000.00	13%	39 000.00	
合　　计					¥300 000.00		¥39 000.00	
价税合计（大写）	⊗叁拾叁万玖仟元整				（小写）¥339 000.00			
销售方	名　　称：泰山有限责任公司 纳税人识别号：91370801881112324K 地 址、电 话：东海市上岗路 18 号 0198-27708086 开户行及账号：工商银行东海分行 15020068332206				备注	泰山有限责任公司 91370801881112324K 发票专用章		

第二联：抵扣联 购买方扣税凭证

收款人：　　复核：王一明　　开票人：张凡　　销售方：（章）

表 4-139

山东增值税专用发票

全国统一发票监制章 山东 国家税务总局监制

3700222130 №00604121

发票联 开票日期：2022 年 08 月 04 日

税总函[2022]102 号 海南华森实业公司

购买方	名　　称：珠江有限责任公司 纳税人识别号：91440501000056123J 地 址、电 话：珠江市江北路 2 号 0307-3699488 开户行及账号：工商银行珠江分行 16120087452201				密码区	（略）		
货物或应税劳务、服务名称	规格型号	单位	数量	单价	金额	税率	税额	
乙产品		件	600	500.00	300 000.00	13%	39 000.00	
合　　计					¥300 000.00		¥39 000.00	
价税合计（大写）	⊗叁拾叁万玖仟元整				（小写）¥339 000.00			
销售方	名　　称：泰山有限责任公司 纳税人识别号：91370801881112324K 地 址、电 话：东海市上岗路 18 号 0198-27708086 开户行及账号：工商银行东海分行 15020068332206				备注	泰山有限责任公司 91370801881112324K 发票专用章		

第三联：发票联 购买方记账凭证

收款人：　　复核：王一明　　开票人：张凡　　销售方：（章）

表 4-140

山东增值税专用发票

3700222130　　　　　　　　　　　　　　　　　　№00604121

此联不作报销、扣税凭证使用　　开票日期：2022 年 08 月 04 日

税总函[2022]102 号海南华森实业公司

购买方	名　称：珠江有限责任公司 纳税人识别号：91440501000056123J 地 址、电 话：珠江市江北路 2 号 0307-3699488 开户行及账号：工商银行珠江分行 16120087452201				密码区	（略）		
货物或应税劳务、服务名称	规格型号	单位	数量	单价	金额	税率	税额	
乙产品		件	600	500.00	300 000.00	13%	39 000.00	
合计					¥300 000.00		¥39 000.00	
价税合计（大写）	⊗叁拾叁万玖仟元整				（小写）¥339 000.00			
销售方	名　称：泰山有限责任公司 纳税人识别号：91370801881112324K 地 址、电 话：东海市上岗路 18 号 0198-27708086 开户行及账号：工商银行东海分行 15020068332206				备注	泰山有限责任公司 91370801881112324K 发票专用章		

收款人：　　复核：王一明　　开票人：张 凡　　销售方：（章）

第一联：记账联　销售方记账凭证

（1）珠江有限责任公司（付款方）出纳处理业务程序如下。

①签发商业承兑汇票。第三联（如表 4-141 所示）留企业存查，其余联次（略）。

表 4-141

商业承兑汇票（存根）　3　　00100062

出票日期（大写）贰零贰贰年捌月零肆日　　20227351

付款人	全　称	珠江有限责任公司	收款人	全　称	泰山有限责任公司
	账　号	16120087452201		账　号	15020068332206
	开户银行	工商银行珠江分行		开户银行	工商银行东海分行
出票金额		人民币（大写）叁拾叁万玖仟元整	亿千百十万千百十元角分		¥ 3 3 9 0 0 0 0 0
汇票到期日（大写）		贰零贰贰年壹拾壹月零肆日	付款人开户行	行号	25
交易合同号码		209999		地址	珠江市江北路 23 号
备注：					

此联由出票人存查

②承兑。将第二联加盖预留银行印鉴后（如表 4-142 所示）交采购员持往销售单位办理采购。

表 4-142

商业承兑汇票　2　00100062

出票日期 贰零贰贰年捌月零肆日　20227351

（大写）

付款人	全　称	珠江有限责任公司	收款人	全　称	泰山有限责任公司
	账　号	16120087452201		账　号	15020068332206
	开户银行	工商银行珠江分行		开户银行	工商银行东海分行
出票金额		人民币（大写）叁拾叁万玖仟元整	亿千百十万千百十元角分		¥33900000
汇票到期日（大写）		贰零贰贰年壹拾壹月零肆日	付款人开户行	行号	25
交易合同号码		209999		地址	珠江市江北路 23 号
本汇票已经承兑，到期无条件付票款。 珠江有限责任公司财务专用章　王志勇印 承兑人签章 承兑日期：2022 年 08 月 04 日			本汇票请予以承兑于到期日付款。 珠江有限责任公司财务专用章　王志勇印 出票人签章		

此联持票人开户行随托收凭证寄付款人开户行作借方凭证附件

③传递凭证。将第一联加盖预留银行印签（如表 4-143 所示）交制证员编制记账凭证。

表 4-143

商业承兑汇票（卡片）　1

出票日期 贰零贰贰年捌月零肆日

（大写）

付款人	全　称	珠江有限责任公司	收款人	全　称	泰山有限责任公司
	账　号	16120087452201		账　号	15020068332206
	开户银行	工商银行珠江分行		开户银行	工商银行东海分行
出票金额		人民币（大写）叁拾叁万玖仟元整	亿千百十万千百十元角分		¥33900000
汇票到期日（大写）		贰零贰贰年壹拾壹月零肆日	付款人开户行	行号	25
交易合同号码		209999		地址	珠江市江北路 23 号
珠江有限责任公司财务专用章　王志勇印 出票人签章			备注：		

此联承兑人留存

附：制证员根据审核无误的表 4-139 和表 4-143 编制记账凭证（如表 4-144 所示），同时，出纳登记应付票据备查簿（略）。

表 4-144

记 账 凭 证

2022 年 08 月 04 日　　　　记字第 15 号

摘要	总账科目	明细科目	借方金额	贷方金额	记账符号
购材料	材料采购	乙材料	30000000		
	应交税费	应交增值税（进项税额）	3900000		
	应付票据	泰山有限责任公司		33900000	
合计金额			33900000	33900000	

附凭证 2 张

会计主管：　　记账：　　审核：　　制单：赵天天

④到期付款。审查开户银行转来的委托收款凭证的第五联（付款通知）如表 4-145 所示，若无误备足款项通知银行付款。

表 4-145

表 4-145　　托收凭证　（付款通知）　**5**

委托日期　2022 年 11 月 04 日　　付款期限　2022 年 11 月 13 日

业务类型	委托收款（☑邮划、□电划）		托收承付（□邮划、□电划）		
付款人 全称	珠江有限责任公司		收款人 全称	泰山有限责任公司	
付款人 账号	16120087452201		收款人 账号	15020068332206	
付款人 地址	广东省珠江 市/县	开户行：工商银行珠江分行	收款人 地址	山东省东海 市/县	开户行：工商银行东海分行
金额	人民币（大写）叁拾叁万玖仟元整		千百十万千百十元角分	￥33900000	
款项内容	货款	托收凭证名称：商业承兑汇票		附寄单据张数	1
商品发运情况	已发运	合同名称号码		209999	
备注： 付款人开户银行收到日期 年 月 日 复核　记账	工商银行 珠江分行 2022.11.08 转讫 付款人开户银行签章 2022 年 11 月 08 日			付款人注意： 1. 根据《支付结算办法》规定，上列托收款项，如超过承付期限未提出拒付，即视同全部承付。以此联代付款通知。 2. 如系全部或部分拒付，应在承付期限内另填拒绝承付理由书送银行办理。	

此联付款人开户银行给付款人按期付款通知

⑤再传递凭证。将审核无误的表 4-145 交制证员编制记账凭证。

附：制证员根据审核无误的表 4-145 编制记账凭证（如表 4-146 所示）。

表 4-146

记账凭证

2022 年 11 月 04 日　　　　记字第 2 号

摘要	会计科目		借方金额								贷方金额								记账符号
	总账科目	明细科目	十	万	千	百	十	元	角	分	十	万	千	百	十	元	角	分	
付到期商业汇票款	应付票据	泰山有限责任公司	3	3	9	0	0	0	0	0									
	银行存款										3	3	9	0	0	0	0	0	
合计金额			3	3	9	0	0	0	0	0	3	3	9	0	0	0	0	0	

附凭证 1 张

会计主管：　　记账：　　审核：　　制单：赵天天

⑥登记银行存款日记账。出纳根据审核无误的表 4-146 登记银行存款日记账（略）。

（2）泰山有限责任公司（收款方）出纳处理业务程序如下。

①审核商业承兑汇票。审核从珠江有限责任公司取得的商业承兑汇票第二联。

②传递凭证。将审核无误的商业承兑汇票第二联复印件（原件出纳留存）传递给制证员编制记账凭证，同时登记应收票据备查簿（略）。

附：制证员根据审核无误的表 4-140 和表 4-142 的复印件编制记账凭证（如表 4-147 所示）。

表 4-147

记账凭证

2022 年 08 月 04 日　　　　记字第 17 号

摘要	会计科目		借方金额								贷方金额								记账符号
	总账科目	明细科目	十	万	千	百	十	元	角	分	十	万	千	百	十	元	角	分	
销售产品	应收票据	珠江有限责任公司	3	3	9	0	0	0	0	0									
	主营业务收入	乙产品									3	0	0	0	0	0	0	0	
	应交税费	应交增值税（销项税额）										3	9	0	0	0	0	0	
合计金额			3	3	9	0	0	0	0	0	3	3	9	0	0	0	0	0	

附凭证 2 张

会计主管：　　记账：　　审核：　　制单：黄英

③委托银行收款。填制委托收款的托收凭证，并在第二联上加盖企业的预留银行印鉴（如表 4-148 所示），将一式五联的托收凭证连同将要到期的商业承兑汇票一并交给银行，委托银行收款。开户银行审查受理后，将委托收款的托收凭证第一联回单联（如表 4-149 所示）加盖银行业务受理章后退回泰山有限责任公司。

表 4-148

托收凭证　　（贷方凭证）　　2

委托期限　2022 年 11 月 04 日

业务类型	委托收款（☑邮划、□电划）				托收承付（□邮划、□电划）			
付款人	全称	珠江有限责任公司			收款人	全称	泰山有限责任公司	
	账号	16120087452201				账号	15020068332206	
	地址	广东省珠江市/县	开户行	工商银行珠江分行		地址	山东省东海市/县	开户行 工商银行东海分行
金额	人民币（大写）叁拾叁万玖仟元整							
款项内容	货款	托收凭证名称	商业承兑汇票		附寄单据张数	1		
商品发运情况	已发运	合同名称号码			209999			
备注： 收款人开户银行收到日期 年　月　日	上述款项随附相关债务证明，请予办理。 泰山有限责任公司财务专用章　林志敏印 收款人签章				复核　　记账			

千	百	十	万	千	百	十	元	角	分
	￥	3	3	9	0	0	0	0	0

此联收款人开户银行作贷方凭证

表 4-149

托收凭证　　（受理回单）　　1

委托日期　2022 年 11 月 04 日

业务类型	委托收款（☑邮划、□电划）				托收承付（□邮划、□电划）			
付款人	全称	珠江有限责任公司			收款人	全称	泰山有限责任公司	
	账号	16120087452201				账号	15020068332206	
	地址	广东省珠江市/县	开户行	工商银行珠江分行		地址	山东省东海市/县	开户行 工商银行东海分行
金额	人民币（大写）叁拾叁万玖仟元整							
款项内容	货款	托收凭证名称	商业承兑汇票		附寄单据张数	1		
商品发运情况	已发运	合同名称号码			209999			
备注： 复核　　记账	款项收妥日期 年　月　日				工商银行东海分行 2022.11.04 转讫 收款人开户银行签章 2022 年 11 月 04 日			

千	百	十	万	千	百	十	元	角	分
	￥	3	3	9	0	0	0	0	0

此联是收款人开户银行给收款人的受理回单

④传递凭证。将开户银行转来的委托收款的托收凭证第四联（如表 4-150 所示）交给制证员编制记账凭证。

表 4-150

托收凭证 （汇款依据或收账通知） **4**

委托日期 2022 年 11 月 04 日　　付款期限 2022 年 11 月 13 日

业务类型	委托收款（☑邮划、☐电划）			托收承付（☐邮划、☐电划）			
付款人	全称	珠江有限责任公司		收款人	全称	泰山有限责任公司	
	账号	16120087452201			账号	15020068332206	
	地址	广东省珠江 市/县	开户行 工商银行珠江分行		地址	山东省东海 市/县	开户行 工商银行东海分行
金额	人民币（大写）叁拾叁万玖仟元整			千 百 十 万 千 百 十 元 角 分	¥ 3 3 9 0 0 0 0 0		
款项内容	货款	托收凭证名称	商业承兑汇票	附寄单据张数	1		
商品发运情况	已发运	合同名称号码	209999				
备注： 复核　记账	上述款项已划回收入你方账户内。 工商银行 珠江分行 2022.11.14 转讫 收款人开户银行签章 年　月　日						

此联付款人开户银行凭以付款或收款人开户银行作收账通知

附：制证员根据审核无误的表 4-150 编制记账凭证（如表 4-151 所示）。

表 4-151

记账凭证

2022 年 11 月 04 日　　记字第 45 号

摘要	会计科目 总账科目	明细科目	借方 十	万	千	百	十	元	角	分	贷方 十	万	千	百	十	元	角	分	记账符号
收到商业汇票款	银行存款		3	3	9	0	0	0	0	0									
	应收票据	珠江有限责任公司									3	3	9	0	0	0	0	0	
合计金额			3	3	9	0	0	0	0	0	3	3	9	0	0	0	0	0	

附凭证 1 张

会计主管：　记账：　审核：　制单：黄英

小思考：如果珠江有限责任公司无足够的款项支付到期的商业承兑汇票，此时双方应如何进行会计核算？

⑤登记银行存款日记账。出纳根据审核无误的表 4-151 登记银行存款日记账（略）。

五、银行承兑汇票结算业务的处理程序

（一）付款方出纳业务处理程序

（1）签发银行承兑汇票。由付款人签发银行承兑汇票。

（2）承兑。由付款人委托其开户银行承兑，银行按照有关规定审查后，与付款人签订“银行承兑协议”，银行在承兑协议上注明承兑协议的编号，加盖印鉴后，压印汇票金额，并按面额收取0.05%的承兑手续费。付款方支付承兑手续费后，取回银行承兑汇票第二联和银行承兑协议第二联。

（3）传递凭证。出纳将银行承兑汇票第二联传递给采购员，持往销货方采购货物，同时将复印件给制证员编制记账凭证，并根据银行承兑协议第二联登记应付票据备查簿。

（4）到期付款。银行承兑汇票到期，收到开户银行转来的委托收款凭证的第五联（付款通知），应在当日通知银行付款。付款人应于银行承兑汇票到期前将票款足额交存开户银行，以备到期支付票款。银行在办理划款时，如付款人账户存款不足支付，承兑银行向持票人无条件支付票款。同时，银行对付款人执行扣款，对尚未扣回的部分转人付款人的逾期贷款户，并按每日0.05%计收罚息。

（5）再传递凭证。出纳将收到的银行转来的托收凭证第五联（付款通知）交制证员编制记账凭证。

（6）登记银行存款日记账和应付票据备查簿。根据审核无误的记账凭证登记银行存款日记账和应付票据备查簿。

（二）收款方出纳业务处理程序

（1）审核银行承兑汇票。审核从购货方取得的银行承兑汇票第二联，审核的内容同银行汇票。

（2）传递凭证。将审核无误的商业汇票传递给制证员编制记账凭证，同时登记应收票据备查簿。

（3）委托银行收款。持票人填制委托收款的托收凭证，并在第二联加盖企业的预留银行印鉴，将一式五联的托收凭证连同将要到期的银行承兑汇票一并交给银行，委托银行收款。开户银行审查受理后，将委托收款的托收凭证第一联回单联加盖银行业务受理章后退还收款人，收款人开户银行和付款人开户银行进行票据交换、审核、资金划拨。款项到账后开户银行通知收款人办理收款。

（4）传递凭证。将开户银行转来的委托收款的托收凭证第四联交给制证员编制记账凭证。

（5）登记银行存款日记账和应收票据备查簿。根据审核无误的记账凭证登记银行存款日记账和应收票据备查簿。

【例4-13】 2022年9月4日，泰山有限责任公司销售给珠江有限责任公司A产品一批，开出增值税专用发票（如表4-152和表4-153所示），商品自提，双方约定采用银行承兑汇票

结算，期限为 3 个月，承兑协议编号 210089，由付款方签发。要求：珠江有限责任公司出纳办理相关业务。

表 4-152

山东增值税专用发票

3700222130　　　　　抵扣联　　　　　№00604122

开票日期：2022 年 09 月 04 日

购买方	名　　称：珠江有限责任公司 纳税人识别号：91440501000056123J 地 址、电 话：珠江市江北路 2 号 0307-3699488 开户行及账号：工商银行珠江分行 16120087452201				密码区	（略）	
货物或应税劳务、服务名称	规格型号	单位	数　量	单　价	金　额	税率	税　额
A 产品		件	60	100.00	6 000.00	13%	780.00
合　计					￥6 000.00		￥780.00
价税合计（大写）	⊗陆仟柒佰捌拾元整				（小写）￥6 780.00		
销售方	名　　称：泰山有限责任公司 纳税人识别号：91370801881112324K 地 址、电 话：东海市上岗路 18 号 0198-27708086 开户行及账号：工商银行东海分行 15020068332206				备注	泰山有限责任公司 91370801881112324K 发票专用章	

收款人：　　复核：王一明　　开票人：张 凡　　销售方：（章）

税总函[2022]102 号　海南华森实业公司

第二联：抵扣联　购买方扣税凭证

表 4-153

山东增值税专用发票

3700222130　　　　　发票联　　　　　№00604122

开票日期：2022 年 09 月 04 日

购买方	名　　称：珠江有限责任公司 纳税人识别号：91440501000056123J 地 址、电 话：珠江市江北路 2 号 0307-3699488 开户行及账号：工商银行珠江分行 16120087452201				密码区	（略）	
货物或应税劳务、服务名称	规格型号	单位	数　量	单　价	金　额	税率	税　额
A 产品		件	60	100.00	6 000.00	13%	780.00
合　计					￥6 000.00		￥780.00
价税合计（大写）	⊗陆仟柒佰捌拾元整				（小写）￥6 780.00		
销售方	名　　称：泰山有限责任公司 纳税人识别号：91370801881112324K 地 址、电 话：东海市上岗路 18 号 0198-27708086 开户行及账号：工商银行东海分行 15020068332206				备注	泰山有限责任公司 91370801881112324K 发票专用章	

收款人：　　复核：王一明　　开票人：张 凡　　销售方：（章）

税总函[2022]102 号　海南华森实业公司

第三联：发票联　购买方记账凭证

（1）签发银行承兑汇票，第一联如表 4-154 所示，其余略。

表 4-154

银行承兑汇票（卡片）　　**1**　　10200052

出票日期　贰零贰贰年玖月零肆日　　21175553

（大写）

出票人全称	珠江有限责任公司	收款人	全　称	泰山有限责任公司
出票人账号	16120087452201		账　号	15020068332206
付款行全称	工商银行珠江分行		开户银行	工商银行东海分行
出票金额	人民币（大写）陆仟柒佰捌拾元整		亿千百十万千百十元角分	¥678000
汇票到期日（大写）	贰零贰贰年壹拾贰月零肆日	付款人	行号	25
承兑协议编号	210089		地址	珠江市江北路 23 号
本汇票请你行承兑，此项汇票款我单位按承兑协议于到期日前足额交存你行，到期请予以支付。 珠江有限责任公司财务专用章　王志勇印　出票人签章		备注：	密押 复核　记账	

此联承兑行留存备查，到期支付票款时作借方凭证附件

（2）承兑。珠江有限责任公司委托其开户银行承兑，银行按照有关规定审查后，与其签订“银行承兑协议”（如表 4-155 所示），并按面额收取 0.05%的承兑手续费。支付承兑手续费后，取回银行承兑汇票第二联和银行承兑协议第二联。

（3）传递凭证。出纳将受理后的银行承兑汇票第二联（如表 4-156 所示）传递给采购员，持往销货方采购货物，并将其交给销货方，根据银行承兑协议第二联登记应付票据备查簿，将表 4-156 的复印件交给制证员编制记账凭证。

附：制证员根据审核无误的表 4-153 和表 4-156 的复印件编制记账凭证（如表 4-157 所示）。

（4）到期付款。银行承兑汇票到期，收到开户银行转来的委托收款凭证的第五联（付款通知）（如表 4-158 所示），审查无误后，应在当日通知银行付款。

（5）再传递凭证。出纳将收到的银行转来的表 4-158 传递给制证员编制记账凭证。

附：制证员根据审核无误的表 4-158 编制记账凭证（如表 4-159 所示）。

表 4-155

银行承兑协议

银行承兑协议 1

协议编号：210089

银行承兑汇票的内容：

收款人全称：泰山有限责任公司　　付款人全称：珠江有限责任公司

开户银行：工商银行东海分行　　开户银行：工商银行珠江分行

账号：15020068332206　　账号：16120087452201

汇票号码：10200052　21175553　　汇票金额（大写）：陆仟柒佰捌拾元整

签发日期：2022 年 9 月 4 日　　到期日期：2022 年 12 月 4 日

以上汇票经承兑银行承兑，承兑申请人（下称申请人）愿遵守《支付结算办法》的规定及下列条款：

第一条　申请人于汇票到期日前将应付票款足额交存承兑银行。

第二条　承兑手续按票面 0.05%计算，在银行承兑时一次付清款。

第三条　承兑票据如发生任何交易纠纷，均由收付双方自行处理，票款于到期日前仍按第一条办理不误。

第四条　承兑汇票到期日，承兑银行凭票无条件支付票款。如到期日之前申请人不能足额交付票款时，承兑银行对不足支付部分的票款转作承兑申请人逾期贷款，并按照有关规定计收罚息。

第五条　承兑汇票款付清后，本协议始自动失效。

本协议第一、二联分别由承兑银行信贷部门和承兑申请人存执，协议副本由银行会计部门存查。

承兑银行：__________（盖章）承兑申请人：__________（盖章）

订立承兑协议日期：2022 年 9 月 4 日

工商银行珠江分行
2022. 09. 04
汇票专用章

珠江有限
责任公司
财务专用章

王志
勇印

注：本协议共印三联。在“银行承兑协议”之后，第二联加印“2”，第三联加印“副本”字样。25cm×18cm（白纸黑油墨）

表 4-156

银行承兑汇票　　2　　10200052
21175553

出票日期　贰零贰贰年玖月零肆日
（大写）

出票人全称	珠江有限责任公司	收款人	全　称	泰山有限责任公司
出票人账号	16120087452201		账　号	15020068332206
付款行全称	工商银行珠江分行		开户银行	工商银行东海分行
出票金额	人民币（大写）陆仟柒佰捌拾元整		亿千百十万千百十元角分	¥678000
汇票到期日（大写）	贰零贰贰年壹拾贰月零肆日	付款人	行号	25
承兑协议编号	210089		地址	珠江市江北路23号
本汇票请你行承兑，到期无条件付款。 珠江有限责任公司财务专用章　王志勇印　出票人签章	本汇票已经承兑，到期日由本行付款。 承兑行签章 承兑日期 2022 年 09 月 04 日 工商银行珠江分行 汇票专用章 备注：		密押 复核　记账	

此联收款人开户行随托收凭证寄付款行作借方凭证附件

表 4-157

记 账 凭 证

2022 年 09 月 04 日　　记字第 15 号

摘要	总账科目	明细科目	借方十	万	千	百	十	元	角	分	贷方十	万	千	百	十	元	角	分	记账符号
购材料	材料采购	A材料			6	0	0	0	0	0									
	应交税费	应交增值税（进项税额）				7	8	0	0	0									
	应付票据	泰山有限责任公司											6	7	8	0	0	0	
合计金额				¥	6	7	8	0	0	0		¥	6	7	8	0	0	0	

附凭证 2 张

会计主管：　　记账：　　审核：　　制单：赵天天

表 4-158

托收凭证 （付款通知） **5**

委托日期 2022 年 12 月 04 日 付款期限 2022 年 12 月 13 日

业务类型	委托收款（☑邮划、□电划）			托收承付（□邮划、□电划）			
付款人	全称	珠江有限责任公司		收款人	全称	泰山有限责任公司	
	账号	16120087452201			账号	15020068332206	
	地址	广东省珠江 市/县	开户行 工行珠江分行		地址	山东省东海 市/县	开户行 工行东海分行
金额	人民币（大写）陆仟柒佰捌拾元整			千百十万千百十元角分	¥678000		
款项内容	货款	托收凭证名称	商业承兑汇票	附寄单据张数	1		
商品发运情况	已发运	合同名称号码		210089			
备注： 付款人开户银行收到日期 年 月 日 复核 记账		工商银行 珠江分行 2022.12.14 转讫 付款人开户银行签章 2022 年 12 月 14 日		付款人注意： 1. 根据《支付结算办法》规定，上列托收款项，如超过承付期限未提出拒付，即视同全部承付。以此联代付款通知。 2. 如系全部或部分拒付，应在承付期限内另填拒绝承付理由书送银行办理。			

此联付款人开户银行给付款人按期付款通知

表 4-159

记 账 凭 证

2022 年 12 月 14 日 记字第 8 号

摘 要	会计科目		借方金额								贷方金额								记账符号
	总账科目	明细科目	十	万	千	百	十	元	角	分	十	万	千	百	十	元	角	分	
付到期商业汇票款	应付票据	泰山有限责任公司			6	7	8	0	0	0									
	银行存款												6	7	8	0	0	0	
合 计 金 额				¥	6	7	8	0	0	0		¥	6	7	8	0	0	0	

附凭证 1 张

会计主管： 记账： 审核： 制单：赵天天

（6）登记银行存款日记账和应付票据备查簿。出纳根据审核无误的表 4-159 登记银行存款日记账和应付票据备查簿（略）。

任务九　网上银行结算

一、网上银行概述

网上银行又称网络银行、在线银行，是指银行利用互联网技术，通过互联网向客户提供开户、查询、对账、行内转账、跨行转账、信贷、网上证券、投资理财等传统服务项目，使客户可以足不出户就能够安全便捷地管理活期和定期存款、支票、信用卡及个人投资等。可以说，网上银行是在互联网上的虚拟银行柜台。网上银行又被称为“3A 银行”，因为它不受时间、地点、空间限制，能够在任何时间（anytime）、任何地点（anywhere）、以任何方式（anyway）为客户提供金融服务。

（一）网上银行的种类

网上银行按使用对象不同分为个人网上银行和企业网上银行。个人网上银行是指通过互联网，为银行个人客户提供账户查询、转账汇款、投资理财、在线支付等金融服务的网上银行渠道。企业网上银行是指通过互联网或专线网络，为企业客户提供账户查询、转账结算、在线支付等金融服务的渠道，根据功能、介质和服务对象的不同可分为普及版、标准版和中小企业版。以下重点介绍企业网上银行。

（二）企业网上银行功能

企业网上银行业务功能分为基本功能和特定功能。基本功能包括账户管理、网上汇款、在线支付等功能；特定功能包括贵宾室、网上支付结算代理、网上收款、网上信用证、网上票据和账户高级管理等业务功能。

（三）企业网上银行使用范围

在银行开立账户、信誉良好的企业客户，包括企业、行政事业单位、社会团体等均可开通企业网上银行。

二、企业网上银行开通流程

不同的银行，其网上银行业务开通流程不尽相同，本书以工商银行为例进行介绍。企业开通网银需在银行开立账户并提供开户行要求的其他材料。开通流程如图 4-1 所示。

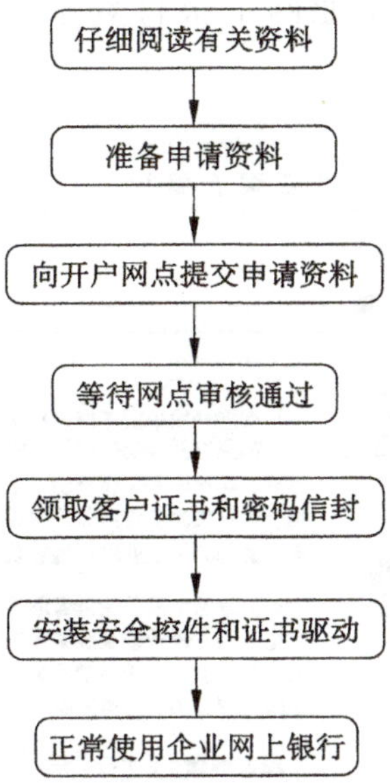

图 4-1 网上银行开通流程

三、企业网上银行操作流程

（一）普及版操作流程

企业网上银行普及版为客户提供了账户查询、修改密码、首页定制等功能，客户还可以使用网上挂失功能在线自助办理普通卡证书挂失。使用简单，注册手续简便，客户在申请了普通卡证书后，既可在柜面办理注册申请手续，也可登录工行网站自助注册。具体操作步骤如下。

（1）登录：进入工行网站主页—选择企业网上银行登录—选择企业网上银行普及版登录—输入卡号、密码和验证码—单击“登录”按钮进入。

（2）使用：输入相关信息，办理相关业务。如在使用过程中遇到问题，可单击“热点解答”和“更多帮助”。

（3）退出：在使用完毕，单击安全退出，以确保账户安全。

（二）证书版操作流程

（1）登录：进入工行网站主页—选择企业网上银行登录—插入企业网上银行证书—选择企业网上银行登录—选择证书—输入证书密码—单击“确定”按钮进入。

（2）使用：输入相关信息，办理相关业务。如在使用过程中遇到问题，可单击“热点解答”和“更多帮助”。

（3）退出：在使用完毕，单击安全退出，拔出客户证书以确保账户安全。

（三）网上银行具体操作演示

以工商银行企业网上银行“付款业务—单笔汇款业务”为例，具体操作步骤及方法如下。

（1）进入工行网站主页，选择企业网上银行登录，进入企业网上银行首页，如图 4-2 所示。

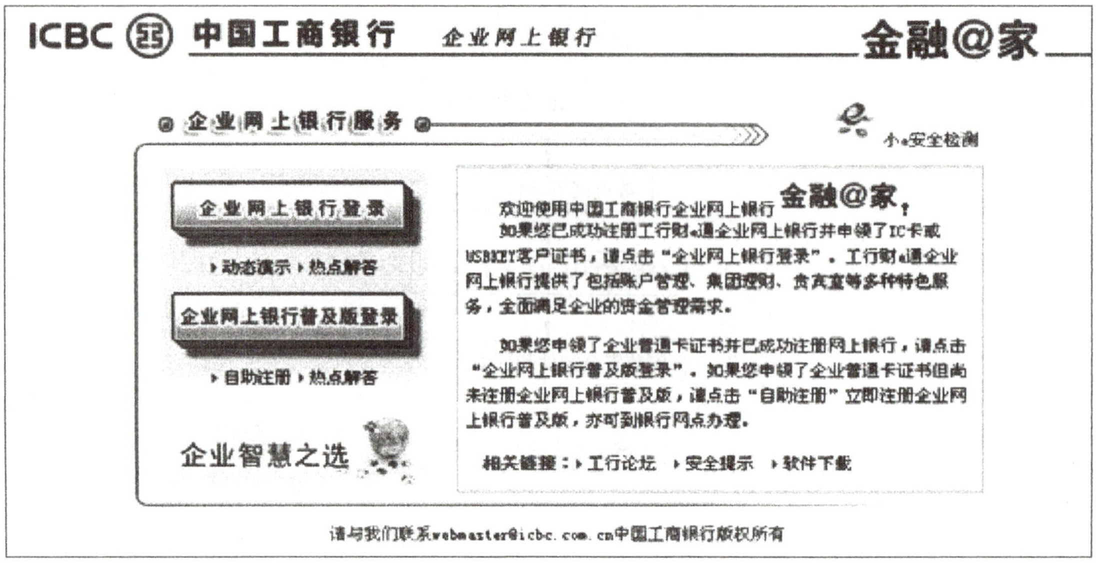

图 4-2　企业网上银行首页

（2）选择企业网上银行登录，进入企业网上银行登录首页，如图 4-3 所示，选择证书，输入证书密码，单击"确定"按钮进入。

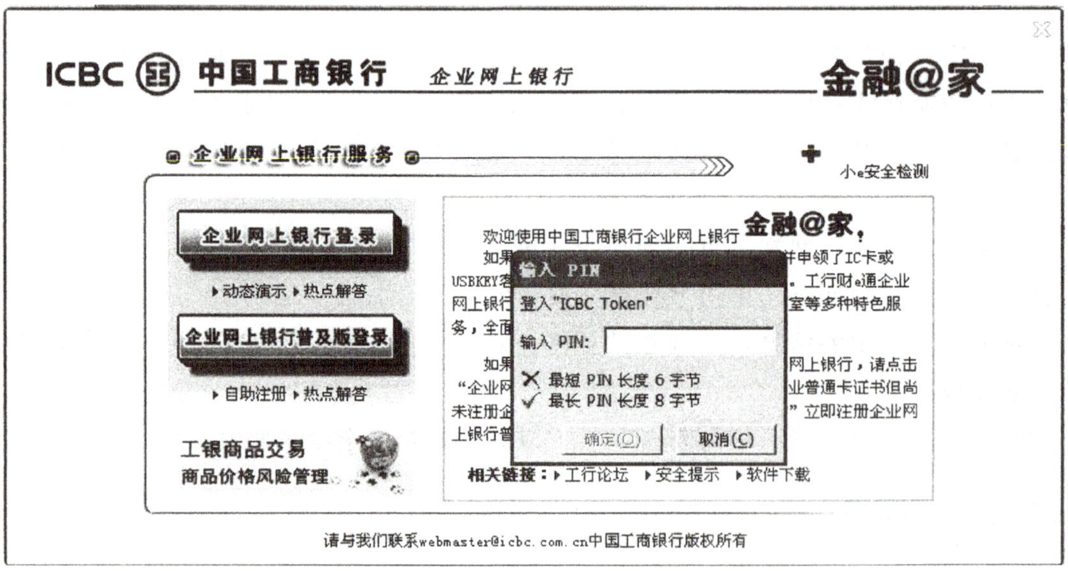

图 4-3　企业网上银行登录首页

（3）当成功登录工行企业网上银行后，单击交易区上方一级菜单中的"付款业务"栏目，交易区左侧显示"付款业务"子菜单，如图 4-4 所示。

（4）展开"网上汇款"，显示出"网上汇款"子菜单。展开提交指令，显示"提交指令"子菜单。单击"逐笔支付"按钮，进入交易区"逐笔支付"页面，选择填写各项详细信息，包括汇款单位名称和账号、收款单位名称和账号、收款单位账号是否为工商银行账号、收款方为非工行账号时收款银行是否手工输入、金额大写和小写、汇款方式、汇款用途等，对于收款方是工行账户的，如果要求实时到账，付款方式应选择“加急”选项，输入完成后，选择是否向有关人员发送信息，单击“确定”按钮，如图 4-5 所示。

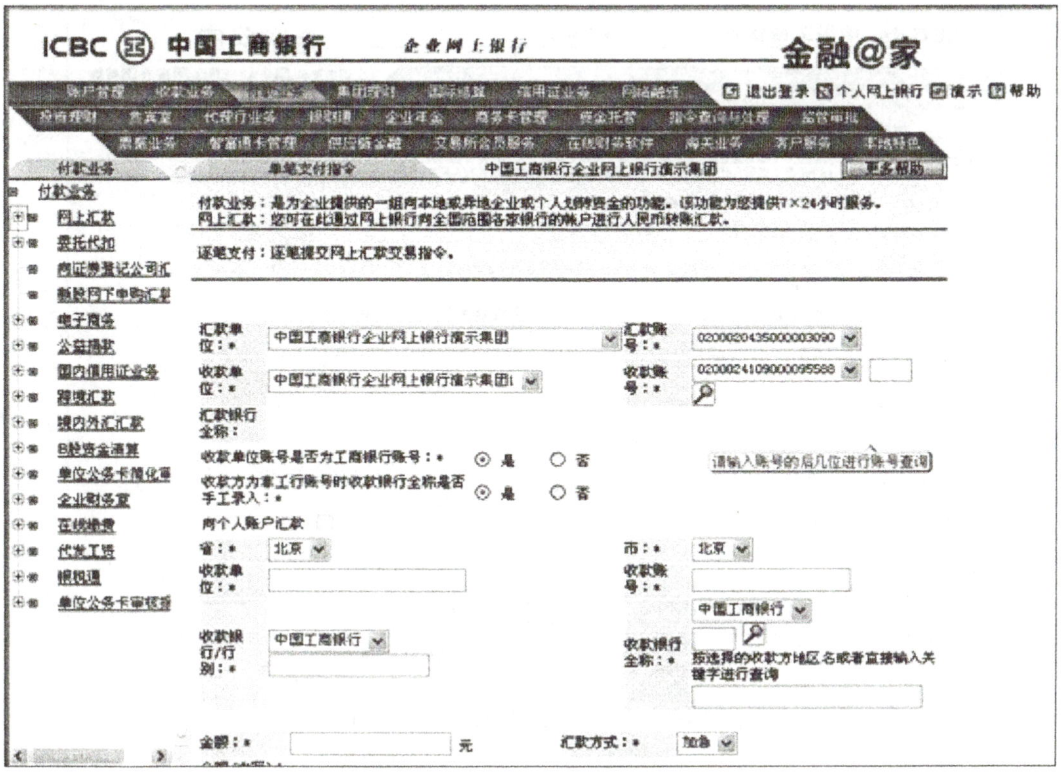

图 4-4　“付款业务”子菜单页面

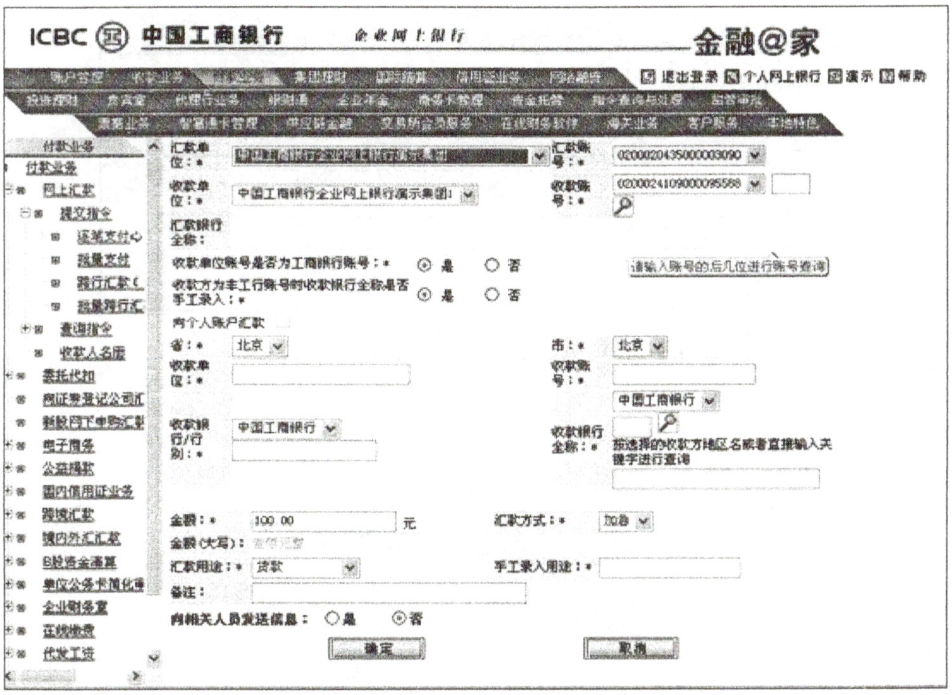

图 4-5　“逐笔支付”页面

（5）页面会显示出刚才输入的信息，以便核对，核对无误后输入验证码，输入完毕，单击“确定”按钮，如图 4-6 所示。

图 4-6　“逐笔支付”核对信息页面

（6）弹出“选择用于签名的本人证书”对话框，在列表中选择证书，单击“确定”按钮，如图 4-7 所示。

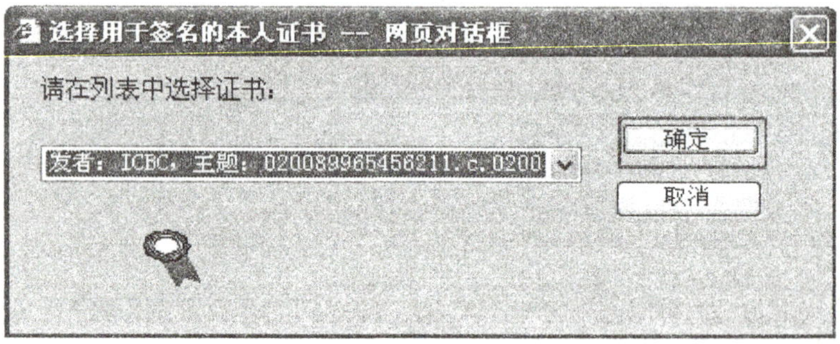

图 4-7　“选择用于签名的本人证书”对话框

（7）输入密码，单击“确定”按钮，如图 4-8 所示。

图 4-8　“证书密码输入”对话框

（8）弹出“数据签名信息”确认对话框，确认无误后单击“确定”按钮，如图 4-9 所示。

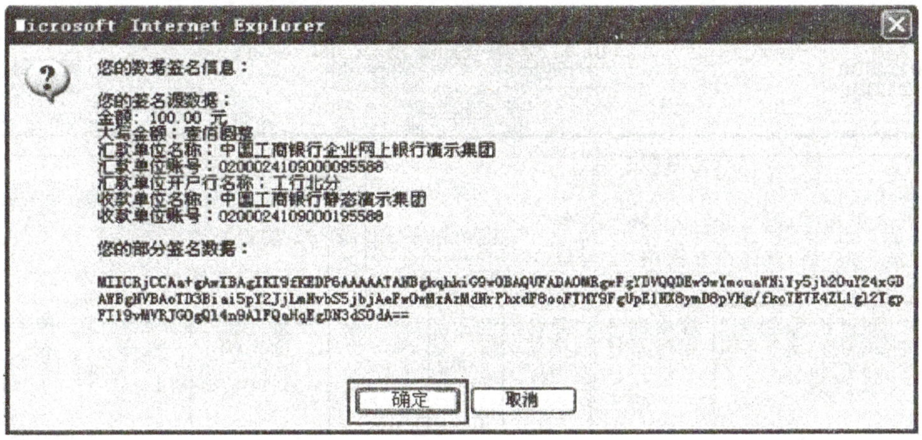

图 4-9 “数据签名信息”确认对话框

（9）如果付款指令的付款金额在授权范围，确认证书无误后，即会显示付款成功指令，如果还需要其他操作，可单击“返回”按钮。如果付款指令的付款金额不在授权范围，超过了支付权限，则会提示需要有权授权人批复，如图 4-10 所示。

（10）付款指令成功提交后，单击“账户管理”中的“今日明细”或“历史明细”，可打印已转账成功指令的电子回单，出纳自己打印的回单仅供参考，实际交易以银行盖章回单为准。

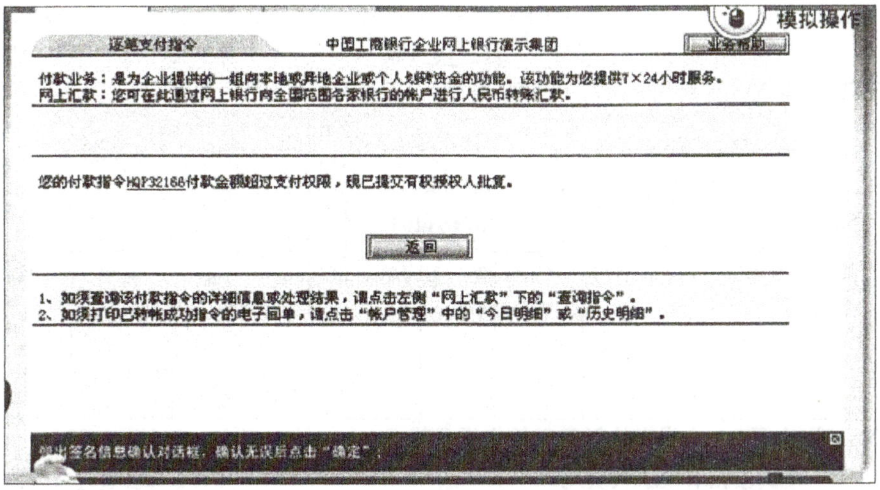

图 4-10 “等待授权付款”窗口

（11）出纳将从银行取得银行已盖章的回单（付款通知）传递给制证员，制证员据以编制记账凭证。

（12）出纳再根据审核无误的记账凭证登记银行存款日记账。

【例 4-14】 2022 年 12 月 25 日，泰山有限责任公司销售给珠江顺达有限公司 A 产品一批，开出增值税专用发票（如表 4-160～表 4-162 所示），商品自提，通过网上银行结算货款。要求：双方出纳办理相关业务。

表 4-160

山东增值税专用发票

3700222130　　　　抵扣联　　　　№00634122

开票日期：2022 年 12 月 25 日

税总函[2022]102 号　海南华森实业公司

购买方	名　　称：珠江顺达有限公司 纳税人识别号：91440501002356123A 地 址、电 话：珠江市江南路 12 号 0307-3699688 开户行及账号：工商银行珠江分行 16120087454401				密码区	（略）	
货物或应税劳务、服务名称	规格型号	单位	数　量	单　价	金　额	税率	税　额
A 产品		件	1 000	90.00	90 000.00	13%	11 700.00
合　　计					¥90 000.00		¥11 700.00
价税合计（大写）	⊗壹拾万零壹仟柒佰元整				（小写）¥101 700.00		
销售方	名　　称：泰山有限责任公司 纳税人识别号：91370801881112324K 地 址、电 话：东海市上岗路 18 号 0198-27708086 开户行及账号：工商银行东海分行 15020068332206				备注	泰山有限责任公司 91370801881112324K 发票专用章	

收款人：　　复核：王一明　　开票人：张凡　　销售方：（章）

第二联：抵扣联　购买方扣税凭证

表 4-161

山东增值税专用发票

3700222130　　　　发票联　　　　№00634122

开票日期：2022 年 12 月 25 日

税总函[2022]102 号　海南华森实业公司

购买方	名　　称：珠江顺达有限公司 纳税人识别号：91440501002356123A 地 址、电 话：珠江市江南路 12 号 0307-3699688 开户行及账号：工商银行珠江分行 16120087454401				密码区	（略）	
货物或应税劳务、服务名称	规格型号	单位	数　量	单　价	金　额	税率	税　额
A 产品		件	1 000	90.00	90 000.00	13%	11 700.00
合　　计					¥90 000.00		¥11 700.00
价税合计（大写）	⊗壹拾万零壹仟柒佰元整				（大写）¥101 700.00		
销售方	名　　称：泰山有限责任公司 纳税人识别号：91370801881112324K 地 址、电 话：东海市上岗路 18 号 0198-27708086 开户行及账号：工商银行东海分行 15020068332206				备注	泰山有限责任公司 91370801881112324K 发票专用章	

收款人：　　复核：王一明　　开票人：张凡　　销售方：（章）

第三联：发票联　购买方记账凭证

表 4-162

山东增值税专用发票

3700222130　　此联不作报销、扣税凭证使用　　№00634122　　开票日期：2022 年 12 月 25 日

第一联：记账联　销售方记账凭证

税总函[2022]102 号　海南华森实业公司

购买方	名　称：珠江顺达有限公司 纳税人识别号：91440501002356123A 地 址、电 话：珠江市江南路 12 号 0307-3699688 开户行及账号：工商银行珠江分行 16120087454401				密码区	（略）	
货物或应税劳务、服务名称	规格型号	单位	数 量	单 价	金 额	税率	税 额
A 产品		件	1 000	90.00	90 000.00	13%	11 700.00
合　计					￥90 000.00		￥11 700.00
价税合计（大写）	⊗壹拾万零壹仟柒佰元整				（小写）￥101 700.00		
销售方	名　称：泰山有限责任公司 纳税人识别号：91370801881112324K 地 址、电 话：东海市上岗路 18 号 0198-27708086 开户行及账号：工商银行东海分行 15020068332206				备注	泰山有限责任公司 91370801881112324K 发票专用章	

收款人：　　复核：王一明　　开票人：张 凡　　销售方：（章）

珠江顺达有限公司出纳办理相关业务如下。

（1）出纳办理付款。

①登录网上银行。进入工行网站主页—选择企业网上银行登录—选择企业网上银行普及版登录—输入卡号、密码和验证码—单击“登录”按钮进入。

②进行转账结算。出纳单击“付款业务”—“网上汇款”—“提交指令”，输入相关信息，检查无误后，确认提交。在使用完毕，单击“安全退出”，以确保账户安全。

（2）传递凭证。出纳从银行取回电子回单（如表 4-163 所示），审核后交制证员编制记账凭证。

表 4-163

ICBC 中国工商银行

网上银行转账凭证（付款通知）

记账时间：2022-12-25	检索号：2022122583854587
付款人户名：珠江顺达有限公司	付款人账号：16120087454401
收款人户名：泰山有限责任公司	收款人账号：15020068332206
金额人民币（大写）壹拾万零壹仟柒佰元整	￥101 700.00
付款行名称：广东省工商银行珠江分行	
收款行名称：山东省工商银行东海分行	
用途：货款	
客户备注：指令编号：HQP68519 提交人：tsyxgs1.c.120 最终授权人：tsyxgs1.c.120	
金额自助卡号：6210000012543	打印时间：2022-12-26 15:30:25
银行验证码：895642137231	打印方式：自助打印 已打印次数：1 次
地区号：120	柜员号：12　授权柜员号：

工商银行 珠江分行 2022.12.26 转 讫

附：制证员根据审核无误的表 4-161、表 4-163 编制记账凭证（如表 4-164 所示）。

表 4-164

记 账 凭 证

2022 年 12 月 26 日　　　　记字第 95 号

摘　要	会计科目		借方金额								贷方金额								记账符号
	总账科目	明细科目	十	万	千	百	十	元	角	分	十	万	千	百	十	元	角	分	
购 A 产品	材料采购	A 产品		9	0	0	0	0	0	0									
	应交税费	应交增值税（进项税额）		1	1	7	0	0	0	0									
	银行存款										1	0	1	7	0	0	0	0	
合 计 金 额			1	0	1	7	0	0	0	0	1	0	1	7	0	0	0	0	

附凭证 1 张

会计主管：　　　记账：　　　审核：　　　制单：彭华

（3）出纳登记银行存款日记账（略）。

泰山有限责任公司出纳办理相关业务如下所述。

（1）出纳办理收款。出纳从银行取回银行电子回单（如表 4-165 所示），审核后将其传递给制证员编制记账凭证。

表 4-165

ICBC 中国工商银行

网上银行转账凭证（收款通知）

记账时间：2022-12-26　　　　检索号：2022122583854587

付款人户名：珠江顺达有限公司　　　　付款人账号：16120087454401

收款人户名：泰山有限责任公司　　　　收款人账号：15020068332206

金额人民币（大写）壹拾万零壹仟柒佰元整　　　　¥101 700.00

付款行名称：广东省工商银行珠江分行

收款行名称：山东省工商银行东海分行

用途：货款

工商银行
东海分行
2022.12.27
转讫

金额自助卡号：6210000012543　　　　打印时间：2022-12-27　16:45:25

银行验证码：895642137231　　　　打印方式：自助打印 已打印次数：1 次

地区号：121　　　　柜员号：34　　授权柜员号：

（2）制证员根据审核无误的表 4-162 和表 4-165 编制记账凭证（如表 4-166 所示）。

表 4-166

记 账 凭 证

2022 年 12 月 27 日　　　　记字第 123 号

摘　要	会计科目		借方金额								贷方金额								记账符号
	总账科目	明细科目	十	万	千	百	十	元	角	分	十	万	千	百	十	元	角	分	
销A产品	银行存款		1	0	1	7	0	0	0	0									
	主营业务收入	A产品										9	0	0	0	0	0	0	
	应交税费	应交增值税（销项税额）										1	1	7	0	0	0	0	
合 计 金 额			1	0	1	7	0	0	0	0	1	0	1	7	0	0	0	0	

附凭证2张

会计主管：　　记账：　　审核：　　制单：李好

（3）出纳登记银行存款日记账（略）。

任务十　银行存款清查

为防止记账发生差错，保证银行存款收支业务的正确性。查明银行存款的实际数额，企业应定期对银行存款进行清查。

一、银行存款清查方法

银行存款清查主要采用核对账目法，即企业银行存款日记账的账面记录及余额与开户银行转来的对账单的记录及余额进行核对。在与银行核对账目之前，出纳应先仔细检查本单位的银行存款日记账记录的正确性与完整性，然后再将其与银行对账单逐笔进行核对，核对的内容包括收、付金额，结算凭证、种类和号数，收入的来源，支票的用途，发生的日期等。通过核对如果发现本单位有错账或漏账，应及时更账；如果发现银行有错账或漏账，应及时通知银行查明更正。但是，即使双方记账均无错误，也常常出现企业银行存款日记账的余额与银行对账单余额不一致的情况，其原因是未达账项所致，这是正常的。

二、未达账项的概念及种类

未达账项是指企业与银行之间由于取得有关凭证的时间不同，导致双方记账时间不同，因而发生的一方已取得结算凭证入账，另一方因未取得结算凭证尚未登记入账的款项。未达账项包括以下四种。

（1）企业已收款入账而银行尚未收款入账的款项。

（2）企业已付款入账而银行尚未付款入账的款项。

（3）银行已收款入账而企业尚未收款入账的款项。

（4）银行已付款入账而企业尚未付款入账的款项。

上述任何一种情况发生，都会使企业银行存款日记账余额与银行对账单余额不一致。出现（1）、（4）两种情况会使企业银行存款日记账余额大于银行对账单余额，出现（2）、（3）两种情况会使企业银行存款日记账余额小于银行对账单余额。

三、银行存款余额调节表的编制

为了消除未达账项的影响，检查双方账务是否有误，通常出纳需要编制“银行存款余额调节表”进行检查核对，如果没有记账错误，调节后双方的账面余额应相等。调节的原则可以概括为“加上未收的，减去未付的”。其计算公式如下。

企业银行存款日记账余额 ＋银行收款企业未收款的账项 －银行付款企业未付款的账项	＝	银行对账单余额 ＋企业收款银行未收款的账项 －企业付款银行未付款的账项

【例 4-15】 绿洲有限公司 2022 年 7 月 21-31 日的银行存款日记账记录如表 4-167 所示，银行存款对账单如表 4-168 所示。要求：①出纳通过对账找出未达账项。②出纳周强编制银行存款余额调节表。

表 4-167　　**银行存款日记账（工行杭州滨江支行）**

账号：658902116354

2022 年		凭证		摘　要	结算凭证		对方科目	收入（借方）	支出（贷方）	结余（余额）
月	日	种类	号数		种类	号数				
7	21		承前页					1 789 000.00	1 278 000.00	380 500.00
	21	记	68	购料	转支	＃3603	材料采购		48 000.00	332 500.00
	21	记	70	偿付货款	转支	＃3604	应付账款		36 800.00	295 700.00
	23	记	73	提现	现支	＃8653	库存现金		4 000.00	291 700.00
	23	记	75	付广告费	转支	＃3605	销售费用		36 000.00	255 700.00
	24	记	77	付利息	特转	＃1009	财务费用		1 200.00	254 500.00
	24	记	78	收利息	特转	＃6780	财务费用	500.00		255 000.00
	24	记	79	收货款	本票	＃3456	主营业务收入	27 800.00		282 800.00
	25	记	83	付保险费	转支	＃3606	其他应付款		40 000.00	242 800.00
	26	记	84	垫运杂费	转支	＃3607	应收账款		6 000.00	236 800.00
	27	记	85	付差旅费	现支	＃8654	其他应收款		3 500.00	233 300.00

续表

2022年		凭证		摘　要	结算凭证		对方科目	收入（借方）	支出（贷方）	结余（余额）
月	日	种类	号数		种类	号数				
	27	记	86	收托收款	委收	＃1006	应收账款	18 950.00		252 250.00
	27	记	88	购设备	汇兑	＃2005	固定资产		57 400.00	194 850.00
	27	记	89	预收货款	本票	＃8461	预收账款	95 380.00		290 230.00
	28	记	93	购办公用品	转支	＃3608	管理费用		1 600.00	289 630.00
	28	记	94	付报刊费	转支	＃3609	管理费用		3 800.00	284 830.00
	28	记	95	预付货款	转支	＃3610	预付账款		50 000.00	234 830.00
	29	记	96	收回欠款	转支	＃3685	应收账款	17 390.00		252 220.00
	29	记	97	存现	回单	＃24	库存现金	2 000.00		254 220.00
	30	记	99	预借差旅费	现支	＃8655	其他应收款		2 700.00	251 520.00
	30			本月合计				1 951 020.00	1 569 000.00	251 520.00

表 4-168　　**银行存款对账单（工行杭州滨江支行）**

单位：绿洲有限公司　　　　账号：658902116354

2022年		结算凭证		摘　要	借　方	贷　方	余　额
月	日	种类	号数				
7	21			承前页	1 800 000.00	1 700 000.00	380 500.00
	22	转支	＃3603	付货款	48 000.00		332 500.00
	23	现支	＃8653	提现	4 000.00		328 500.00
	24	转支	＃3605	付广告费	36 000.00		292 500.00
	24	本票	＃3456	收货款		27 800.00	320 300.00
	24	特转	＃1009	贷款利息	1 200.00		319 100.00
	24	特转	＃6780	存款利息		500.00	319 600.00
	25	转支	＃3604	付货款	36 800.00		282 800.00
	27	委收	＃1006	收托收款		18 950.00	301 750.00
	27	汇兑	＃2005	购设备	57 400.00		244 350.00
	27	现支	＃8654	付差旅费	3 500.00		240 850.00
	27	委收	＃4509	收托收款		70 000.00	310 850.00
	27	本票	＃8461	预收货款		95 380.00	406 230.00
	28	委收	＃6789	代付电话费	3 599.00		402 631.00
	29	转支	＃3685	收前欠款		17 390.00	420 021.00
	29	回单	＃24	存现		2 000.00	422 021.00
	30	转支	＃3607	垫运杂费	6 000.00		416 021. 00
	31	委收	＃8889	代付水费	3 000.00		413 021.00
	31			月末余额	1 999 499.00	1 932 020.00	413 021.00

（1）通过核对，绿洲有限公司 2022 年 7 月 21-31 日的未达账项如下。

①25 日企业开出转账支票＃3606 付保险费 40 000.00 元，企业已入账，银行未入账。

②28 日企业开出转账支票＃3608 付办公用品费 1 600.00 元，企业已入账，银行未入账。

③28 日企业开出转账支票＃3609 付报刊费 3 800.00 元，企业已入账，银行未入账。

④28 日企业开出转账支票＃3610 预付货款 50 000.00 元，企业已入账，银行未入账。

⑤30 日企业开出现金支票＃8655 预借差旅费 2 700.00 元，企业已入账，银行未入账。

⑥27 日银行代企业收取货款（委收＃4509）70 000.00 元，银行已入账，企业未入账。

⑦28 日银行代企业付电话费（委收＃6789）3 599.00 元，银行已入账，企业未入账。

⑧31 日银行代企业付水费（委收＃8889）3 000.00 元，银行已入账，企业未入账。

（2）编制银行存款余额调节表（如表 4-169 所示）。

表 4-169　　银行存款余额调节表

账号：658902116354　　2022 年 7 月 31 日　　单位：元

项　目	金　额	项　目	金　额
企业银行存款日记账余额	251 520.00	银行对账单余额	413 021.00
加：银行已收，企业未收		加：企业已收，银行未收	
27 日银行代收货款（委收＃4509）	70 000.00		
减：银行已付，企业未付		减：企业已付，银行未付	
28 日代付电话费（委收＃6789）	3 599.00	25 日转支＃3606 付保险费	40 000.00
31 日代付水费（委收＃8889）	3 000.00	28 日转支＃3608 付办公用品费	1 600.00
		28 日转支＃3609 付报刊费	3 800.00
		28 日转支＃3610 预付货款	50 000.00
		30 日现支＃8655 预借差旅费	2 700.00
调节后的余额	314 921.00	调节后的余额	314 921.00

复核：　　制表：周强

注意：

（1）编制银行存款余额调节表只是为了检查账簿记录的正确性，检查账实是否相符。不需要根据银行存款余额调节表做任何账务处理。对于未达账项应等以后有关原始凭证到达后再做账务处理。通过银行存款余额调节表进行余额调节，若调节后余额仍不相等，应进一步查明原因，如果属于记账错误，应予以更正；如果相等，说明双方银行存款账户的记录基本正确。

（2）找本期未达账项时要考虑上期编制的银行存款余额调节表中的未达账项。

任务十一　出纳报告单编制

一、出纳报告单的基本格式

出纳人员记账后，应根据现金日记账、银行存款日记账、有价证券明细账、银行对账单等核算资料，定期编制“出纳报告单”，格式之一如表 4-170 所示。以报告本单位一定时期现金、银行存款、有价证券的收支及结存情况，并据以与总账会计核对期末余额。

表 4-170　出纳报告单

单位名称：　　　　　　年　　月　　日至　　年　　月　　日　　　　　　编号

项　目	库存现金										银行存款										有价证券										备　注
上期结存	千	百	十	万	千	百	十	元	角	分	千	百	十	万	千	百	十	元	角	分	千	百	十	万	千	百	十	元	角	分	
本期收入																															
合　计																															
本期支出																															
本期结存																															

主管：　　　　记账：　　　　出纳：　　　　复核：　　　　制单：

二、出纳报告单的编制方法

（1）出纳报告单的报告期应根据财务管理的需要选择 1 天、10 天、30 天等。

（2）上期结存，是指报告期前一期期末结存数，即本期报告期前一天的账面结存金额，也是上一期出纳报告单的“本期结存”数字。

（3）本期收入按账面本期合计借方数字填列。

（4）合计是上期结存与本期收入的合计数字。

（5）本期支出按账面本期合计贷方数字填列。

（6）本期结存是指本期期末账面结存数字。它等于“合计数字”减去“本期支出”数字。本期结存数必须与账面实际结存数一致。

【例 4-16】　2022 年 10 月 31 日，丽鑫机电有限公司，库存现金、银行存款建行账户、工行账户的数据明细资料如表 4-171 所示。要求：出纳刘敏编制 10 月出纳报告单。

表 4-171　　银行存款账户数据明细资料表

项　目	上期结存	本期收入	本期支出	本期结存
库存现金	4 500.00	17 800.00	19 000.00	3 300.00
银行存款——建行	450 000.00	2 400 000.00	1 900 000.00	950 000.00
银行存款——工行	1 200 000.00	467 000.00	890 000.00	777 000.00

出纳刘敏编制的10月出纳报告单如表4-172所示。

表 4-172　　出纳报告单

单位名称：丽鑫机电有限公司　2022年10月01日至2022年10月31日　　编号：

项　目	库存现金										银行存款										有价证券										备　注
	千	百	十	万	千	百	十	元	角	分	千	百	十	万	千	百	十	元	角	分	千	百	十	万	千	百	十	元	角	分	
上期结存					4	5	0	0	0	0		1	6	5	0	0	0	0	0	0											
本期收入				1	7	8	0	0	0	0		2	8	6	7	0	0	0	0	0											
合　计				2	2	3	0	0	0	0		4	5	1	7	0	0	0	0	0											
本期支出				1	9	0	0	0	0	0		2	7	9	0	0	0	0	0	0											
本期结存					3	3	0	0	0	0		1	7	2	7	0	0	0	0	0											

主管：　　记账：　　出纳：　　复核：　　制单：刘敏

拓展阅读

出纳常用技巧

所谓熟能生巧，任何一项工作，熟悉了以后，就会有一些自己的“独门秘籍”，方便自己更快、更好地办理业务。这里提供几个比较实用的工作技巧，以便大家参考。

1. 印章的使用技巧

开出去的票据，加盖的印章一定要和银行的预留印鉴相符，盖章的时候要完整清楚，防止被银行退票，重要的是避免罚款，如果你自己感觉盖得不清楚，干脆再盖一遍清楚的，或者换一张票，重新盖上清楚的印章。去过银行的人会发现，银行的业务员盖章时要垫一块胶皮，在办公室没有必要专门放块胶皮，只要用鼠标垫垫在印章下面，盖章时候把章用力压匀就非常清楚了。自己辨别印章是否清晰主要有三点：一是仔细查看印章边框是否清晰，确保没有缺口。二是观察印章内文字是否清楚，不能有模糊不清、重影等现象。三是印章颜色鲜明，如果颜色较浅，需重新盖章。另外支票的印章应即盖即用，并由会计、出纳两人分开保管。

2. 要注意加强对支票、发票和收据的保管

领用支票要设立备查登记簿，经单位主管财务领导审签后，并由领用人签章。领用现金支票要在存根联上签字，以防正副联金额不符。支票存根联上要逐项写明金额、用途、领用人，并在备查簿上注明空白支票和支票限额。支票作废后要按顺序装订在凭证中。空白发票和收据不能随便外借，已开具金额尚待带出收款的发票和收据，要由借用人出具借据并作登记，以便分清责任，待款收回后再结清借据。发票和收据作废后要退回来，先作废后重开，如果是销货发票退回红冲，应该先由仓库部门验货入库后再进行退款。如果对方丢失发票和收据，要根据对方财务部门开出该款尚未报销的证明才能补办单据，并在证明单上注明原开发票或单据的时间、金额、号码等内容，同时注明“原开单据作废”字样。

3. 加强现金和银行存款的日常管理，做到日清月结

登记银行存款日记和现金日记账，要首先复核凭证、支票存根、附件是否一致，然后按付出支票号码顺序排列，以便查对。摘要栏应注明经办人、收款单位及支票号码。每天都要做到钱账两清，发现问题可以及时查找，免得一拖下去就无从查起，和会计移交手续时，不管有多熟，都一定要有移交票据的清单，要不然容易出现说不清楚的差错，影响双方感情和工作以及财务数据。每个月都要按规定进行结账，并且和会计进行对账，做到账账相符、账实相符。

4. 合理调配时间

现在大部分银行都设置了排队机，而出纳去银行办事的时候往往不止一件事，这时就要先去取号，看你的号码前大约有多少人，如果排队的人很多，你怕时间来不及，那么就可以先去别的单位办事，等办完了再回来办理银行的事情，充分利用时间。

5. 注重沟通

在银行办理业务时遇到问题，一定要及时和开户行沟通，有困难及时咨询开户行。商业银行实行市场化管理，为提高服务水平，达到双赢的目的，开户行会尽可能地帮助客户解决实际困难，在不违反原则的情况下，他们也会急客户之所急，提供一些变通的方法灵活处理。比如，有的银行会提供上门收取现金业务。

6. 及时更新信息并在实际工作中应用

在工作中应勤于学习新的业务知识。比如目前我国有些地方已有网上财务室，使用“网上财务室”后，出纳员轻点鼠标就能完成对员工个人的现金支付。在“网上财务室”之外，有些银行还推出了财务转账 POS，出纳在小小的终端机上通过刷卡就可实现单位和员工银行卡之间的转账。员工的公务活动还可直接使用贷记卡信用额度支付。这样，出纳就可以减少一些风险和工作量，从而提高工作效率。

思考练习

1. 按照国家《人民币银行结算账户管理办法》规定，企业的工资、奖金等现金的支取，只能通过什么账户办理？

2. 根据《人民币银行结算账户管理办法》的规定，一般企事业单位只能选择一家银行的一个营业机构开立一个什么账户？

3. 临时存款账户有效期最长不得超过几年？

4. 银行本票的提示付款期自出票日起最长不超过多长时间？

5. 办理托收承付结算时必须有什么？

6. 银行存款清查采用的方法是什么？

7. 出纳报告单中的上期结余是指什么？

8. 银行本票分为哪些？

9. 托收承付凭证必须记载的事项包括哪些？

10. 银行汇票结算方式与其他银行结算方式相比具有的特点是什么？

11. 单位和个人都可以采用的结算方式有哪些？

12. 属于企业网上银行服务功能的有哪些？

项目五 出纳档案保管与工作交接

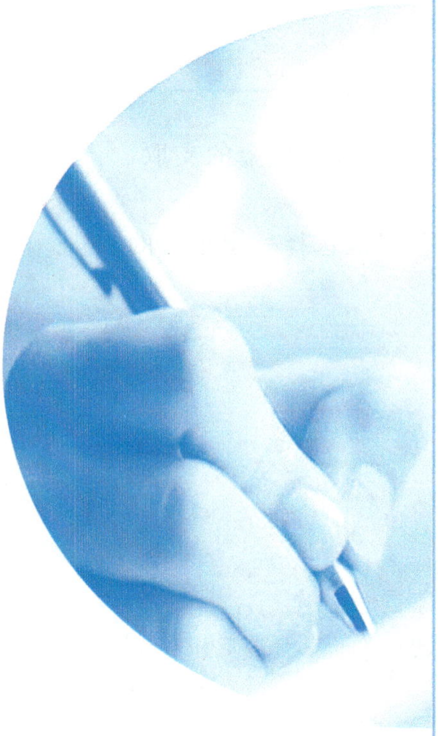

学习目标

• 掌握《会计档案保管办法》中对出纳档案保管的有关规定；

• 了解出纳交接的内容和范围；

• 熟悉出纳交接的手续；

• 掌握出纳交接相关交接表的填制方法。

案例导入

2019 年 6 月 1 日，即将毕业的张晓光来到华盛实业股份有限公司实习，在财务主管张士达的安排下，他将跟随出纳员罗燕红学习出纳工作，并尽快完成工作交接。上岗的第一天，罗燕红便让他将上一年度的出纳资料进行整理、装订和归档，初来乍到的小张完全没有头绪，只好跑去向罗燕红请教，最终在罗燕红的指导下顺利完成了出纳资料的整理、装订和归档。2019 年 6 月 25 号，由于工作变动，罗燕红将调离企业，财务主管张士达要求小张尽快与罗燕红办理交接手续，完成交接工作。接到通知后的小张便迅速开始准备交接工作，最终在 2019 年 6 月 28 日顺利地完成交接工作，成为一名正式的出纳人员，开始他职业生涯的新征程。

思考：出纳资料应该如何整理、装订和归档？小张是如何完成交接工作的呢？

任务一　出纳档案保管

一、出纳档案的保管范围

出纳档案是会计档案的重要组成部分，是记录出纳业务内容、明确相关经济责任的书面证明，一旦遗失或因保管不善而毁坏，将给出纳人员本人和单位带来严重的影响。因此，出纳人员必须按规定对有关的会计资料进行妥善的保管，确保会计档案记录的真实性、完整性、连续性和准确性。

出纳档案既包括会计凭证、会计账簿和财务报告等会计核算专业材料，也包括相关的重要凭证等。

（1）会计凭证类：反映资金收付业务的原始凭证、记账凭证、汇总凭证及其他出纳凭证。

（2）会计账簿类：现金日记账、银行存款日记账、其他货币资金明细账、辅助账簿及其他备查簿。

（3）财务报告类：包括月度、季度、年度的出纳报告、附注及文字说明；银行存款对账单和银行存款余额调节表；其他出纳报告。

（4）其他类：作为收付依据的合同及其他文件；按规定应单独存放保管的重要票证单据，如作废的支票、作废的发票存根联与发票、作废的收据存根联与收据；出纳盘点表和出纳考核报告等。

（5）档案管理类：出纳档案移交清册、出纳档案保管清册以及出纳档案销毁清册。出纳人员对档案进行整理一般包括分类、装订和成册三个步骤。

知识拓展

会计档案管理

《会计档案管理办法》第五条规定：单位应加强会计档案管理工作，建立和完善会计档案的收集，整理、保管、利用和鉴定销毁管理制度，采取可靠的安全防护技术和措施，保证会计档案的真实、完整、可用、安全。

二、出纳档案的保管期限

档案的保管期限分为永久、定期两类。定期保管期限分为 10 年和 30 年两类（见表 5-1）。出纳档案的保管期限从会计年度终了后的第一天算起。

表 5-1　企业和其他组织会计档案保管期限表

序号	档案名称	保管期限	备注
一	会计凭证		
1	原始凭证	30 年	
2	记账凭证	30 年	
二	会计账簿		
3	总账	30 年	
4	明细账	30 年	
5	日记账	30 年	
6	固定资产卡片		固定资产报废清理后保管 5 年
7	其他辅助性账簿	30 年	
三	财务会计报告		
8	月度、季度、半年度财务会计报告	10 年	
9	年度财务会计报告	永久	
四	其他会计资料		
10	银行存款余额调节表	10 年	
11	银行对账单	10 年	
12	纳税申报表	10 年	
13	会计档案移交清册	30 年	
14	会计档案保管清册	永久	
15	会计档案销毁清册	永久	
16	会计档案鉴定意见书	永久	

三、出纳档案的保管责任

(1) 各单位每年形成的出纳档案，应当由会计机构按照归档要求负责整理立卷，装订成册，编制会计档案保管清册。出纳人员在年度业务核算过程中需保管相关的出纳档案，年度终了后，当年形成的会计凭证、会计账簿、银行对账单及银行存款余额调节表等会计档案可暂由会计机构保管1年，期满之后，应当由会计机构编制移交清册，移交本单位档案机构统一保管。未设立档案机构的，应当在会计机构内部指定专人保管，出纳人员不得兼管会计档案。移交本单位档案机构保管的会计档案，原则上应该保持原卷册的封装。个别需要拆封重新整理的，由档案机构会同会计机构和经办人员共同拆封整理，以分清责任。对于出纳人员为明确责任设立的登记簿和出纳人员编制的出纳报告等资料，应由出纳人员保管备查，具体保管年限按照企业内部控制制度的规定执行。

(2) 各单位保存的会计档案不得外借。如果有特殊需要，经本单位负责人批准，可以提供查阅或复制，并办理登记手续。查阅或复制会计档案的人员，严禁在会计档案上涂画、拆封和抽换。各单位应当建立会计档案的查阅、复制登记制度。

(3) 出纳档案的销毁。档案保管期限满，需要销毁时，应由本单位档案部门提出销毁意见，会同财务部门共同鉴定，严格审查，编造会计档案销毁清册，经本公司负责人审查批准后销毁。但其中未了结的债权、债务的原始凭证应单独抽出，另行立卷，由档案部门保管到结清债权、债务时为止。销毁档案前，应按会计档案销毁清册所列的项目逐一清查核对。各单位销毁会计档案时，应由档案管理部门、财务部门以及上级主管部门共同派员监销。档案销毁后，经办人在销毁清册上签章，注明“已销毁”字样和销毁日期，以示负责，同时将监销情况写出书面报告一式两份，一份报公司负责人，一份归入档案备查。

(4) 不得销毁的会计档案。对于保管期满但尚未结清债权、债务的原始凭证和涉及其他未了事项的原始凭证，不得销毁，应当单独抽出立卷，保管到未了事项完结时为止。单独立卷的会计档案应当在会计档案销毁清册和会计档案保管清册中列明。正在项目建设期间的建设单位，其保管期满的会计档案不得销毁，必须妥善保管。

(5) 采用电子计算机进行会计核算的单位，应当保存打印的纸质会计档案。

(6) 单位因撤销、解散、破产或其他原因终止的，在终止和办理注销登记手续之前形成的会计档案，应当由终止单位的业务主管部门或财产所有者代管，或者移交有关档案馆代管，法律、行政法规另有规定的，从其规定。

(7) 单位分立后原单位存续的，其会计档案应当由分立后的存续方代为保管，其他方可查阅、复制与其业务相关的会计档案。单位分立后原单位解散的，共有会计档案应当经各方协商后由一方保管或移交档案馆保管，各方可查阅、复制与其业务相关的会计档案。单位分立中未结清会计事项所涉及的原始凭证，应当单独抽出，由业务相关方保存，并按规定办理交接手续。

四、出纳档案的保管要求

出纳档案的保管是一个长期过程，为了保证档案在保管期限内的安全和有效，各单位必须加强档案的保管工作。出纳档案保管的具体要求如下。

（1）档案记录必须真实、完整、准确、连续，不得擅自篡改、涂抹或歪曲档案记录。

（2）档案整理、装订成册要按规定办理，做到不易散失、便于查阅。

（3）档案记录必须按照规定的保存年限进行保管。

（4）档案的使用、移交和销毁必须按照严格的程序办理。

（5）档案不得外借、撕毁或遗失。

（6）档案的存放地应当安全、防火、防盗、防潮及防虫。

（7）档案资料应能积极地为本单位所利用。

【实例 5-1】见本项目的案例导入（略）。

出纳员张晓光对资料的整理、装订和归档可分为以下四步。

第一步，出纳资料整理。先将所有出纳资料进行分类，按凭证、账簿、印章、报告、软件资料和其他资料进行分类整理。

第二步，出纳资料的装订。按前面的分类，进行不同方法的装订和归置。凭证、账簿、报告类资料要分别进行装订，电算化资料还要进行刻盘存档。

第三步，编册。对于装订完毕的出纳资料，应当立卷成册，启用封面或扉页，用以记录每册的编号、所属单位、所属时期、其计号数及页数、经办人员等详细内容，并加盖单位公章和经办人员私章；在保管上有特殊要求的，可以加盖骑缝章或加贴封条。

第四步，送存。将全部资料编册完成后，按册送存档案室进行保管。

任务二　出纳工作交接

一、出纳工作交接的含义

出纳人员工作交接是指出纳人员因工作调动、离职或因病暂时不能工作时，与接管人员办理交接手续的一种工作程序。这是出纳人员对工作应尽的职责，也是分清移交人员和接管人员责任的重要措施。出纳交接要按会计人员交接的要求进行，未办清交接手续的，不得调动或者离职。

出纳人员办理交接手续主要有以下几个方面的原因。

(1) 出纳人员辞职或离开单位；

(2) 企业内部工作变动不再担任出纳职务，如出纳岗位轮岗调换到会计岗位；

(3) 企业出纳岗位内部因增加或减少工作人员而进行重新分工；

(4) 因病假、事假或者临时调用，不能继续从事出纳工作；

(5) 因特殊情况如停职审查等，按规定不宜继续从事出纳工作；

(6) 上述被代理人回到原出纳岗位恢复工作；

(7) 企业因其他情况按规定应办理出纳交接工作的，如企业解散、破产、兼并、合并、分立等情况发生时，出纳人员应向单位或者清算组移交。

知识拓展

会计工作交接的相关规定

《中华人民共和国会计法》第三十九条规定："会计人员调动工作或者离职，必须与接管人员办清交接手续。一般会计人员办理交接手续，由会计机构负责人（会计主管人员）监交；会计机构负责人（会计主管人员）办理交接手续，由单位负责人监交，必要时主管单位可以派人会同监交。"

《会计基础工作规范》第二十五条规定："会计人员工作调动或者因故离职，必须将本人所经管的会计工作全部移交给接替人员。没有办清交接手续的，不得调动或者离职。"

二、出纳工作交接的内容

出纳工作交接的具体内容根据各单位的具体情况而定，情况不同，移交的内容也不一样。一般来说，出纳工作交接包括以下几个方面。

(1) 现金，包括现钞、外币、金银珠宝、其他贵重物品；

(2) 有价证券，包括国库券、债券、股票等；

(3) 支票，包括空白支票和作废支票；

(4) 发票，包括空白发票和已用发票（含作废发票）；

(5) 收款收据，包括空白收据、已用收据（含作废收据）；

(6) 财务印章，包括财务专用章、发票专用章、银行预留印鉴、现金收讫、现金付讫、银行收讫、银行付讫等；

(7) 会计凭证，包括原始凭证和记账凭证；

(8) 会计账簿，包括现金日记账、银行存款日记账和备查账簿；

(9) 其他会计资料和物品，包括银行对账单、应由出纳人员保管的证件、合同、协议。在实行会计电算化的企业，还包括会计软件及密码、会计软件数据磁盘、计算器、U 盘等。

三、出纳工作交接的程序

（一）交接前的准备工作

为了顺利做好交接工作，移交人和接管人在正式交接前应做好各项准备工作。

（1）将尚未登记的收、支业务登记完毕，并在最后一笔余额后加盖个人私章。

（2）现金账面与实际库存现金核对一致，银行存款账面余额与银行对账单核对一致。

（3）在现金日记账、银行存款日记账启用表上填写移交日期，并加盖个人私章。

（4）整理应移交的各种资料，对未了事项做出书面说明。

（5）编制出纳工作交接表（见表 5-2），列明应移交的资料。

表 5-2　　出纳工作交接表

单位：　　　　　　　　　　　　　　　　　　　　　　　日期：　　年　　月　　日

移交项目	备注
一、具体业务移交	
二、移交的会计凭证、账簿、文件	
三、印鉴	

续表

移交项目	备注
四、其他物品	
五、责任划分	
六、本交接书一式三份，双方各执一份，存档一份	

单位领导： 移交人： 监交人： 接管人：

（二）交接阶段

出纳人员的离职交接必须在规定的期限内向接管人员移交清楚。接管人员应认真按移交清册当面点收。

（1）现金、有价证券要根据出纳账和备查账簿余额进行点收。接管人发现不一致时，移交人要负责查清。

（2）出纳账和其他会计资料必须完整无缺，不得遗漏。如有短缺，由移交人查明原因，在移交清册中注明，由移交人负责。

（3）接管人应核对出纳账与总账、出纳账与库存现金、银行对账单的余额是否相符，如有不符，应由移交人查明原因，在移交清册中注明，并负责处理。

（4）接管人按移交清册点收公章（主要包括财务专用章、发票专用章和法人个人名章）和其他实物。

（5）接管人办理接收后，应在“出纳账簿启用表”上填写接收时间，并签名盖章。

（三）交接结束

交接完毕后，交接双方和监交人要在移交清册上签名或盖章。移交清册必须具备单位名称、交接日朝、交接双方和监交人的职务及姓名，以及移交清册页数、份数和其他需要说明的问题和意见。移交清册一般一式三份，交接双方各执一份，存档一份。

移交清册是出纳人员明确交接责任的书面证明，在实际工作中，它是根据财务制度和本单位的管理要求进行编制的。移交清册由移交表和移交说明书组成，具体包括物资移交表（见表 5-3～表 5-6）、核算资料移交表（见表 5-7）和交接情况说明书。

移交人员对移交的会计凭证、会计账簿、会计报表和其他会计资料的合法性、真实性承担法律责任。这是对会计工作交接后，交接双方责任的具体确定。交接人员的责任划分以办妥交接手续的时间为界，移交人对移交前自己经办且已经移交的会计资料的真实性、完整性承担法律责任，即便接管人在交接时因疏忽没有发现所接会计资料存在问题，如事后发现，仍应由原移交人负责，原移交人不应以会计资料已经移交而推脱责任。

表 5-3　　库存现金移交表

币种：人民币　　移交日期：　　年　　月　　日　　单位：元

序号	面值	数量	移交金额	接收金额	备注
1	100 元				
2	50 元				
3	20 元				
4	10 元				
5	5 元				
6	1 元				
7	5 角				
8	1 角				
合计					

单位领导：　　移交人：　　监交人：　　接管人：

表 5-4　　银行存款移交表

移交日期：　　单位：元

开户银行	币种	期限	账面数	实有数	备注
合计					
附：银行存款余额调节表　份 银行预留印鉴卡片　张					

单位领导：　　移交人：　　监交人：　　接管人：

表 5-5　　有价证券、贵重物品移交表

移交日期：　　单位：元

名称	购入日期	单位	数量	金额	备注
国库券					
债券					
股票					
合计					

单位领导：　　移交人：　　监交人：　　接管人：

表 5-6　　重要票据移交表

移交日期：　　　　　　　　第　页

名称	单位	数量	票据起止号码	备注
收据				
借款单				
现金支票				
转账支票				
（略）				

单位领导：　　移交人：　　监交人：　　接管人：

表 5-7　　核算资料移交表

移交日期：　　　　　　　　第　页

名称	单位	数量	号码或册次	备注
收款凭证				
付款凭证				
现金日记账				
银行存款日记账				
（略）				

单位领导：　　移交人：　　监交人：　　接管人：

四、出纳工作交接书的编写

出纳工作交接书是指出纳人员因为各种原因不能从事本职工作时，需要办理交接手续，由移交方、接管方和监交方三方签名的书面移交文件，目的是划分移、接双方的责任。

常见的会计交接书内容如下。

（1）交接日期；

（2）具体业务的移交；

（3）移交的具体内容，主要包括会计凭证、账簿、文件、会计印章等；

（4）交接前后工作责任的划分；

（5）移交人、接管人、监交人的签名盖章。

【实例 5-2】详见本项目的案例导入（略）。

原出纳员罗燕红工作调动，因此财务处决定将出纳工作移交给张晓光接管。罗燕红和张晓光在公司财务经理张士达的监督下，进行了出纳工作的交接。其具体步骤如下。

（1）罗燕红将其手头的所有资料、物品进行清点，编制移交清册。

（2）罗燕红当着张士达和张晓光的面，按照交接手册的内容，一项项移交给张晓光，张晓光逐一核对。

（3）三人在出纳工作交接书上签字，交接工作完成。

知识拓展

出纳工作交接书

华盛实业股份有限公司原出纳员罗燕红，因工作调动，财务处已决定将出纳工作移交给张晓光接管。现办理如下交接。

1. 交接日期：2020年×月×日。

2. 具体业务的移交：

（1）库存现金：×月×日账面余额××元，实存相符，日记账余额与总账相符。

（2）库存国库券：478 000元，经核对无误。

（3）银行存款余额：×××万元，经编制银行存款余额调节表核对相符。

3. 移交的会计凭证、账簿、文件：

（1）本年度现金日记账一本。

（2）本年度银行存款日记账两本。

（3）空白现金支票××张（××号至××号）。

（4）空白转账支票××张（××号至××号）。

（5）托收承付登记簿一本。

（6）付款委托书一本。

（7）信汇登记簿一本。

（8）其他物品明细表一份，与实物核对相符。

（9）银行对账单1～10月份10本，10月份未达账项说明一份。

4. 移交的印鉴：

（1）华盛实业股份有限公司财务处转讫印章一枚。

（2）华盛实业股份有限公司财务处现金收讫印章一枚。

（3）华盛实业股份有限公司财务处现金付讫印章一枚。

5. 交接前后工作责任的划分：2020年×月×日前的出纳责任事项由罗燕红负责；2020年×月×日起的出纳工作由张晓光负责。以上移交事项均经交接双方认定无误。

6. 本交接书一式三份，双方各执一分，存档一份。

移交人：罗燕红（签名盖章）

接管人：张晓光（签名盖章）

监交人：张士达（签名盖章）

华盛实业股份有限公司财务处（公章）

2020年×月×日

小贴士

出纳工作交接要做到两点，一是移交人员与接管人员要办清手续，二是交接过程中要有专人负责监交。交接要求进行财产清理，做账账核对、账款核对，交接完成后填写移交表，将所有移交的票、款、物编制详细的移交清册，按册向接管人点清，然后由交、接、监三方签字盖章，移交表存入会计档案。

思考练习

1. 出纳对归档资料进行整理，一般包括哪几个步骤？
2. 出纳工作交接的内容包括哪些？
3. 出纳人员可以兼任什么工作？
4. 出纳归档资料包括哪些？
5. 简述出纳档案的保管范围。
6. 出纳归档整理的账簿类资料包括什么？
7. 在年度终了后，必须跟账簿一起装订成册的有什么？
8. 出纳工作交接的印章包括哪些？

参考文献

[1] 李华. 出纳实务［M］. 5 版. 北京：高等教育出版社，2021.

[2] 常红. 出纳实务［M］. 北京：清华大学出版社，2019.

[3] 刘健，徐蓓. 出纳实务［M］. 2 版. 北京：高等教育出版社，2023.

[4] 林冬梅. 会计综合实训［M］. 2 版. 北京：中国人民大学出版社，2020.

[5] 施海丽. 出纳业务全真实训［M］. 3 版. 北京：清华大学出版社，2021.

[6] 丛秀云，徐俊. 出纳岗位实务［M］. 2 版. 北京：中国财政经济出版社，2024.

[7] 高翠莲. 出纳业务操作［M］. 4 版. 北京：高等教育出版社，2020.

[8] 杨剑钧，陈东升，彭珊. 出纳理论与实务［M］. 4 版. 北京：高等教育出版社，2023.

[9] 孔德军. 蔡清龙. 出纳岗位实务［M］. 2 版. 北京：机械工业出版社，2019.